U1005762

2019 年度
中国对外直接投资统计公报

2019 Statistical Bulletin of China's Outward Foreign Direct Investment

中华人民共和国商务部
Ministry of Commerce of the People's Republic of China
国家统计局
National Bureau of Statistics
国家外汇管理局
State Administration of Foreign Exchange

中国商务出版社
CHINA COMMERCE AND TRADE PRESS

图书在版编目（CIP）数据

2019年度中国对外直接投资统计公报 / 中华人民共和国商务部，国家统计局，国家外汇管理局编. —北京：中国商务出版社，2020. 9

ISBN 978-7-5103-3526-6

Ⅰ. ①2… Ⅱ. ①中… ②国… ③国… Ⅲ. ①对外投资—直接投资—公报—中国—2019 Ⅳ. ①F832. 6

中国版本图书馆 CIP 数据核字（2020）第 164820 号

2019年度中国对外直接投资统计公报

2019 Statistical Bulletin of China's Outward Foreign Direct Investment

中华人民共和国商务部　国家统计局　国家外汇管理局　编

出　　版：中国商务出版社
地　　址：北京市东城区安定门外大街东后巷28号　　**邮　　编：**100710
责任部门：国际经济与贸易事业部（010-64269744　bjys@cctpress. com）
责任编辑：张高平　何　昕

总 发 行：中国商务出版社发行部（010-64266119　64515150）
网　　址：http://www. cctpress. com
邮　　箱：cctp@cctpress. com

印　　刷：廊坊市蓝海德彩印有限公司
开　　本：880毫米×1230毫米　1/16
印　　张：10. 75　　**字　　数：**238千字
版　　次：2020年9月第1版　　**印　　次：**2020年9月第1次印刷
书　　号：ISBN 978-7-5103-3526-6
定　　价：180. 00元

凡所购本版图书有印装质量问题，请与本社总编室联系。（电话：010-64212247）

版权所有　盗版必究（盗版侵权举报可发邮件到本社邮箱：cctp@cctpress. com）

目 录

2019 年度中国对外直接投资统计公报

附录 对外直接投资统计制度

CONTENTS

2019 Statistical Bulletin of China's Outward Foreign Direct Investment

2019年度

中国对外直接投资统计公报

中华人民共和国商务部
国 家 统 计 局
国家外汇管理局

英文翻译：
南开大学 葛顺奇 陈江滢

2019 年度
中国对外直接投资统计公报

中华人民共和国商务部

国家统计局

国家外汇管理局

2019 年，世界经济增速降至国际金融危机以来最低水平，全球货物贸易增速显著放缓，外国直接投资流出流量连续 3 年下降后同比增长 33.2%。中国经济运行总体平稳，对外开放水平不断提升，有关部门积极引导有条件的中国企业“走出去”，发展质量稳步提升。2019 年，中国对外直接投资流量 1369.1 亿美元，蝉联全球第二位。

一、中国对外直接投资综述

（1）2019 年，中国对外直接投资净额（以下简称“流量”）为 1369.1 亿美元，同比下降 4.3%。其中，新增股权投资 483.5 亿美元，占 35.3%；当期收益再投资 606.2 亿美元，占 44.3%；债务工具投资279.4亿美元，占20.4%。

截至2019年底，中国2.75万家境内投资者在国（境）外共设立对外直接投资企业[①]（以下简称“境外企业”）4.4万家，分布在全球188个国家（地区）[②]，年末境外企业资产总额7.2万亿美元。对外直接投资累计净额（以下简称“存量”）达21988.8亿美元，其中，股权投资12096.7亿美元，占55%；收益再投资6866.4亿美元，占31.2%；债务工具投资3025.7亿美元，占13.8%。

表1　2019年中国对外直接投资流量、存量分类构成情况

单位：亿美元

分类＼指标	流量			存量	
	金额	同比（%）	比重（%）	金额	比重（%）
合　计	**1369.1**	**-4.3**	**100.0**	**21988.8**	**100.0**
金融类	199.5	-8.1	14.6	2545.3	11.6
非金融类	1169.6	-3.6	85.4	19443.5	88.4

说明：1. 金融类指境内投资者直接投向境外金融企业的投资；非金融类指境内投资者直接投向境外非金融企业的投资。
2. 2019年非金融流量数据与商务部2019年快报数据（1106亿美元）差异主要为收益再投资部分。

联合国贸发会议（UNCTAD）《2020世界投资报告》显示，2019年，全球外国直接投资流出流量1.31万亿美元，年末存量34.57万亿美元。以此为基数计算，2019年，中国对外直接投资分别占全球当年流量、存量的10.4%和6.4%，流量位列按全球国家（地区）排名的第2位，存量列第3位。

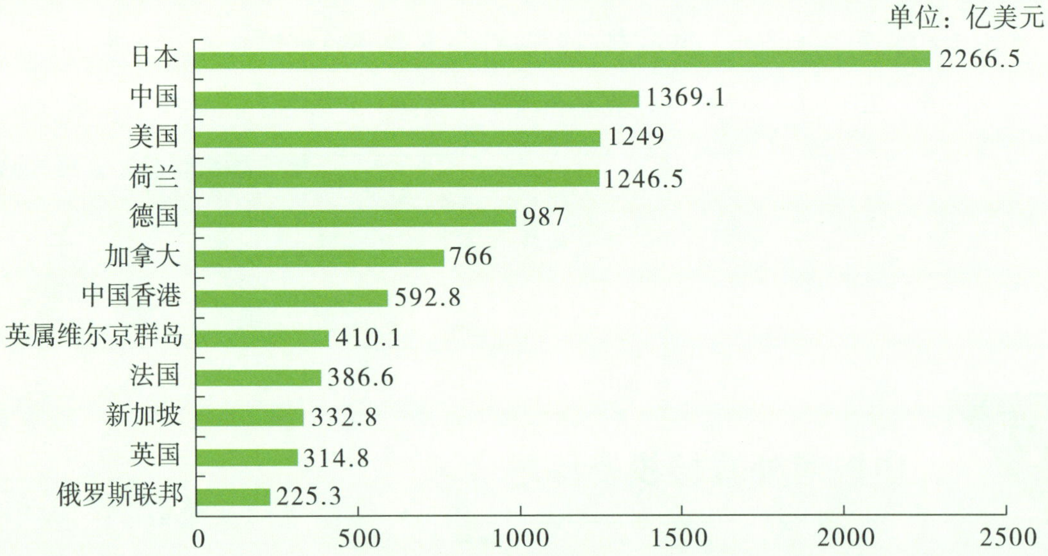

图1　2019年中国与全球主要国家（地区）流量对比

---

① 对外直接投资企业：指境内投资者直接拥有或控制10%或以上股权、投票权或其他等价利益的境外企业。
② 对外直接投资的国家（地区）按境内投资者投资的首个目的地国家（地区）进行统计。

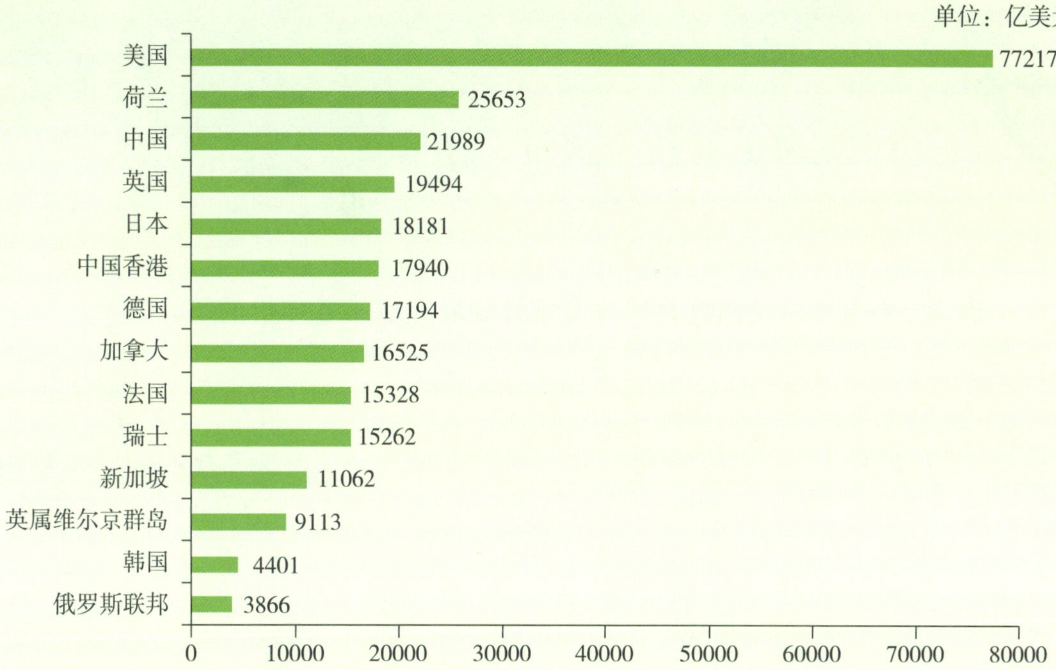

图 2　2019 年中国与全球主要国家（地区）存量对比

注：2019 年中国对外直接投资数据来源于《中国对外直接投资统计公报》，其他国家（地区）数据来源于联合国贸发会议《2020 世界投资报告》。

（2）2019 年，对外金融类直接投资流量 199.5 亿美元，同比下降 8.1%，其中，对外货币金融服务类（原银行业）直接投资 136.1 亿美元，占 68.2%。

2019 年末，对外金融类直接投资存量 2545.3 亿美元，其中，对外货币金融服务类直接投资 1439.4 亿美元，占 56.6%；保险业 71.3 亿美元，占 2.8%；资本市场服务（原证券业）153.5 亿美元，占 6%；其他金融业 881.1 亿美元，占 34.6%。

截至 2019 年末，中国国有商业银行③共在美国、日本、英国等 51 个国家（地区）开设 97 家分行、66 家附属机构，员工总人数达 5.1 万人，其中，雇用外方员工 4.4 万人，占 86.3%。2019 年末，中国共在境外设立保险机构 16 家。

（3）2019 年，对外非金融类直接投资流量 1169.6 亿美元，同比下降 3.6%；对外投资带动出口 1167 亿美元，占中国货物出口总值的 4.7%；境外企业实现销售收入 25120 亿美元，同比增长 4%。2019 年末，对外非金融类直接投资存量 19443.5 亿美元，境外企业资产总额 4.4 万亿美元。

（4）2019 年，境外企业向投资所在国家（地区）缴纳各种税金总额 560 亿美元；年末境外企业从业员工总数 374.4 万人，其中，雇用外方员工 226.6 万人，占 60.5%，较上年末增加 38.9 万人。

---

③ 中国国有商业银行包括中国银行、中国农业银行、中国工商银行、中国建设银行和交通银行。

二、中国对外直接投资流量、存量

表2　中国建立《对外直接投资统计制度》以来各年份的统计结果

单位：亿美元

年份	流量			存量	
	金额	全球位次	同比（%）	金额	全球位次
2002	27.0	26	—	299.0	25
2003	28.5	21	5.6	332.0	25
2004	55.0	20	93.0	448.0	27
2005	122.6	17	122.9	572.0	24
2006	211.6	13	43.8	906.3	23
2007	265.1	17	25.3	1179.1	22
2008	559.1	12	110.9	1839.7	18
2009	565.3	5	1.1	2457.5	16
2010	688.1	5	21.7	3172.1	17
2011	746.5	6	8.5	4247.8	13
2012	878.0	3	17.6	5319.4	13
2013	1078.4	3	22.8	6604.8	11
2014	1231.2	3	14.2	8826.4	8
2015	1456.7	2	18.3	10978.6	8
2016	1961.5	2	34.7	13573.9	6
2017	1582.9	3	-19.3	18090.4	2
2018	1430.4	2	-9.6	19822.7	3
2019	1369.1	2	-4.3	21988.8	3

注：1. 2002—2005年数据为中国对外非金融类直接投资数据，2006—2019年数据为对外全行业直接投资数据。
2. 2006年同比为对外非金融类直接投资比值。

（一）2019年中国对外直接投资流量

1. 流量蝉联全球第二，占比保持一成。

2019年，世界经济增速2.9%，为2008年金融危机以来最低增长，货物贸易则由上年的3.8%降至0.9%④。在全球外国直接投资连续3年下滑后，2019年流出流量高达1.31万亿美元，同比增长

④ 数据来源国际货币基金组织（IMF）。

33.2%，其中，发达经济体对外投资增长 71.1%，发展中经济体下降 10%。2019 年，中国对外直接投资 1369.1 亿美元，同比下降 4.3%，流量规模低于日本（2266.5 亿美元），全球排名继续列第二位，占全球份额的 10.4%。

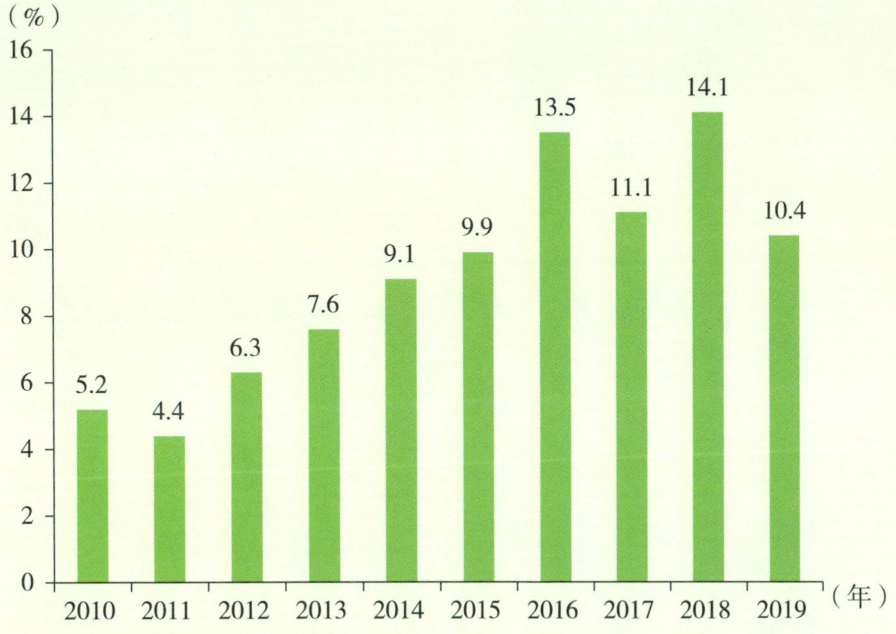

图 3　2010—2019 年中国对外直接投资流量占全球份额情况

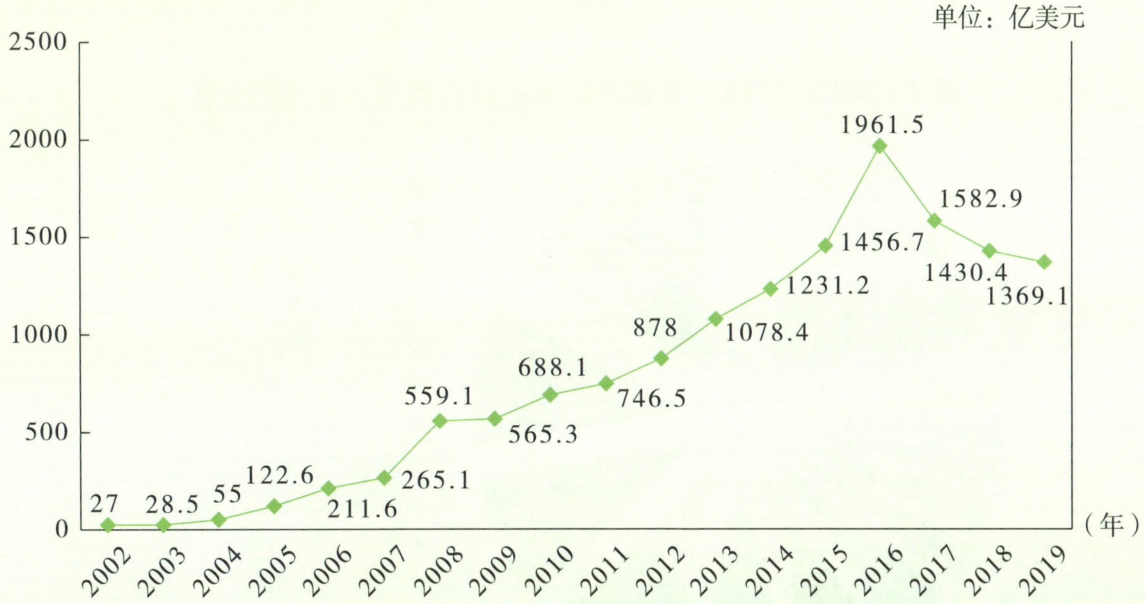

图 4　2002—2019 年中国对外直接投资流量情况

注：数据来源于《中国对外直接投资统计公报》。

自2003年中国有关部门权威发布年度数据以来，中国已连续8年位列全球对外直接投资流量前三，对世界经济的贡献日益凸显。2019年流量是2002年的51倍，占全球比重连续4年超过一成，中国对外投资在全球外国直接投资中的影响力不断扩大。从双向投资流量看，中国对外直接投资规模低于吸引外资（1412.3亿美元）3.1个百分点。

2002—2019年，中国对外投资的年均增长速度高达26%，2013—2019年累计流量达10110.3亿美元，占对外直接投资存量规模的46%。

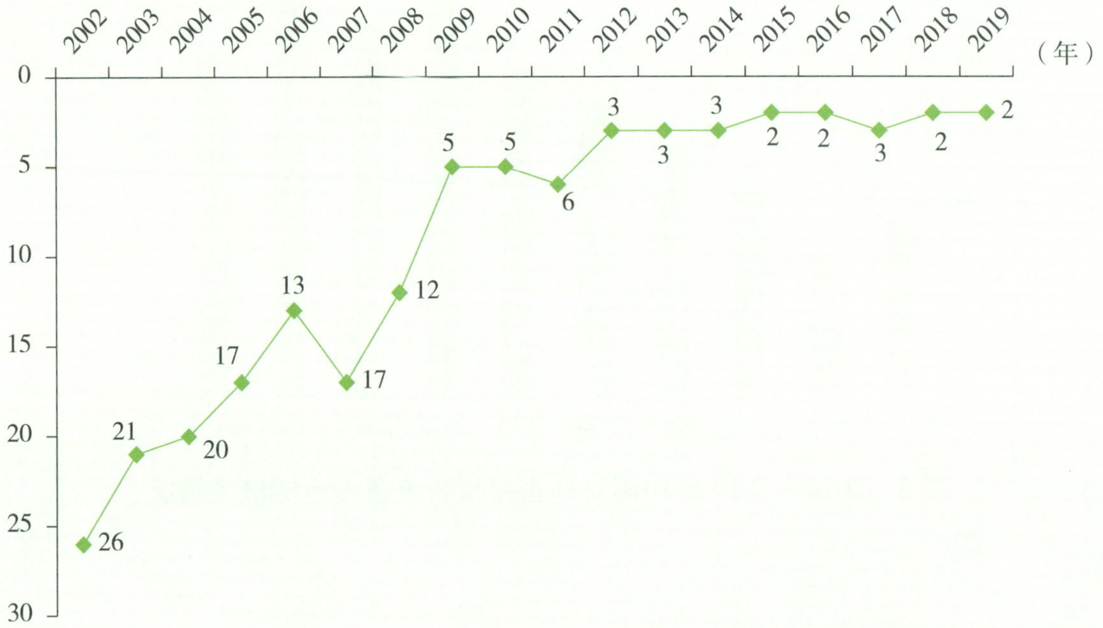

图5　2002—2019年中国对外直接投资流量在全球的位次

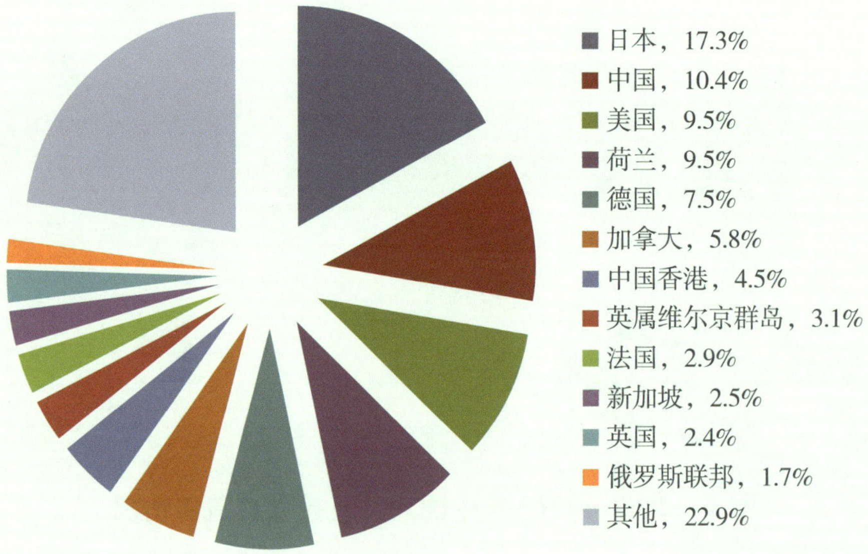

图6　2019年全球主要对外投资国家（地区）流量占比情况

注：其他国家（地区）数据来源于联合国贸发会议《2020世界投资报告》。

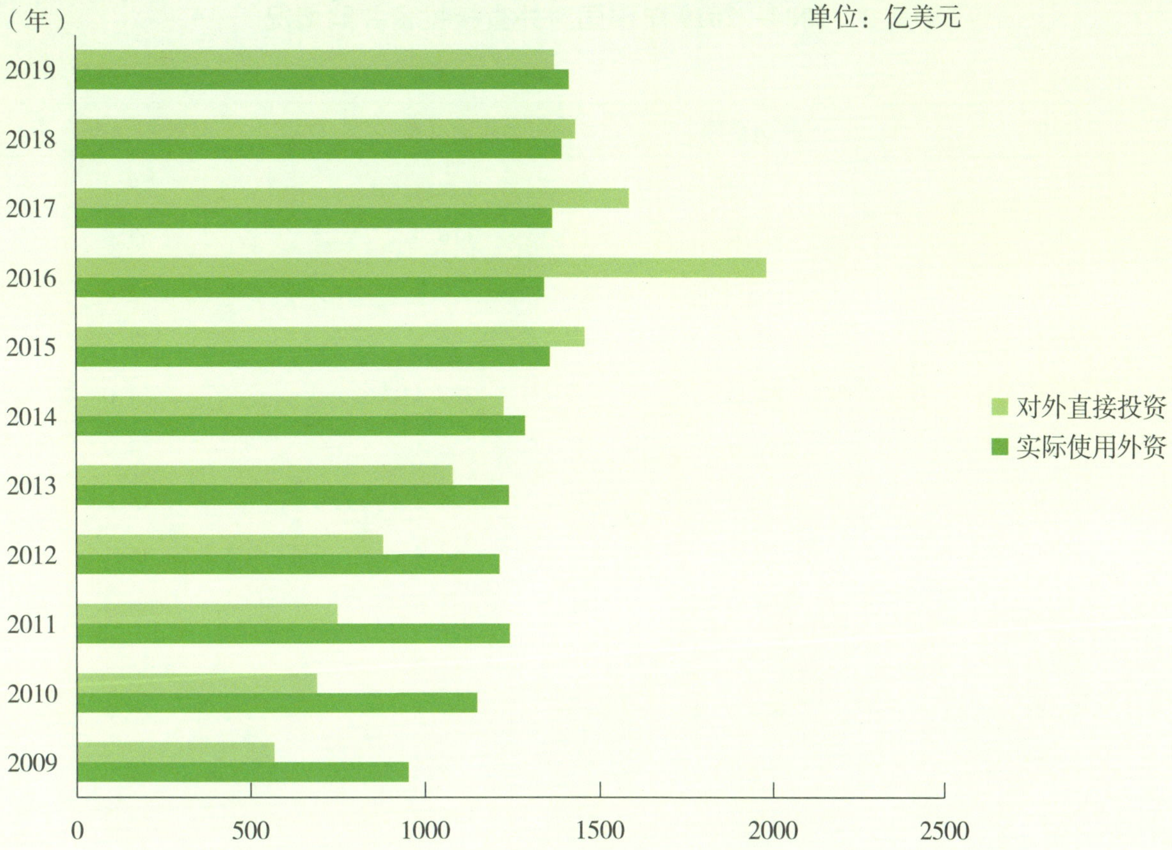

图 7　2009—2019 年中国双向直接投资对比

注：2009—2019 年中国实际使用外资数据来源于联合国贸发会议《2020 世界投资报告》。

2. 对外投资并购交易数量增加，但并购金额下降五成。

2019 年，中国对外并购稳步发展，企业共实施对外投资并购项目 467 起（较上年增加 34 起），涉及 68 个国家和地区（较上年增加 5 个），实际交易总额 342.8 亿美元，同比下降 53.8%。其中，直接投资[5] 172.2 亿美元，占并购总额的 50.2%，占当年中国对外直接投资总额的 12.6%；境外融资 170.6 亿美元，占并购金额的 49.8%。

⑤　指境内投资者或其境外企业收购项目的款项来源于境内投资者的自有资金、境内银行贷款（不包括境内投资者担保的境外贷款）。

表 3　2004—2019 年中国对外直接投资并购情况

单位：亿美元

年份	并购金额	同比（%）	比重（%）
2004	30. 0	—	54. 4
2005	65. 0	116. 7	53. 0
2006	82. 5	26. 9	39. 0
2007	63. 0	-23. 6	23. 8
2008	302. 0	379. 4	54. 0
2009	192. 0	-36. 4	34. 0
2010	297. 0	54. 7	43. 2
2011	272. 0	-8. 4	36. 4
2012	434. 0	59. 6	31. 4
2013	529. 0	21. 9	31. 3
2014	569. 0	7. 6	26. 4
2015	544. 4	-4. 3	25. 6
2016	1353. 3	148. 6	44. 1
2017	1196. 2	-11. 6	21. 1
2018	742. 3	-37. 9	21. 7
2019	342. 8	-53. 8	12. 6

注：2012—2019 年并购金额包括境外融资部分，比重为并购金额中直接投资占当年流量的比重。

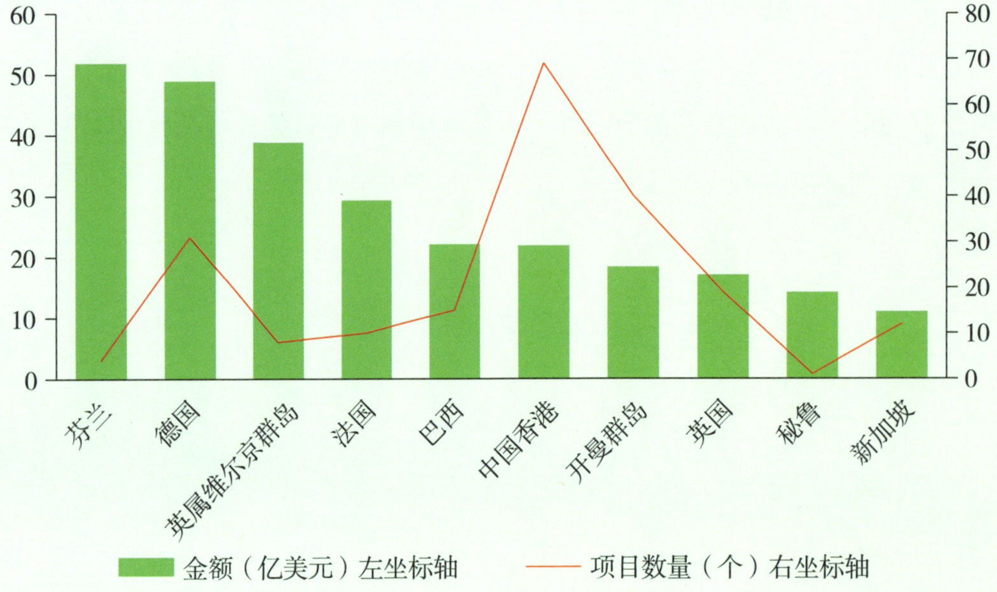

图 8　2019 年中国企业对外投资并购十大目的地（按并购金额）

表 4　2019 年中国对外投资并购行业构成

单位：亿美元

行业类别	数量（起）	金额	金额占比（%）
制造业	179	142.7	41.6
信息传输/软件和信息技术服务业	49	72.5	21.2
电力/热力/燃气及水的生产和供应业	31	45.4	13.3
金融业	8	18.0	5.3
租赁和商务服务业	33	14.3	4.2
科学研究和技术服务业	47	12.4	3.6
农/林/牧/渔业	18	11.0	3.2
采矿业	17	10.0	2.9
批发和零售业	48	8.7	2.5
交通运输/仓储和邮政业	11	2.8	0.8
文化/体育和娱乐业	7	1.6	0.5
房地产业	2	1.5	0.4
住宿和餐饮业	1	0.8	0.2
教育	5	0.6	0.2
其他行业	11	0.5	0.1
总计	**467**	**342.8**	**100.0**

2019 年，中国企业对外投资并购涉及制造业、信息传输/软件和信息技术服务业、电力/热力/燃气及水的生产和供应业等 18 个行业大类。从并购金额上看，制造业 142.7 亿美元，位居首位，涉及 179 个项目；信息传输/软件和信息技术服务业 72.5 亿美元，位居次席，涉及 49 个项目；电力/热力/燃气及水的生产和供应业 45.4 亿美元，居第三位，涉及 31 个项目。

2019 年，中国企业对外投资并购分布在全球 68 个国家（地区），从并购金额看，芬兰、德国、英属维尔京群岛、法国、巴西、中国香港、开曼群岛、英国、秘鲁和新加坡位列前 10。

2019 年，中国企业对“一带一路”沿线国家实施并购项目 91 起，并购金额 29.4 亿美元，占并购总额的 8.6%。其中，新加坡、科威特、马来西亚吸引中国企业并购投资超 5 亿美元。

3. 收益再投资占比创历史最高，股权投资降幅较大。

从对外直接投资流量构成上看，2019 年，新增股权投资 483.5 亿美元，同比下降 31.3%，占流量总额的35.3%；债务工具投资（仅涉及对外非金融类企业）为279.4亿美元，占20.4%；2019年，中国境外企业的经营情况良好，超七成企业盈利或持平，当年收益再投资（即新增留存收益）606.2亿美元，占同期中国对外直接投资流量的44.3%，投资占比创历史最高值。

表5　2006—2019年中国对外直接投资流量构成

单位：亿美元

年份	流量	新增股权		当期收益再投资		债务工具投资	
		金额	比重（%）	金额	比重（%）	金额	比重（%）
2006	211.6	51.7	24.4	66.5	31.4	93.4	44.2
2007	265.1	86.9	32.8	97.9	36.9	80.3	30.3
2008	559.1	283.6	50.7	98.9	17.7	176.6	31.6
2009	565.3	172.5	30.5	161.3	28.5	231.5	41.0
2010	688.1	206.4	30.0	240.1	34.9	241.6	35.1
2011	746.5	313.8	42.0	244.6	32.8	188.1	25.2
2012	878.0	311.4	35.5	224.7	25.6	341.9	38.9
2013	1078.4	307.3	28.5	383.2	35.5	387.9	36.0
2014	1231.2	557.3	45.3	444.0	36.1	229.9	18.6
2015	1456.7	967.1	66.4	379.1	26.0	110.5	7.6
2016	1961.5	1141.3	58.2	306.6	15.6	513.6	26.2
2017	1582.9	679.9	42.9	696.4	44.0	206.6	13.1
2018	1430.4	704.0	49.2	425.3	29.7	301.1	21.1
2019	1369.1	483.5	35.3	606.2	44.3	279.4	20.4

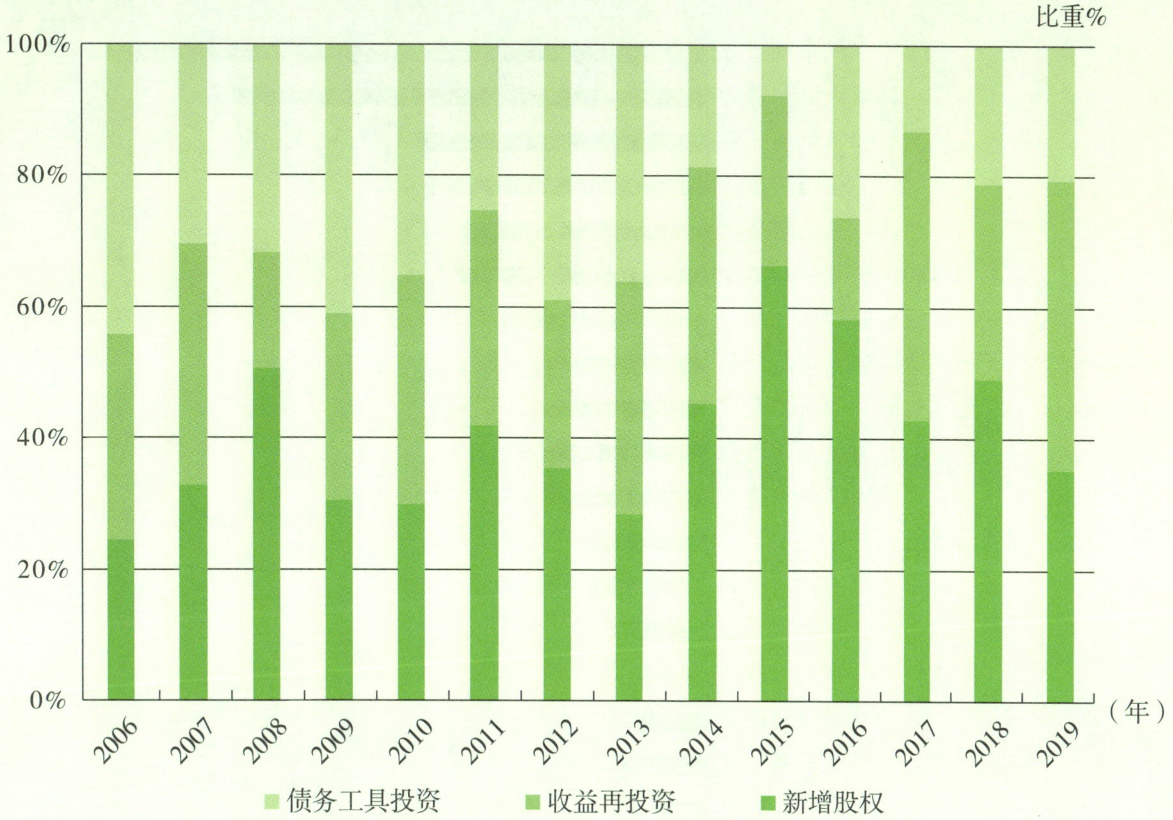

图 9　2006—2019 年中国对外直接投资构成情况

4. 超七成投资流向租赁和商务服务、制造、金融、批发和零售领域。

2019 年，中国对外直接投资涵盖了国民经济的 18 个行业大类。其中，流向传统**租赁和商务服务、制造、金融、批发和零售业**的投资均超过百亿美元。租赁和商务服务业保持第一位，制造业位列第二。

流向**租赁和商务服务业**的投资 418.8 亿美元，同比下降 17.6%，占当年流量总额的 30.6%。投资主要分布在中国香港、英属维尔京群岛、新加坡、英国、澳大利亚等国家（地区）。

制造业 202.4 亿美元，同比增长 6%，占 14.8%。主要流向汽车制造、化学纤维制造、有色金属冶炼和压延加工、医药制造、化学原料和化学制品、橡胶和塑料制品、铁路/船舶/航空航天和其他运输设备制造、电气机械和器材制造、专用设备制造、通用设备制造、黑色金属冶炼和压延加工、非金属矿物制品、造纸和纸制品业等。其中，流向装备制造业的投资 62.7 亿美元，同比下降 45%，占制造业投资的 31%。

金融业 199.5 亿美元，同比下降 8.1%，占 14.6%。2019 年，中国金融业境内投资者对境外金融类企业的直接投资 186 亿美元，占 93.2%；中国非金融业境内投资者投向境外金融企业的投资 13.5 亿美元，占 6.8%。

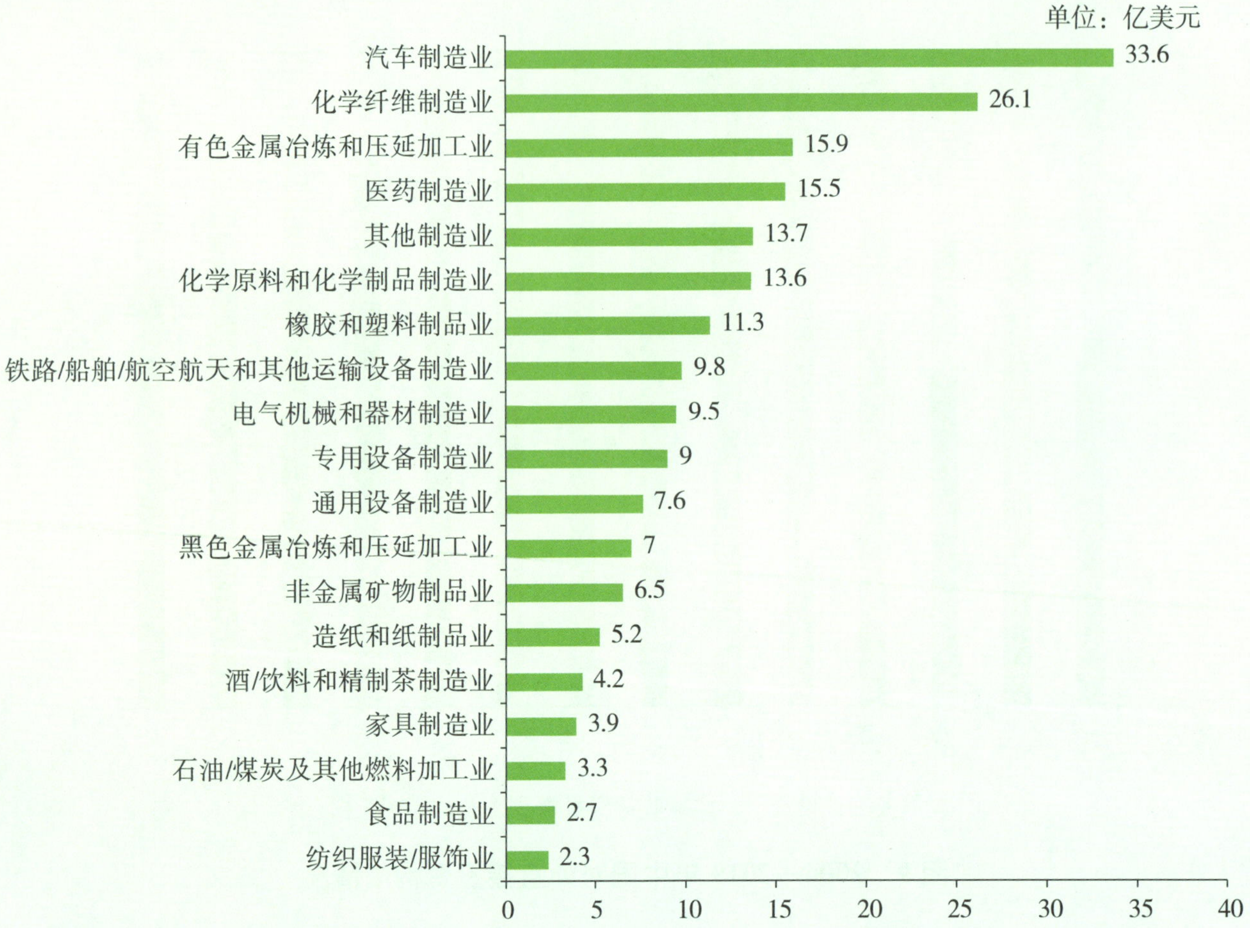

图 10　2019 年中国对外制造业投资流向的主要二级类别

批发和零售业 194.7 亿美元，同比增长 59.1%，占 14.2%。主要流向中国香港、新加坡、英属维尔京群岛、美国、日本、英国、德国等。

上述四领域合计投资 1015.4 亿美元，占流量总额的 74.2%。

此外，2019 年，流向**信息传输/软件和信息技术服务业的投资** 54.8 亿美元，同比下降 2.7%，占流量总额的 4%。

采矿业 51.3 亿美元，同比增长 10.8%，占 3.7%。

交通运输/仓储和邮政业 38.8 亿美元，同比下降 24.8%，占 2.8%。

电力/热力/燃气及水的生产和供应业 38.7 亿美元，同比下降 17.7%，占 2.8%。

建筑业 37.8 亿美元，同比增长 4.5%，占 2.8%。

科学研究和技术服务业 34.3 亿美元，占 2.5%。

房地产业 34.2 亿美元，占 2.5%。

农/林/牧/渔业 24.4 亿美元，占 1.8%。

居民服务/修理和其他服务业 16.7 亿美元，占 1.2%。

教育 6.5 亿美元，占 0.5%。

住宿和餐饮业 6 亿美元，占 0.4%。

文化/体育和娱乐业 5.2 亿美元，占 0.4%。

流向卫生和社会工作、水利/环境和公共设施管理业的投资均占 0.2%。

表 6　2019 年中国对外直接投资流量行业分布情况

单位：亿美元

行业	流量	同比（%）	比重（%）
合计	**1369.1**	**-4.3**	**100.0**
租赁和商务服务业	418.8	-17.6	30.6
制造业	202.4	6.0	14.8
金融业	199.5	-8.1	14.6
批发和零售业	194.7	59.1	14.2
信息传输/软件和信息技术服务业	54.8	-2.7	4.0
采矿业	51.3	10.8	3.7
交通运输/仓储和邮政业	38.8	-24.8	2.8
电力/热力/燃气及水的生产和供应业	38.7	-17.7	2.8
建筑业	37.8	4.5	2.8
科学研究和技术服务业	34.3	-9.7	2.5
房地产业	34.2	11.5	2.5
农/林/牧/渔业	24.4	-4.8	1.8
居民服务/修理和其他服务业	16.7	-27.8	1.2
教育	6.5	13.2	0.5
住宿和餐饮业	6.0	-55.4	0.4
文化/体育和娱乐业	5.2	-55.1	0.4
水利、环境和公共设施管理业	2.7	51.1	0.2
卫生和社会工作	2.3	-56.7	0.2

5. 对欧洲投资快速增长，对拉丁美洲、北美洲、非洲投资降幅较大。

2019年，流向**欧洲**的投资105.2亿美元，同比增长59.6%，占当年对外直接投资流量的7.7%，较上年提升3.1个百分点。主要流向荷兰（38.9亿美元）、瑞典（19.2亿美元）、德国（14.6亿美元）、英国（11亿美元）、卢森堡（6.9亿美元）、瑞士（6.8亿美元）、意大利（6.5亿美元）等国家。

流向**亚洲**的投资1108.4亿美元，同比增长5.1%，占当年对外直接投资流量的80.9%。其中，对中国香港投资905.5亿美元，同比增长4.2%，占对亚洲投资的81.7%；对东盟10国投资130.2亿美元，同比下降4.9%，占对亚洲投资的11.8%。

流向**拉丁美洲**的投资63.9亿美元，同比下降56.3%，占当年对外直接投资流量的4.7%。主要流向英属维尔京群岛（86.8亿美元）、巴西（8.6亿美元）、智利（6.1亿美元）、阿根廷（3.5亿美元）、秘鲁（3.5亿美元）、墨西哥（1.6亿美元）等。对开曼群岛和委内瑞拉的投资呈负流量，分别为-43.6亿美元和-2.2亿美元。

流向**北美洲**的投资43.7亿美元，同比下降49.9%，占当年对外直接投资流量的3.2%。其中，对美国投资38.1亿美元，同比下降49.1%；对加拿大投资4.7亿美元，同比下降69.7%。

流向**非洲**的投资27.1亿美元，同比下降49.9%，占当年对外直接投资流量的2%。主要流向刚果（金）、安哥拉、埃塞俄比亚、南非、毛里求斯、尼日尔、赞比亚、乌干达、尼日利亚等国家。

流向**大洋洲**的投资20.8亿美元，同比下降6.3%，占当年对外直接投资流量的1.5%。主要流向澳大利亚、新西兰、马绍尔群岛、瓦努阿图等国家。

表7　2019年中国对外直接投资流量地区构成情况

单位：亿美元

洲别	金额	同比（%）	比重（%）
亚　　洲	1108.4	5.1	80.9
拉丁美洲	63.9	-56.3	4.7
北 美 洲	43.7	-49.9	3.2
欧　　洲	105.2	59.6	7.7
非　　洲	27.1	-49.9	2.0
大 洋 洲	20.8	-6.3	1.5
合　　计	1369.1	-4.3	100.0

表 8　2019 年中国对外直接投资流量前 20 位的国家（地区）

单位：亿美元

序号	国家（地区）	流量	占总额比重（%）
1	中国香港	905.5	66.1
2	英属维尔京群岛	86.8	6.3
3	新 加 坡	48.3	3.5
4	荷　　兰	38.9	2.8
5	美　　国	38.1	2.8
6	印度尼西亚	22.2	1.6
7	澳大利亚	20.9	1.5
8	瑞　　典	19.2	1.4
9	越　　南	16.5	1.2
10	德　　国	14.6	1.1
11	泰　　国	13.7	1.0
12	阿拉伯联合酋长国	12.1	0.9
13	老　　挝	11.5	0.8
14	马来西亚	11.1	0.8
15	英　　国	11.0	0.8
16	刚果（金）	9.3	0.7
17	伊 拉 克	8.9	0.7
18	巴　　西	8.6	0.6
19	哈萨克斯坦	7.9	0.6
20	柬 埔 寨	7.5	0.6
	合　　计	**1312.6**	**95.8**

6. 对“一带一路”沿线国家投资稳步增长。

2019 年末，中国境内投资者在“一带一路”沿线的 63 个国家设立境外企业近 1.1 万家，涉及国民经济 18 个行业大类，当年实现直接投资 186.9 亿美元，同比增长 4.5%，占同期中国对外直接投资流量的 13.7%。从行业构成看，流向制造业的投资 67.9 亿美元，同比增长 15.5%，占 36.3%；批发和零售业 25.1 亿美元，占 13.4%；建筑业 22.4 亿美元，占 12%；金融业 15.9 亿美元，占 8.5%；科学研究和技术服务业 13.5 亿美元，占 7.2%；电力生产和供应业 13.4 亿美元，占 7.2%。从国别构成看，主要流向新加坡、印度尼西亚、越南、泰国、阿拉伯联合酋长国、老挝、马来西亚、哈萨克斯坦、柬埔寨等国家。2013—2019 年，中国对沿线国家累计直接投资 1173.1 亿美元。

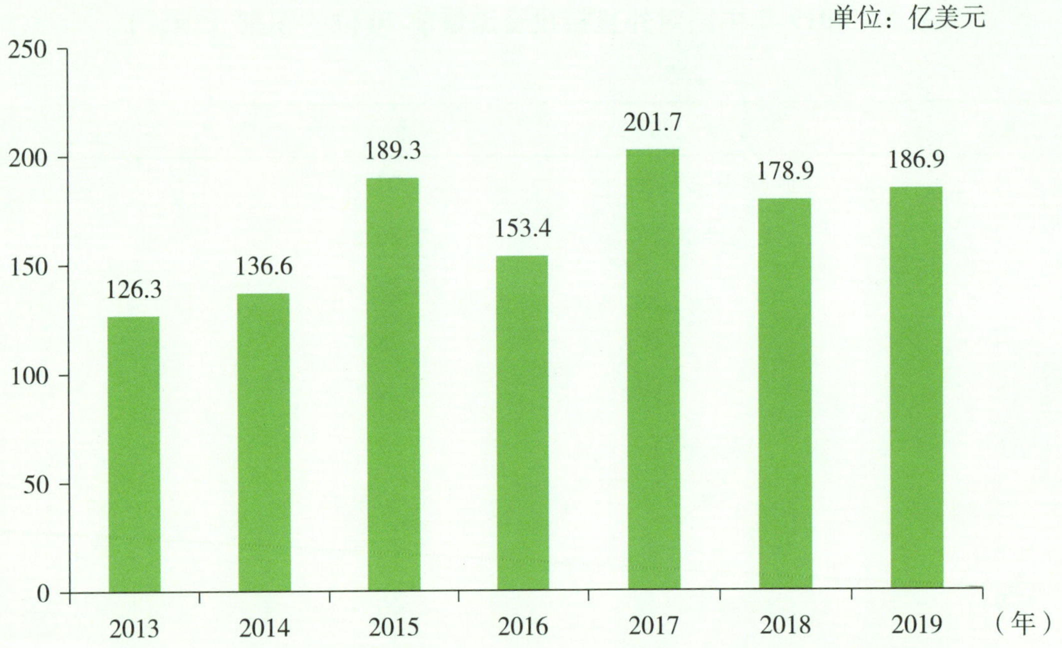

图 11　2013—2019 年中国对“一带一路”沿线国家投资流量

7. 中央企业和单位对外投资较快增长，地方企业下降近一成。

2019 年，中央企业和单位对外非金融类直接投资流量 272.1 亿美元，同比增长 18%；地方企业 897.4 亿美元，同比下降 8.7%，占全国非金融类流量的 76.7%，较上年下降 4.3 个百分点。其中，东部地区 715.6 亿美元，同比下降 5.6%，占地方投资流量的 79.7%；西部地区 78.1 亿美元，同比下降 22.4%，占 8.7%；中部地区 91.1 亿美元，同比下降 10.2%，占 10.2%；东北三省 12.6 亿美元，同比下降 43.8%，占 1.4%。广东、上海、山东、浙江、北京、江苏、天津、福建、河南、海南列地方对外直接投资流量前 10 位，合计 723.8 亿美元，占地方对外直接投资流量的 80.7%。

表 9　2019 年地方对外直接投资流量按区域分布情况

单位：亿美元

地区	流量	比重（%）	同比（%）
东部地区	715.6	79.7	-5.6
中部地区	91.1	10.2	-10.2
西部地区	78.1	8.7	-22.4
东北三省	12.6	1.4	-43.8
合　计	**897.4**	**100.0**	**-8.7**

注：1. 东部地区包括北京、天津、河北、上海、江苏、浙江、福建、山东、广东和海南。
2. 中部地区包括山西、安徽、江西、河南、湖北、湖南。
3. 西部地区包括内蒙古、广西、四川、重庆、贵州、云南、陕西、甘肃、青海、宁夏、新疆、西藏。
4. 东北三省包括黑龙江、吉林、辽宁。

表 10　2019 年地方对外直接投资流量前 10 位的省市区

单位：亿美元

序号	省、市、区	流量	占地方比重（%）
1	广东省	167.0	18.6
2	上海市	104.9	11.7
3	山东省	102.4	11.4
4	浙江省	89.5	10.0
5	北京市	82.7	9.2
6	江苏省	51.2	5.7
7	天津市	44.0	4.9
8	福建省	29.0	3.2
9	河南省	27.5	3.1
10	海南省	25.6	2.9
	合　计	**723.8**	**80.7**

8. 非公经济控股主体投资规模略高于公有经济。

2019 年，中国对外非金融类投资流量中，非公有经济控股的境内投资者对外投资 588.7 亿美元，同比下降 22.2%，占 50.3%；公有经济控股对外投资 580.9 亿美元，同比增长 27%，占 49.7%。

（二）2019 年末中国对外直接投资存量

1. 在全球的位置和比重。

2019 年末，中国对外直接投资存量 21988.8 亿美元，较上年末增加 2166.1 亿美元⑥，是 2002 年末存量的 73.5 倍，占全球外国直接投资流出存量的份额由 2002 年的 0.4%提升至 6.4%，排名由第 25 位攀升至第三位，仅次于美国（7.7 万亿美元）、荷兰（2.6 万亿美元）。从存量规模上看，中国与美国差距较大，仅相当于美国的 28.5%。

⑥　2019 年存量中充实了部分中国自然人对外投资数据。

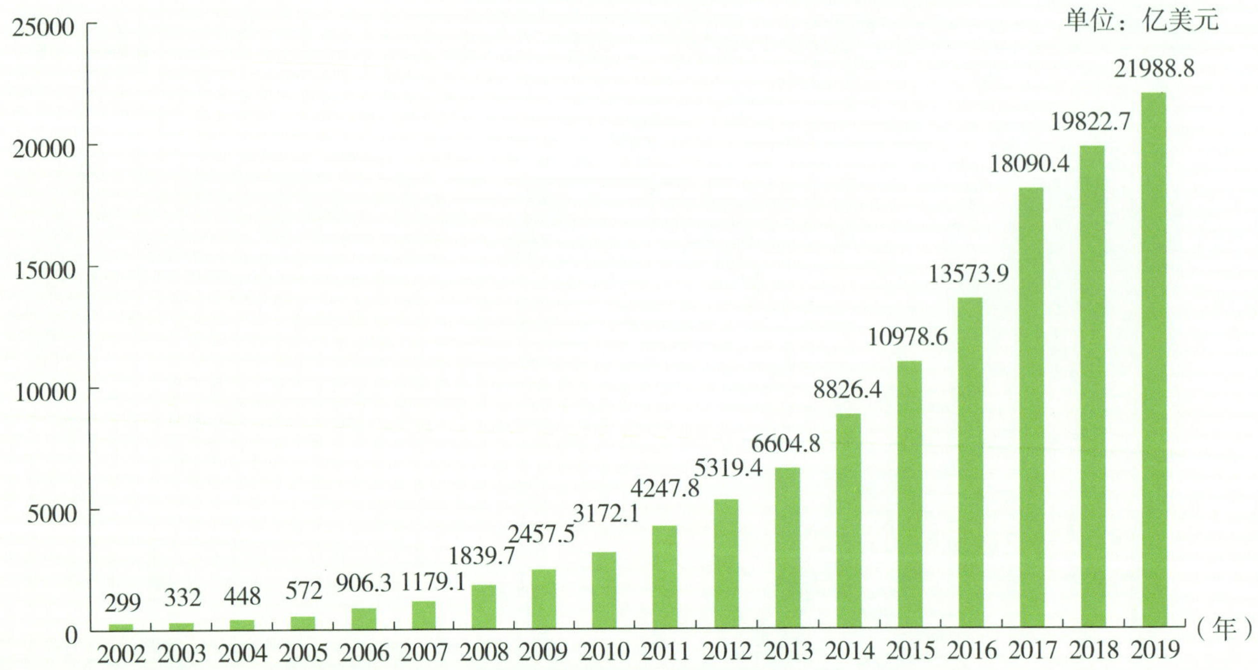

图 12　2002—2019 年中国对外直接投资存量情况

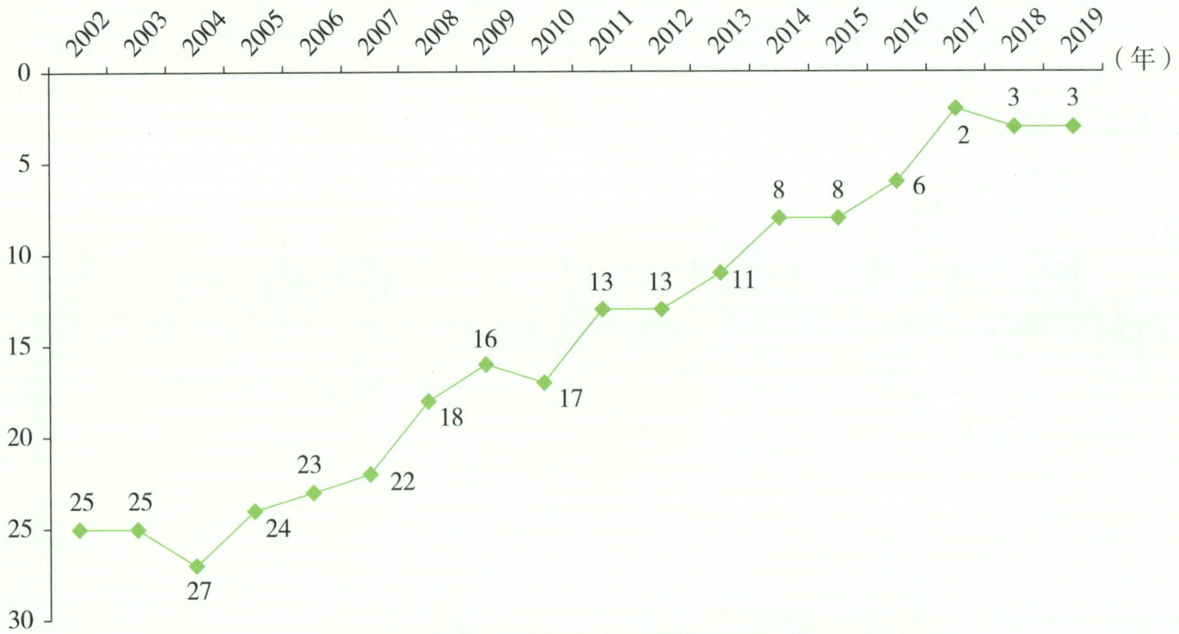

图 13　2002—2019 年中国对外直接投资存量在全球的位次

表 11　2019 年末全球对外直接投资存量上万亿美元的国家（地区）

单位：亿美元

排名	国家（地区）	2019 年末存量	占全球比重（%）
1	美　国	77217	22.3
2	荷　兰	25653	7.4
3	中　国	21989	6.4
4	英　国	19494	5.6
5	日　本	18181	5.3
6	中国香港	17940	5.2
7	德　国	17194	5.0
8	加拿大	16525	4.8
9	法　国	15328	4.4
10	瑞　士	15262	4.4
11	新加坡	11062	3.2
	合　计	**255845**	**74.0**

注：2019 年中国对外直接投资数据来源于《中国对外直接投资统计公报》，其他国家（地区）数据来源于联合国贸发会议《2020 世界投资报告》。

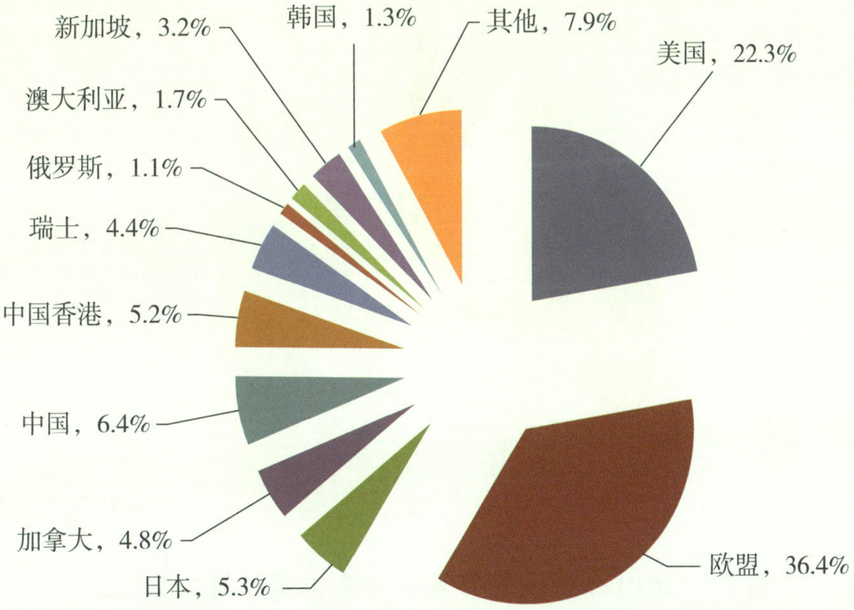

图 14　2019 年末全球主要经济体对外直接投资存量占比

2. 国家（地区）分布。

2019 年末，中国对外直接投资存量分布在全球的 188 个国家（地区），占全球国家（地区）总数的 80.7%。

2019 年末，中国在**亚洲**的投资存量为 14602.2 亿美元，占 66.4%，主要分布在中国香港、新加坡、印度尼西亚、中国澳门、老挝、马来西亚、阿拉伯联合酋长国、哈萨克斯坦、泰国、越南、韩国、柬埔寨等；中国香港占亚洲存量的 87.3%。

拉丁美洲 4360.5 亿美元，占 19.8%，主要分布在开曼群岛、英属维尔京群岛、巴西、委内瑞拉、阿根廷、秘鲁、智利、牙买加、墨西哥、特立尼达和多巴哥、厄瓜多尔、巴拿马等。其中，开曼群岛和英属维尔京群岛合计存量 3897.2 亿美元，占对拉美地区投资存量的 95.8%。

欧洲 1143.8 亿美元，占 5.2%，主要分布在荷兰、英国、德国、卢森堡、俄罗斯联邦、瑞典、法国、瑞士、意大利、挪威、西班牙、爱尔兰等。2019 年末，在中东欧 17 国的投资存量为 28.4 亿美元，占对欧洲投资的 2.5%。

北美洲 1002.3 亿美元，占 4.6%，主要分布在美国、加拿大。

非洲 443.9 亿美元，占 2%，主要分布在南非、刚果（金）、安哥拉、赞比亚、埃塞俄比亚、尼日利亚、加纳、阿尔及利亚、津巴布韦、肯尼亚、坦桑尼亚、毛里求斯、苏丹、莫桑比克、埃及等。

大洋洲 436.1 亿美元，占 2%，主要分布在澳大利亚、新西兰、巴布亚新几内亚、萨摩亚、斐济、瓦努阿图等。

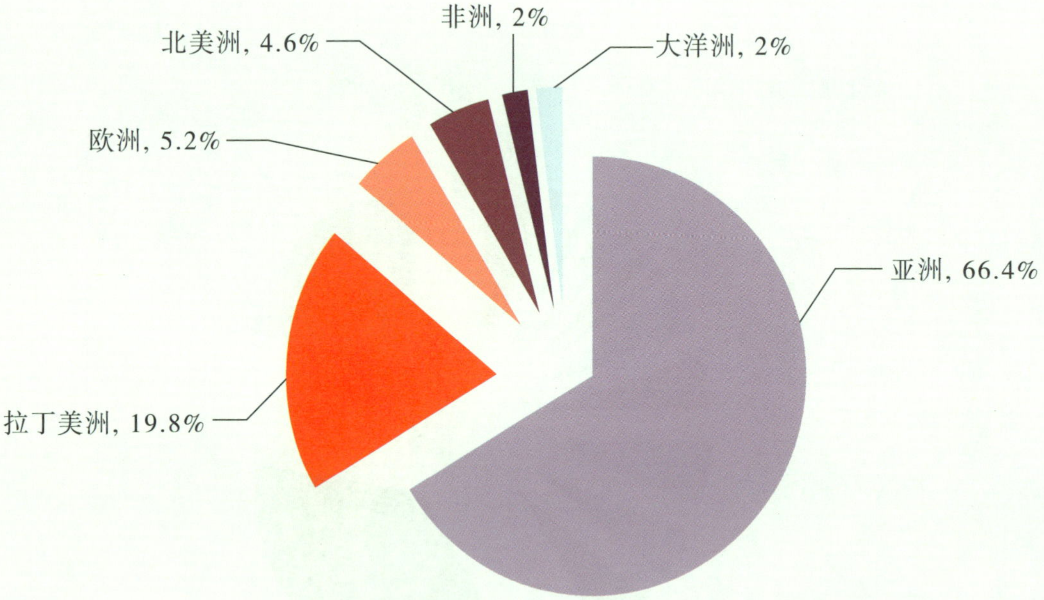

图 15　2019 年中国对外直接投资存量地区分布情况

中国对外直接投资存量的近九成分布在发展中经济体。2019 年末，中国在发展中经济体的投资存量为 19206 亿美元，占 87.3%，其中，中国香港 12753.6 亿美元，占发展中经济体投资存量的 66.4%；东盟 1098.9 亿美元，占 5.7%。

2019 年末，中国在发达经济体的直接投资存量 2494.6 亿美元，占 11.4%。其中，欧盟 939.1 亿美元，占在发达经济体投资存量的 37.6%；美国 778 亿美元，占 31.2%；澳大利亚 380.7 亿美元，占

15.3%；加拿大140.9亿美元，占5.7%；瑞士56.6亿美元，占2.3%；日本41亿美元，占1.6%；以色列37.8亿美元，占1.5%；新西兰24.6亿美元，占1%；挪威12.5亿美元，占0.5%。

表12　2019年末中国在发达国家（地区）直接投资存量情况

单位：亿美元

国家、经济体	存量	比重（%）
欧　　盟	939.1	37.6
美　　国	778.0	31.2
澳大利亚	380.7	15.3
加 拿 大	140.9	5.7
百 慕 大	83.4	3.3
瑞　　士	56.6	2.3
日　　本	41.0	1.6
以 色 列	37.8	1.5
新 西 兰	24.6	1.0
挪　　威	12.5	0.5
合　　计	**2494.6**	**100.0**

2019年末，中国在转型经济体[⑦]的直接投资存量288.2亿美元，占存量总额的1.3%。其中，俄罗斯联邦128亿美元，占转型经济体投资存量的44.4%；哈萨克斯坦72.5亿美元，占25.2%；乌兹

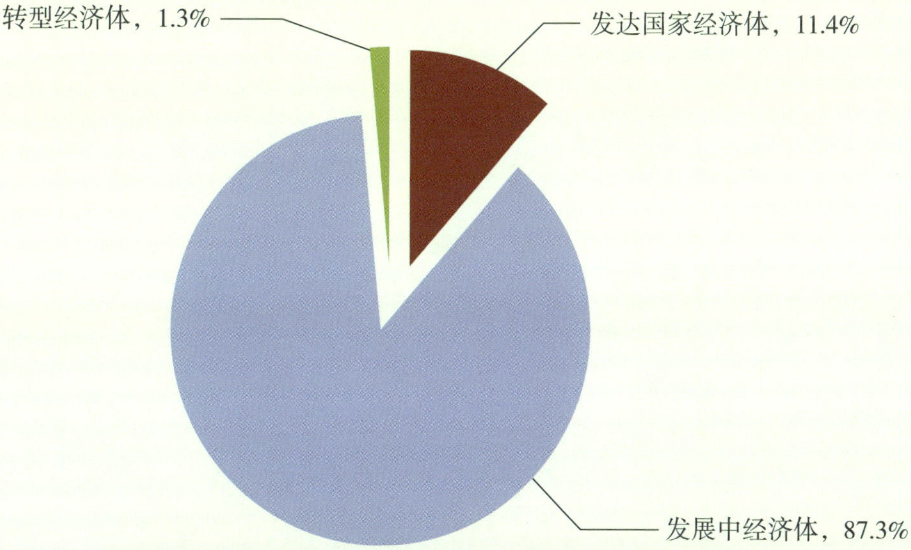

图16　2019年末中国对经济体直接投资存量构成

⑦ 转型经济体包括东南欧、独联体和格鲁吉亚。东南欧包括阿尔巴尼亚、波斯尼亚和黑塞哥维纳、塞尔维亚、黑山、北马其顿共和国；独联体包括亚美尼亚、阿塞拜疆、白俄罗斯、吉尔吉斯斯坦、摩尔多瓦、俄罗斯联邦、乌克兰、塔吉克斯坦、哈萨克斯坦、土库曼斯坦、乌兹别克斯坦。

别克斯坦32.5亿美元，占11.3%；塔吉克斯坦19.5亿美元，占6.8%；吉尔吉斯斯坦15.5亿美元，占5.4%；格鲁吉亚6.7亿美元，占2.3%；白俄罗斯6.5亿美元，占2.3%；土库曼斯坦2.3亿美元，占0.8%。

2019年末，中国对外直接投资存量前20位的国家（地区）累计达到20308.7亿美元，占中国对外直接投资存量的92.4%。分别是：中国香港、开曼群岛、英属维尔京群岛、美国、新加坡、澳大利亚、荷兰、英国、印度尼西亚、德国、加拿大、卢森堡、俄罗斯联邦、中国澳门、瑞典、百慕大群岛、老挝、马来西亚、阿拉伯联合酋长国、哈萨克斯坦。

表13　2019年末中国对外直接投资存量前20位的国家（地区）

单位：亿美元

序号	国家（地区）	存量	比重（%）
1	中国香港	12753.6	58.0
2	开曼群岛	2761.5	12.6
3	英属维尔京群岛	1418.8	6.5
4	美　国	778.0	3.5
5	新加坡	526.4	2.4
6	澳大利亚	380.7	1.7
7	荷　兰	238.5	1.1
8	英　国	171.4	0.8
9	印度尼西亚	151.3	0.7
10	德　国	142.3	0.7
11	加拿大	140.9	0.6
12	卢森堡	139.0	0.6
13	俄罗斯联邦	128.0	0.6
14	中国澳门	98.5	0.4
15	瑞　典	85.8	0.4
16	百慕大群岛	83.4	0.4
17	老　挝	82.5	0.4
18	马来西亚	79.2	0.4
19	阿拉伯联合酋长国	76.4	0.3
20	哈萨克斯坦	72.5	0.3
	合　计	**20308.7**	**92.4**

2019年末，中国对“一带一路”沿线国家的直接投资存量为1794.7亿美元，占中国对外直接投资存量的8.2%。存量位列前10位的国家是：新加坡、印度尼西亚、俄罗斯联邦、老挝、马来西亚、阿拉伯联合酋长国、哈萨克斯坦、泰国、越南、柬埔寨。

3. 行业分布。

（1）按国民经济行业分。

2019年末，中国对外直接投资覆盖了国民经济所有行业类别，存量规模上千亿美元的行业有6个。

租赁和商务服务业以7340.8亿美元高居榜首，占中国对外直接投资存量的33.4%。其包括以投资控股为主的对外投资活动，主要分布在中国香港、英属维尔京群岛、开曼群岛、新加坡、美国、澳大利亚、英国等国家（地区）。

批发和零售业2955.4亿美元，位列第二，占13.5%。

金融业2545.3亿美元，位列第三，占11.6%。

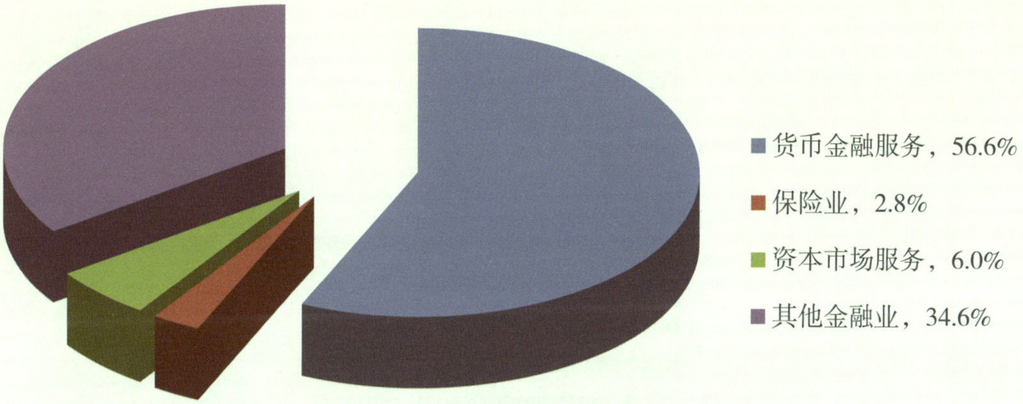

图17　2019年末中国对外金融业投资存量构成

信息传输/软件和信息技术服务业2022.1亿美元，占9.2%，是中国自然人对外投资较为聚集的领域。

制造业2001.4亿美元，占9.1%，主要分布在汽车制造、计算机/通信及其他电子设备制造、化学原料及化学制品制造、专用设备制造、金属制品、非金属矿物制品、其他制造等领域。其中，装备制造业存量1035.6亿美元，占制造业投资存量的51.7%。

采矿业1754亿美元，占8%，主要分布在石油和天然气开采、有色金属矿采选、黑色金属矿采选、煤炭开采等领域。

以上六个行业存量合计18618.9亿美元，占中国对外直接投资存量的84.8%。其他主要行业分布情况：

房地产业776.1亿美元，占3.5%。

交通运输/仓储和邮政业765.3亿美元，占3.5%，主要分布在水上运输、多式联运和运输代理、航空运输、管道运输等。

科学研究和技术服务业 460.1亿美元，占2.1%，主要为科技推广和应用服务、专业技术服务、研究试验和发展等。

建筑业 422.3亿美元，占1.9%，主要是房屋建筑、土木工程、建筑安装、建筑装饰/装修和其他建筑业的投资。

电力/热力/燃气及水的生产和供应业 330.6亿美元，占1.5%，主要为电力生产和供应业的投资。

农/林/牧/渔业 196.7亿美元，占0.9%，其中，农业占28.7%；林业占18.5%；渔业占8.2%；畜牧业占4.8%；农/林/牧/渔专业及辅助性活动占39.8%。

居民服务/修理和其他服务业 136亿美元，占0.6%，主要是其他服务业及居民服务业的投资。

文化/体育和娱乐业 126.3亿美元，占0.6%。

住宿和餐饮业 49.2亿美元，占0.2%。

教育 42.9亿美元，占0.2%。

水利/环境和公共设施管理业 33亿美元，占0.1%。

卫生和社会工作 31.3亿美元，占0.1%。

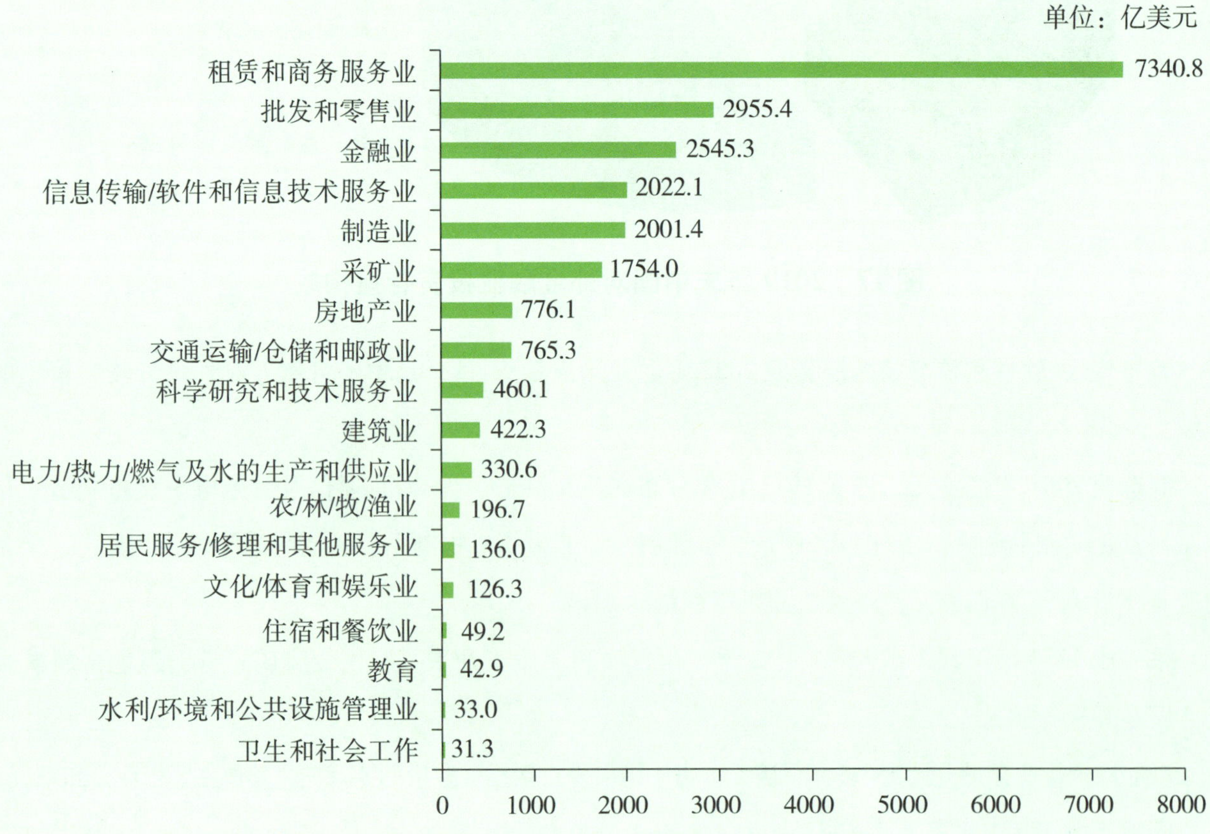

图18　2019年末中国对外直接投资存量行业分布

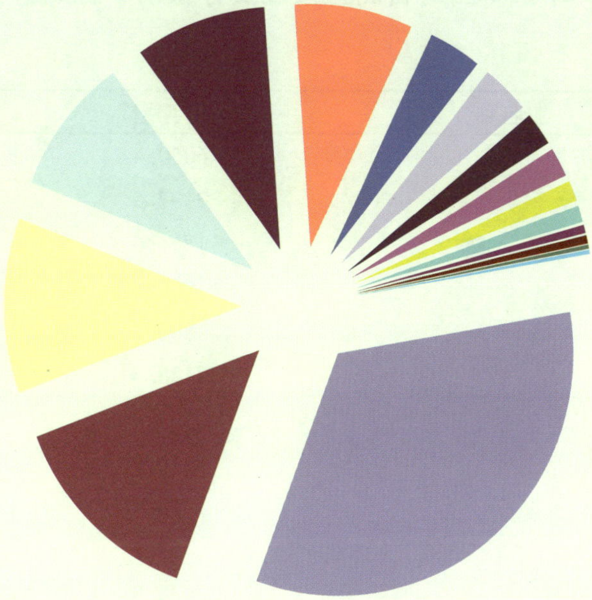

图 19　2019 年末中国对外直接投资存量行业比重

从存量行业的地区分布情况看，中国对各地区直接投资的行业高度集中。

表14　2019年末中国对各洲直接投资存量前5位的行业

单位：亿美元

地区	行业名称	存量	占比（%）
亚洲	租赁和商务服务业	6059.4	41.5
	批发和零售业	2197.5	15.0
	金融业	1864.6	12.8
	制造业	1200.2	8.2
	采矿业	806.7	5.5
	小计	**12128.4**	**83.0**
非洲	建筑业	135.9	30.6
	采矿业	110.2	24.8
	制造业	55.9	12.6
	金融业	52.4	11.8
	租赁和商务服务业	24.9	5.6
	小计	**379.4**	**85.4**
欧洲	制造业	378.0	33.1
	采矿业	211.8	18.5
	金融业	172.7	15.1
	租赁和商务服务业	116.6	10.2
	批发和零售业	58.3	5.1
	小计	**937.6**	**82.0**
拉丁美洲	信息传输/软件和信息技术服务业	1561.0	35.8
	租赁和商务服务业	991.5	22.7
	批发和零售业	606.3	13.9
	金融业	266.5	6.1
	科学研究和技术服务业	257.0	5.9
	小计	**3682.4**	**84.4**
北美洲	制造业	214.5	21.4
	采矿业	185.8	18.5
	金融业	142.3	14.2
	租赁和商务服务业	106.3	10.6
	信息传输/软件和信息技术服务业	77.9	7.8
	小计	**726.8**	**72.5**
大洋洲	采矿业	209.3	48.0
	金融业	46.8	10.7
	租赁和商务服务业	42.1	9.6
	房地产业	37.4	8.6
	制造业	25.0	5.7
	小计	**360.4**	**82.6**

（2）按三次产业分。

2019 年末，中国对外直接投资存量的近八成集中在第三产业（即服务业），金额为 17501 亿美元，主要分布在租赁和商务服务、批发和零售、金融、信息传输/软件和信息技术服务、房地产、交通运输/仓储等领域。第二产业 4369.3 亿美元，占中国对外直接投资存量的 19.9%，其中，制造业（不含金属制品/机械和设备修理业）1961.8 亿美元，占第二产业的 44.9%；采矿业（不含开采辅助活动）1654.5 亿美元，占 37.9%；建筑业 422.3 亿美元，占 9.6%；电力/热力/燃气及水的生产和供应业 330.6 亿美元，占 7.6%。第一产业（农/林/牧/渔业，但不含农/林/牧/渔服务业）118.5 亿美元，占中国对外直接投资存量的 0.5%。

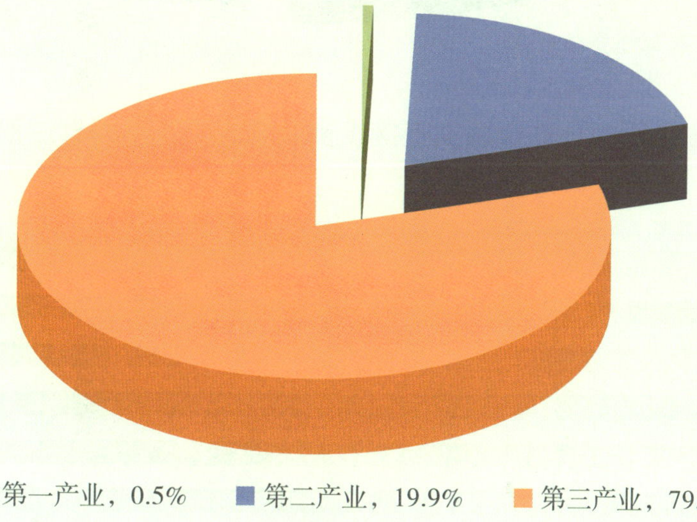

图 20　2019 年末中国对外直接投资存量按三次产业分类构成

4. 按境内投资者工商行政管理注册类型分类。

2019 年末，在对外非金融类直接投资 19443.5 亿美元存量中，国有企业占 50.1%，较上年增加 2.1 个百分点；非国有企业占 49.9%，其中，有限责任公司占 15.3%，股份有限公司占 9.1%，私营企业占 7.6%，个体经营占 6.9%，港澳台商投资企业占 3.7%，外商投资企业占 3.4%，股份合作企业占 0.4%，集体企业占 0.4%，其他占 3.1%。

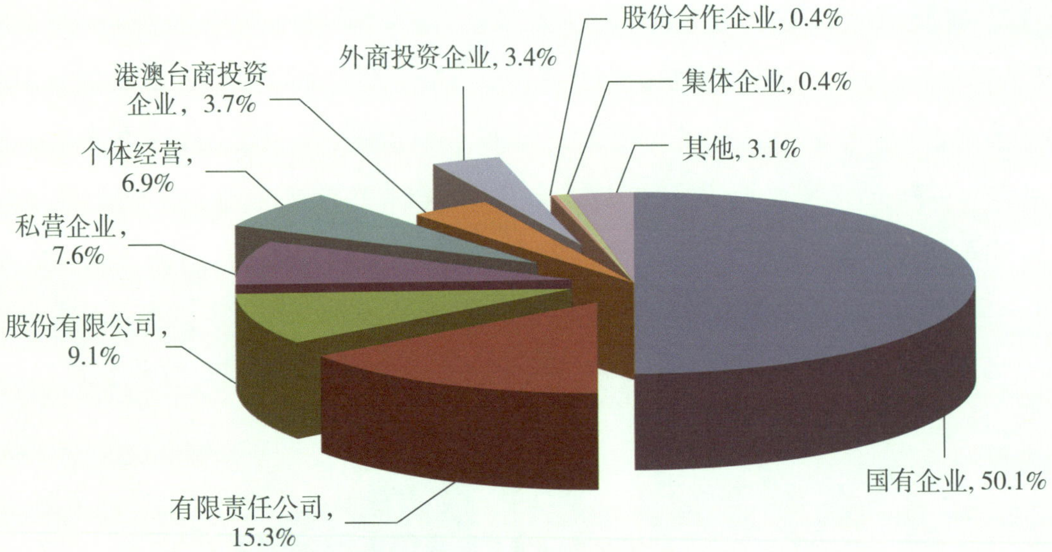

图 21　2019 年末中国对外非金融类直接投资存量按境内投资者注册类型分布情况

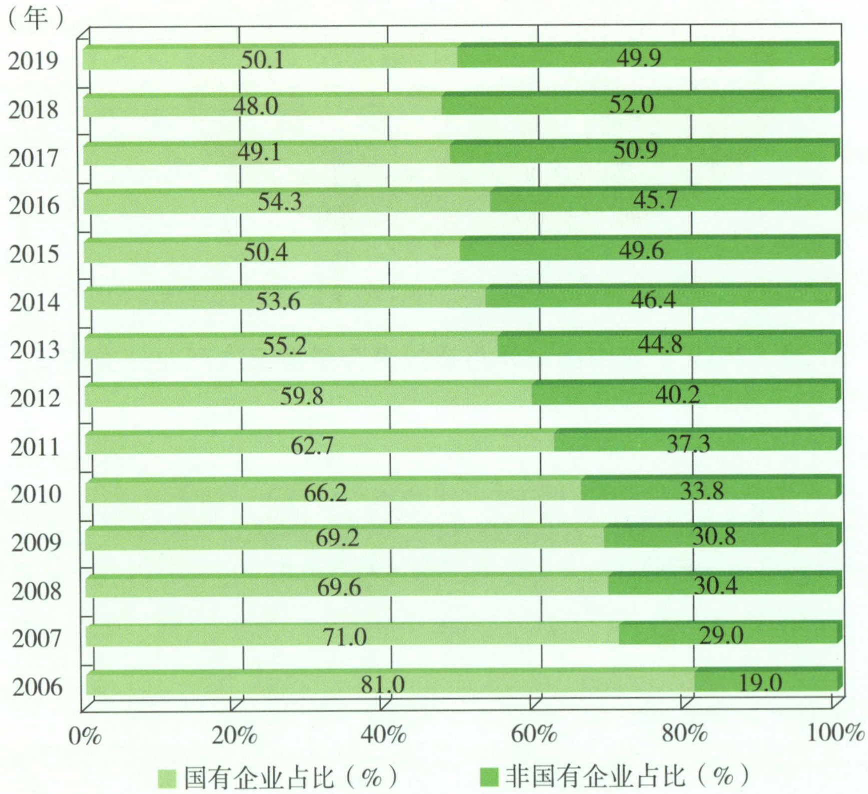

图 22　2006—2019 年中国国有企业和非国有企业存量占比情况

5. 省市分布。

2019 年末，地方企业对外非金融类直接投资存量达到 7855.5 亿美元，占全国非金融类存量的 40.4%。其中，东部地区 6409.4 亿美元，占 81.6%；西部地区 669.1 亿美元，占 8.5%；中部地区

561.3 亿美元，占 7.1%；东北三省 215.7 亿美元，占 2.8%。广东省以 1783.8 亿美元的存量位列地方对外直接投资存量之首，其次为上海市 1303.3 亿美元，以后依次为北京、浙江、山东、江苏、天津、福建、海南、河南等。在 5 个计划单列市中，深圳市以 1192.6 亿美元位列第一，占广东省对外直接投资存量的 66.9%，青岛市以 195.5 亿美元位列第二，占山东省对外直接投资存量的 31.3%。

表 15　2019 年末对外直接投资存量前 10 位的省市区

单位：亿美元

序号	省、市、区	存量
1	广东省	1783.8
2	上海市	1303.3
3	北京市	736.9
4	浙江省	659.0
5	山东省	624.0
6	江苏省	545.0
7	天津市	279.3
8	福建省	190.1
9	海南省	169.9
10	河南省	154.5
	合计（占地方存量的 82.1%）	**6445.8**

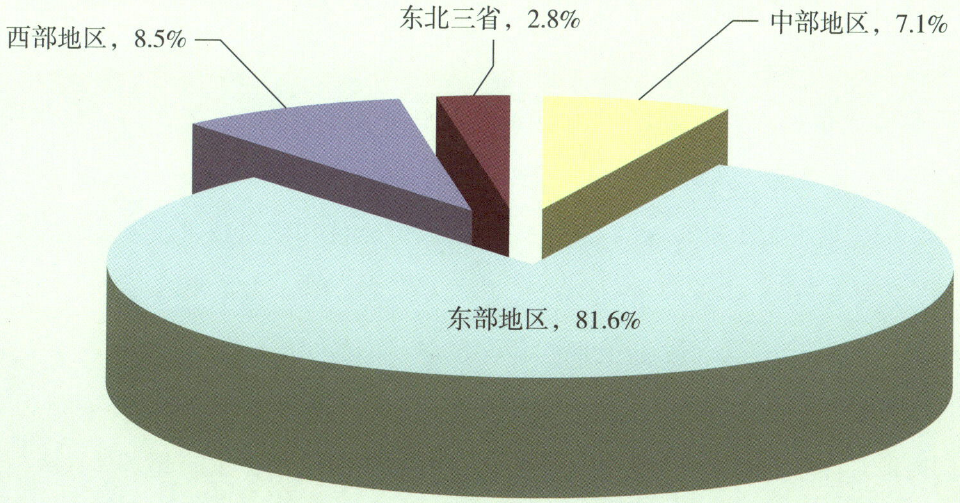

图 23　2019 年末地方企业对外直接投资存量地区比重构成

三、中国对世界主要经济体的直接投资

表16 2019年中国对主要经济体投资情况

单位：亿美元

经济体	流量			存量	
	金额	同比（%）	比重（%）	金额	比重（%）
中国香港	905.50	4.2	66.1	12753.55	58.0
东　　盟	130.24	-4.9	9.5	1098.91	5.0
欧　　盟	106.99	20.7	7.8	939.12	4.3
美　　国	38.07	-49.1	2.8	777.98	3.5
澳大利亚	20.87	5.1	1.5	380.68	1.7
俄罗斯联邦	-3.79	-152.3	-0.3	128.04	0.6
合　　计	**1197.88**	**0.1**	**87.5**	**16078.28**	**73.1**

（一）中国内地对中国香港的投资

2019年，中国内地对中国香港的投资流量905.5亿美元，同比增长4.2%，占当年中国对外直接投资总额的66.1%，占对亚洲投资流量超八成。当年，中国内地企业共对中国香港实施并购项目69起，实际交易金额21.8亿美元。

从流量行业构成情况看，投资流向租赁和商务服务业374.98亿美元，同比下降6.2%，占41.4%，排名第一；金融业158.9亿美元，同比下降5.2%，占17.5%，位居次席；批发和零售业135.02亿美元，同比增长153.8%，占14.9%；信息传输/软件和信息技术服务业61.51亿美元，同比增长65.2%，占6.8%；采矿业43.49亿美元，同比增长36.9%，占4.8%；房地产业29.6亿美元，同比增长59.2%，占3.3%；交通运输/仓储和邮政业24.37亿美元，同比下降27.6%，占2.7%。

2019年末，中国内地共在香港地区设立直接投资企业近1.4万家，年末投资存量为12753.55亿美元，占中国内地对境外直接投资存量的一半以上，占对亚洲投资存量的87.3%。从存量的主要行业构成看，主要分布在租赁和商务服务业5843.04亿美元，占45.8%；批发和零售业1964.01亿美元，占 15.4%；金融业 1650.3 亿美元，占 12.9%；制造业 814.04 亿美元，占 6.4%；房地产业 622.69 亿美元，占 4.9%；采矿业 583.93 亿美元，占 4.6%；交通运输/仓储和邮政业 499.77 亿美元，占 3.9%；信息传输/软件和信息技术服务业 309.3 亿美元，占 2.4%；电力/热力/燃气及水的生产和供应业 132.52 亿美元，占 1%；居民服务/修理和其他服务业 97.91 亿美元，占 0.8%；科学研究和技术服务业 62.99 亿美元，占 0.5%；建筑业占 0.5%；文化/体育和娱乐业占 0.4%；其他行业占 0.5%。

表 17　2019 年中国内地对中国香港直接投资的主要行业

单位：万美元

行业	流量	比重（%）	存量	比重（%）
租赁和商务服务业	3,749,847	41.4	58,430,377	45.8
批发和零售业	1,350,182	14.9	19,640,126	15.4
金融业	1,588,958	17.5	16,502,981	12.9
制造业	188,679	2.1	8,140,445	6.4
房地产业	296,145	3.3	6,226,927	4.9
采矿业	434,885	4.8	5,839,282	4.6
交通运输/仓储和邮政业	243,659	2.7	4,997,684	3.9
信息传输/软件和信息技术服务业	615,121	6.8	3,092,957	2.4
电力/热力/燃气及水的生产和供应业	204,049	2.3	1,325,221	1.0
居民服务/修理和其他服务业	126,298	1.4	979,138	0.8
科学研究和技术服务业	101,155	1.1	629,917	0.5
建筑业	45,570	0.5	596,209	0.5
文化/体育和娱乐业	59,128	0.7	470,556	0.4
农/林/牧/渔业	19,058	0.2	269,328	0.2
卫生和社会工作	14,926	0.2	171,731	0.1
其他行业	17,348	0.1	222,639	0.2
合计	**9,055,006**	**100.0**	**127,535,518**	**100.0**

（二）中国对东盟的投资

2019 年，中国对东盟的直接投资流量 130.24 亿美元，同比下降 4.9%，占当年流量总额的 9.5%，占对亚洲投资流量的 11.8%；年末存量为 1098.91 亿美元，占存量总额的 5%，对亚洲投资存量的 7.5%。2019 年末，中国共在东盟设立直接投资企业超过 5600 家，雇用外方员工近 50 万人。

从流量行业构成情况看，投资的第一目标行业是制造业 56.71 亿美元，同比增长 26.1%，占

43.5%，主要流向印度尼西亚、泰国、越南、马来西亚和新加坡；第二是批发和零售业22.69亿美元，同比下降34.7%，占17.4%，主要流向新加坡；租赁和商务服务业位列第三，11.89亿美元，同比下降20.8%，占9.1%，主要流向新加坡、老挝、印度尼西亚；电力/热力/燃气及水的生产和供应业8.98亿美元，同比增长4.4%，占6.9%，主要流向越南、印度尼西亚、柬埔寨、老挝；金融业7.96亿美元，同比增长8.5%，占6.1%，主要流向新加坡、泰国、印度尼西亚、柬埔寨等；农/林/牧/渔业5.64亿美元，同比下降3.9%，占4.3%，主要流向老挝、新加坡；建筑业4.74亿美元，同比增长48.1%，占3.6%，主要流向柬埔寨、马来西亚、老挝、缅甸、印度尼西亚；交通运输/仓储和邮政业4.21亿美元，同比下降49%，占3.2%，主要流向新加坡和老挝；科学研究和技术服务业2.13亿美元，同比增长16.7%，占1.6%，主要流向新加坡、马来西亚、泰国等。

从流向的主要国家看，新加坡位居首位，流量达48.26亿美元，同比下降24.7%，占对东盟投资流量的37.1%，主要投向批发和零售业、租赁和商务服务业、制造业、金融业等；其次为印度尼西亚22.23亿美元，同比增长19.2%，占17.1%，主要投向制造业、电力/热力/燃气及水的生产和供应业、采矿业等；越南位列第三，16.49亿美元，同比增长43.3%，占12.7%，主要投向制造业、电力/热力/燃气及水的生产和供应业等。

从存量的主要行业构成看，投向制造业265.99亿美元，占24.2%，主要分布在印度尼西亚、越南、马来西亚、泰国、新加坡、柬埔寨、老挝等；租赁和商务服务业188.52亿美元，占17.2%，主要分布在新加坡、印度尼西亚、老挝等；批发和零售业178.11亿美元，占16.2%，主要分布在新加坡、马来西亚、泰国、印度尼西亚等；电力/热力/燃气及水的生产和供应业94.99亿美元，占8.6%，主要分布在新加坡、缅甸、印度尼西亚、柬埔寨、老挝等；建筑业79.08亿美元，占7.2%，主要分布在柬埔寨、新加坡、马来西亚、印度尼西亚等；采矿业77.04亿美元，占7%，主要分布在新加坡、印度尼西亚、缅甸等；金融业68.85亿美元，占6.3%，主要分布在新加坡、泰国、印度尼西亚、马来西亚等；农/林/牧/渔业53.61亿美元，占4.9%，主要分布在新加坡、老挝、柬埔寨、印度尼西亚等；交通运输/仓储和邮政业37.89亿美元，占3.4%，主要分布在新加坡、老挝等；房地产业16.08亿美元，占1.5%，主要分布在新加坡、老挝、印度尼西亚等；科学研究和技术服务业12.22亿美元，占1.1%，主要集中在新加坡。

从存量看，中国对新加坡直接投资额位居首位，达526.37亿美元，占对东盟投资存量的47.9%，主要投向租赁和商务服务业、批发和零售业、金融业、制造业等；其次为印度尼西亚151.33亿美元，占13.8%，主要投向制造业、采矿业、电力/热力/燃气及水的生产和供应业、建筑业等；老挝位列第三，82.5亿美元，占7.5%，主要投向农/林/牧/渔业、制造业、电力/热力/燃气及水的生产和供应业、交通运输/仓储和邮政业等。

表 18　2019 年中国对东盟直接投资的主要行业

单位：万美元

行业	流量	比重（%）	存量	比重（%）
制造业	567, 065	43. 5	2, 659, 869	24. 2
租赁和商务服务业	118, 912	9. 1	1, 885, 206	17. 2
批发和零售业	226, 896	17. 4	1, 781, 139	16. 2
电力/热力/燃气及水的生产和供应业	89, 820	6. 9	949, 871	8. 6
建筑业	47, 395	3. 6	790, 793	7. 2
采矿业	-5, 275	-0. 4	770, 447	7. 0
金融业	79, 597	6. 1	688, 537	6. 3
农/林/牧/渔业	56, 365	4. 3	536, 063	4. 9
交通运输/仓储和邮政业	42, 119	3. 2	378, 940	3. 4
房地产业	2, 368	0. 2	160, 799	1. 5
科学研究和技术服务业	21, 304	1. 6	122, 186	1. 1
信息传输/软件和信息技术服务业	18, 270	1. 4	118, 888	1. 1
居民服务/修理和其他服务业	14, 369	1. 1	49, 006	0. 4
教育	660	0. 1	25, 862	0. 2
卫生和社会工作	4, 665	0. 4	22, 625	0. 2
其他行业	17, 848	1. 5	48, 883	0. 3
合计	**1, 302, 377**	**100. 0**	**10, 989, 115**	**100. 0**

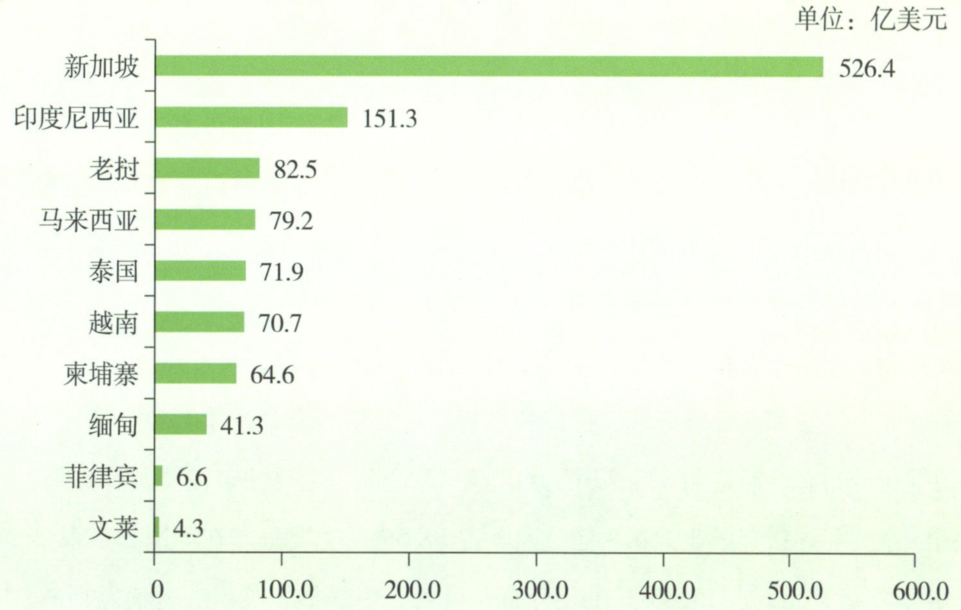

图 24　2019 年末中国对东盟 10 国直接投资存量情况

（三）中国对欧盟的投资

2019年，中国对欧盟的投资流量达106.99亿美元，同比增长20.7%，占流量总额的7.8%。2019年末，中国共在欧盟设立直接投资企业超过3200家，覆盖欧盟的全部28个成员国，雇用外方员工超26万人。

从流向的主要国家看，荷兰位居首位，流量达38.93亿美元，为上年的3.75倍，占对欧盟投资流量的36.4%，主要投向制造业、信息传输/软件和信息技术服务业、采矿业等；其次为瑞典19.16亿美元，同比增长80.1%，占17.9%，主要投向制造业、科学研究和技术服务业、住宿和餐饮业等；德国位列第三，14.59亿美元，同比下降0.6%，占13.6%，主要投向制造业、批发和零售业、金融业等。此外，中国对英国的投资亦超过10亿美元。

从整体行业分布看，2019年，中国企业投资欧盟的首个目标行业的是制造业56.96亿美元，同比增长42%，占53.2%，主要流向荷兰、瑞典、德国、意大利、卢森堡、英国、波兰等；第二是租赁和商务服务业9.86亿美元，同比增长5.1%，占9.2%，主要流向英国、塞浦路斯、卢森堡、德国等；信息传输/软件和信息技术服务业排在第三，8.5亿美元，同比增长88.5%，占7.9%，主要流向荷兰、德国等；科学研究和技术服务业7.35亿美元，同比增长94.7%，占6.9%，主要流向瑞典、英国、卢森堡、意大利等；批发和零售业6.28亿美元，同比下降13.8%，占5.9%，主要集中在英国、德国、卢森堡等；金融业4.41亿美元，同比下降28%，占4.1%，主要流向卢森堡、意大利、德国、匈牙利、捷克等；采矿业3.95亿美元，同比下降24.2%，占3.7%，主要集中在荷兰；住宿和餐饮业3.51亿美元，同比增长14.3%，占3.3%，主要集中在瑞典；房地产业2.56亿美元，为上年的3.55倍，占2.4%，主要集中在英国。

2019年末，中国对欧盟直接投资存量为939.12亿美元，占中国对外直接投资存量的4.3%。存量上百亿美元的国家依然是荷兰、英国、德国、卢森堡。其中，中国对荷兰直接投资额位居首位，达238.55亿美元，占对欧盟投资存量的25.4%，主要投向采矿业、制造业、信息传输/软件和信息技术服务业、租赁和商务服务业、金融业等；其次为英国171.44亿美元，占18.3%，主要投向金融业、租赁和商务服务业、制造业、批发和零售业等；德国位列第三，142.34亿美元，占15.2%，主要投向制造业、金融业、租赁和商务服务业、批发和零售业、科学研究和技术服务业等。

从存量的行业分布看，制造业308.27亿美元，占32.8%，主要分布在瑞典、德国、荷兰、英国、卢森堡、法国、意大利等；金融业164.8亿美元，占17.5%，主要分布在英国、卢森堡、德国、法国等；采矿业148.07亿美元，占15.8%，主要分布在荷兰、卢森堡、英国、塞浦路斯等；租赁和商务服务业112.87亿美元，占12.0%，主要分布在英国、卢森堡、德国、塞浦路斯、荷兰、法国等；批发和零售业53亿美元，占5.6%，主要分布在法国、英国、卢森堡、德国、荷兰、意大利、比利时等；信息传输/软件和信息技术服务业32.36亿美元，占3.4%，主要分布在荷兰、德国、英国；科学研究和技术服务业30.54亿美元，占3.3%，主要分布在德国、卢森堡、瑞典、英国、意大利、西班牙等；电力/热力/燃气及水的生产和供应业21.73亿美元，占2.3%，主要分布在卢森堡、西班牙、德国、意大利等；交通运输/仓储和邮政业17.64亿美元，占1.9%，主要分布在英国、德国、希腊等；房地产业12.67亿美元，占1.3%，主要分布在英国、德国、波兰等。

表19　2019年中国对欧盟直接投资的主要行业

单位：万美元

行业	流量	比重（%）	存量	比重（%）
制造业	569,636	53.2	3,082,680	32.8
金融业	44,113	4.1	1,647,991	17.5
采矿业	39,469	3.7	1,480,689	15.8
租赁和商务服务业	98,555	9.2	1,128,717	12.0
批发和零售业	62,773	5.9	529,966	5.6
信息传输/软件和信息技术服务业	84,987	7.9	323,560	3.4
科学研究和技术服务业	73,533	6.9	305,357	3.3
电力/热力/燃气及水的生产和供应业	3,311	0.3	217,330	2.3
交通运输/仓储和邮政业	4,752	0.4	176,379	1.9
房地产业	25,644	2.4	126,699	1.3
文化/体育和娱乐业	2,006	0.2	118,336	1.3
住宿和餐饮业	35,083	3.3	95,009	1.0
农/林/牧/渔业	8,413	0.8	78,731	0.8
居民服务/修理和其他服务业	6,389	0.6	39,119	0.4
建筑业	7,466	0.7	17,414	0.2
其他行业	3,787	0.4	23,272	0.4
合计	**1,069,917**	**100.0**	**9,391,249**	**100.0**

（四）中国对美国的投资

2019年，中国对美国直接投资较上年下降49.1%，流量38.07亿美元，占中国对外直接投资总额的2.8%，占对北美洲投资流量的87.2%；存量为777.98亿美元，占中国对外直接投资存量的3.5%，占对北美洲投资存量的77.6%。2019年末，中国共在美国设立境外企业近5500家，雇用美国当地员工超过11万人。

2019年，中国对美国投资覆盖国民经济18个行业大类。从构成情况看，流向制造业23.2亿美元，同比下降24.7%，占60.9%，仍是中国企业主要投资领域；流向信息传输/软件和信息技术服务业7亿美元，是上年的4.5倍，占18.4%，位居次席；批发和零售业6.46亿美元，同比下降22.2%，占17%；建筑业2.87亿美元，同比增长42.7%，占7.5%；采矿业2.56亿美元，同比下降50.6%，占6.7%；科学研究和技术服务业2.44亿美元，同比下降63.4%，占6.4%；房地产业1.48亿美元，占3.9%；金融业、租赁和商务服务业、文化/体育和娱乐业均为负流量。

从存量的行业构成看，主要分布在制造业192.86亿美元，占24.8%；金融业119.18亿美元，占15.3%；租赁和商务服务业94.05亿美元，占12.1%；信息传输/软件和信息技术服务业75.99亿美元，占9.8%；批发和零售业59.01亿美元，占7.6%；采矿业57.38亿美元，占7.4%；文化/体育和娱乐业56.21亿美元，占7.2%；房地产业37.57亿美元，占4.8%；科学研究和技术服务业33.67亿美元，占4.3%；建筑业占2.5%；住宿和餐饮业占1.3%；其他占2.9%。

表20　2019年中国对美国直接投资的主要行业

单位：万美元

行业	流量	比重（%）	存量	比重（%）
制造业	231,970	60.9	1,928,639	24.8
金融业	-60,819	-16.0	1,191,806	15.3
租赁和商务服务业	-20,431	-5.4	940,458	12.1
信息传输/软件和信息技术服务业	69,989	18.4	759,910	9.8
批发和零售业	64,577	17.0	590,079	7.6
采矿业	25,557	6.7	573,823	7.4
文化/体育和娱乐业	-10,102	-2.7	562,085	7.2
房地产业	14,792	3.9	375,678	4.8
科学研究和技术服务业	24,363	6.4	336,696	4.3
建筑业	28,678	7.5	191,471	2.5
住宿和餐饮业	1,066	0.3	102,703	1.3
交通运输/仓储和邮政业	4,701	1.2	56,865	0.7
电力/热力/燃气及水的生产和供应业	517	0.1	49,757	0.6
居民服务/修理和其他服务业	2,223	0.6	47,857	0.6
农/林/牧/渔业	218	0.1	30,832	0.4
其他行业	3,369	1.0	41,090	0.6
合计	**380,668**	**100.0**	**7,779,750**	**100.0**

（五）中国对澳大利亚的投资

2019 年，中国对澳大利亚的投资流量 20.87 亿美元，同比增长 5.1%，占流量总额的 1.5%，占对大洋洲投资流量的超九成。从行业分布情况看，投资主要流向：采矿业 7.81 亿美元，占 37.4%；租赁和商务服务业 4.19 亿美元，占 20.1%；金融业 3.93 亿美元，占 18.8%；制造业 3.09 亿美元，占 14.8%；电力/热力/燃气及水的生产和供应业占 2.9%；农/林/牧/渔业占 2.9%。

2019 年末，中国对澳大利亚的投资存量为 380.68 亿美元，占中国对外直接投资存量的 1.7%，占对大洋洲投资存量的 87.3%；在澳大利亚共设立近 1000 家境外企业，雇用外方员工逾 2 万人。从存量的主要行业分布情况看，投向采矿业 193.61 亿美元，占 50.9%；金融业 41.84 亿美元，占 11%；租赁和商务服务业 39.27 亿美元，占 10.3%；房地产业 35.34 亿美元，占 9.3%；制造业 20.86 亿美元，占 5.5%；农/林/牧/渔业 10.56 亿美元，占 2.8%；批发和零售业 9.16 亿美元，占 2.4%。

表 21　2019 年中国对澳大利亚直接投资的主要行业

单位：万美元

行业	流量	比重（%）	存量	比重（%）
采矿业	78,084	37.4	1,936,082	50.9
金融业	39,328	18.8	418,384	11.0
租赁和商务服务业	41,911	20.1	392,741	10.3
房地产业	-6,082	-2.9	353,414	9.3
制造业	30,904	14.8	208,587	5.5
农/林/牧/渔业	5,991	2.9	105,591	2.8
批发和零售业	2,912	1.4	91,555	2.4
交通运输/仓储和邮政业	890	0.4	89,893	2.4
电力/热力/燃气及水的生产和供应业	6,122	2.9	63,847	1.7
卫生和社会工作	361	0.2	44,398	1.2
建筑业	1,789	0.9	44,197	1.2
住宿和餐饮业	1,472	0.7	19,176	0.4
科学研究和技术服务业	788	0.4	17,829	0.4
其他行业	4,198	2.0	21,143	0.5
合计	**208,667**	**100.0**	**3,806,838**	**100.0**

（六）中国对俄罗斯联邦的投资

2019年，中国对俄罗斯联邦的投资流量-3.79亿美元，主要是由于采矿业发生11.3亿美元的负流量。从行业分布情况看，投资主要集中在农/林/牧/渔业（2.58亿美元）、科学研究和技术服务业（1.96亿美元）、金融业（1.23亿美元）、制造业（1.06亿美元）等。

2019年末，中国对俄罗斯联邦的投资存量为128.04亿美元，占中国对外直接投资存量的0.6%，对欧洲地区投资存量的11.2%；共在俄罗斯联邦设立超过1000家境外企业，雇用外方员工近2.4万人。从存量的主要行业分布情况看，投向采矿业54.35亿美元，占42.4%；农/林/牧/渔业28.32亿美元，占22.1%；制造业16.21亿美元，占12.7%；租赁和商务服务业8.72亿美元，占6.8%；金融业5.86亿美元，占4.6%；批发和零售业3.67亿美元，占2.9%；科学研究和技术服务业3.59亿美元，占2.8%；房地产业3.13亿美元，占2.5%。

表22 2019年中国对俄罗斯联邦直接投资的主要行业

单位：万美元

行业	流量	存量	
	金额	金额	比重（%）
采矿业	-113,224	543,456	42.4
农/林/牧/渔业	25,839	283,171	22.1
制造业	10,553	162,083	12.7
租赁和商务服务业	1,183	87,156	6.8
金融业	12,320	58,579	4.6
批发和零售业	2,941	36,743	2.9
科学研究和技术服务业	19,554	35,894	2.8
房地产业	-6,700	31,268	2.5
建筑业	5,009	23,402	1.8
信息传输/软件和信息技术服务业	2,709	8,203	0.6
交通运输/仓储和邮政业	143	6,785	0.5
电力/热力/燃气及水的生产和供应业	1,708	2,248	0.2
其他行业	42	1,409	0.1
合计	**-37,923**	**1,280,397**	**100.0**

四、中国对外直接投资者的构成

2019 年末，中国对外直接投资者（以下简称“境内投资者”）达 2.75 万家，从其在中国工商行政管理部门登记注册情况看，有限责任公司占 38.4%，较上年下降 5.1 个百分点，依然是中国对外投资占比最大、最为活跃的群体；私营企业占 27.4%，位列次席；股份有限公司占 12.1%；外商投资企业占 5.3%；国有企业占 5%；港/澳/台商投资企业占 3.8%；个体经营占 2.4%；股份合作企业占 1.3%；集体企业占 0.4%；联营企业占 0.2%；其他占 3.7%。

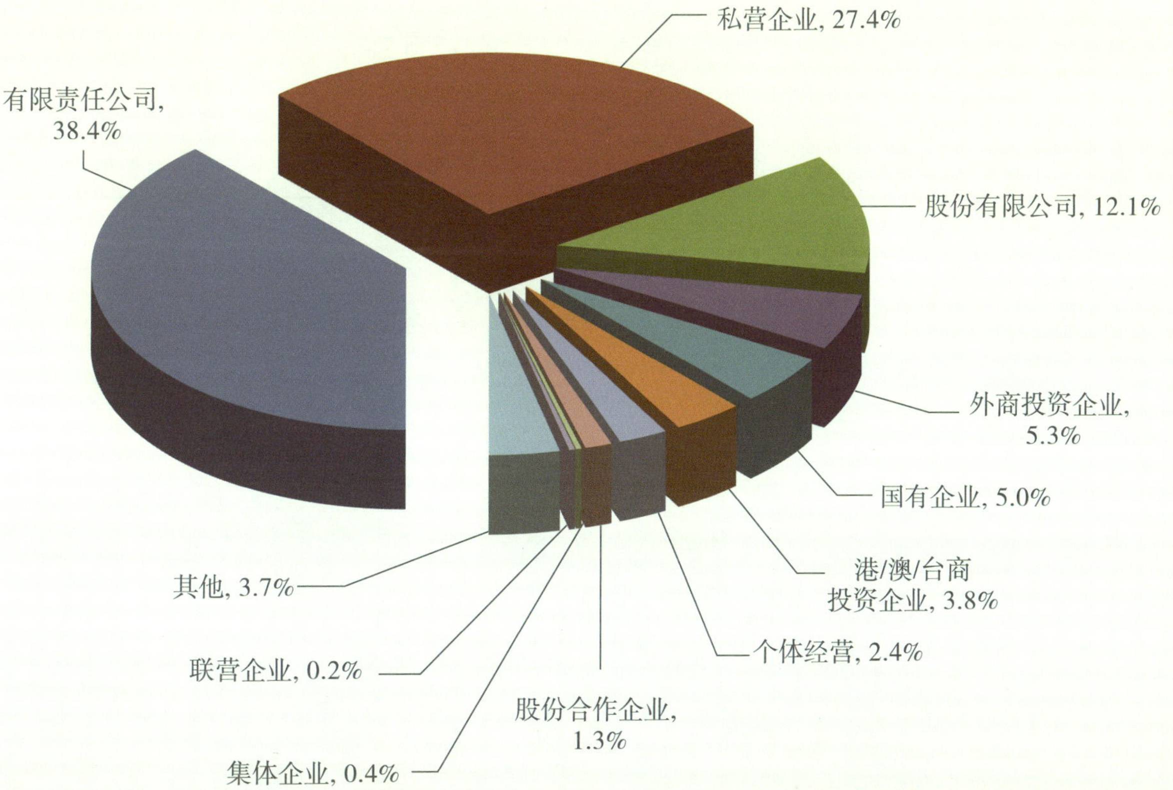

图 25　2019 年末境内投资者按登记注册类型构成

表23 2019年末中国境内投资者按登记注册类型分类情况

单位：家

工商登记注册类型	数量	比重（%）
有限责任公司	10,554	38.4
私营企业	7,532	27.4
股份有限公司	3,316	12.1
外商投资企业	1,465	5.3
国有企业	1,373	5.0
港/澳/台商投资企业	1,044	3.8
个体经营	659	2.4
股份合作企业	365	1.3
集体企业	100	0.4
联营企业	55	0.2
其他	1030	3.7
合计	**27,493**	**100.0**

在境内投资者中，中央企业及单位168家，仅占0.6%。各省市区的地方企业投资者占99.4%。境内投资者数量前10位的省市区依次为：广东、浙江、上海、北京、江苏、山东、福建、辽宁、天津、四川，共占境内投资者总数的80.9%。广东省境内投资者数量最多，超6500家，占23.6%；其次为浙江省，超过3200家，占11.8%；上海市位列第三，近2900家，占10.5%。

从境内投资者的行业分布看，制造业是对外投资最为活跃的主体，占境内投资者的三成以上，主要分布在计算机/通信和其他电子设备制造业、专用设备制造业、通用设备制造业、医药制造业、纺织服装/服饰业、纺织业、电气机械和器材制造业、化学原料和化学制品制造业、金属制品业、橡胶和塑料制品业及汽车制造业等；批发和零售业紧随其后，占24.8%。另外，租赁和商务服务业占12.5%；信息传输/软件和信息技术服务业占7.5%；农/林/牧/渔业占3.9%；科学研究和技术服务业占3.5%；建筑业占3.4%。

图 26　2019 年末境内投资者行业构成情况

表 24　2019 年末中国境内投资者行业构成情况

单位：家

行业	数量	比重（%）
制造业	8, 717	31. 7
批发和零售业	6, 815	24. 8
租赁和商务服务业	3, 450	12. 5
信息传输/软件和信息技术服务业	2, 058	7. 5
农/林/牧/渔业	1, 071	3. 9
科学研究和技术服务业	975	3. 5
建筑业	939	3. 4
交通运输/仓储和邮政业	650	2. 4
房地产业	595	2. 2
采矿业	523	1. 9
居民服务/修理和其他服务业	472	1. 7
文化/体育和娱乐业	393	1. 4
住宿和餐饮业	306	1. 1
电力/热力/燃气及水的生产和供应业	214	0. 8
其他	315	1. 2
合计	**27, 493**	**100. 0**

五、中国对外直接投资企业的构成

（一）国家（地区）分布

2019年末，中国境内投资者共在全球188个国家（地区）设立对外直接投资企业（以下简称“境外企业”）达4.4万家，较上年末增加1000余家，遍布全球超过80%的国家（地区）。其中，亚洲的境外企业覆盖率为95.7%，欧洲为87.8%，非洲为86.7%，北美洲为75%，拉丁美洲为63.3%，大洋洲为58.3%。

表25　2019年末中国境外企业在各洲分布

单位：个

洲别	2019年末国家（地区）总数	境外企业覆盖的国家（地区）数量	覆盖率（%）
亚　洲	48	45	95.7
欧　洲	49	43	87.8
非　洲	60	52	86.7
北美洲	4	3	75.0
拉丁美洲	49	31	63.3
大洋洲	24	14	58.3
合　计	**234**	**188**	**80.7**

注：1. 覆盖率为中国境外企业覆盖国家数量与国家（地区）总数的比率。
2. 亚洲国家（地区）数量包括中国，覆盖率计算基数未包括。

从境外企业的国家（地区）分布情况看，中国在亚洲设立的境外企业数量超过2.5万家，占57.3%，主要分布在中国香港、新加坡、日本、越南、印度尼西亚、马来西亚、韩国、泰国、老挝、柬埔寨、印度、阿拉伯联合酋长国、缅甸等。在中国香港地区设立的境外企业近1.4万家，占到中国境外企业总数的三成，是中国设立境外企业数量最多、投资最活跃的地区。

在北美洲设立的境外企业超过6000家，占13.8%，主要分布在美国、加拿大。中国企业在美国设立的境外企业数量仅次于中国香港。

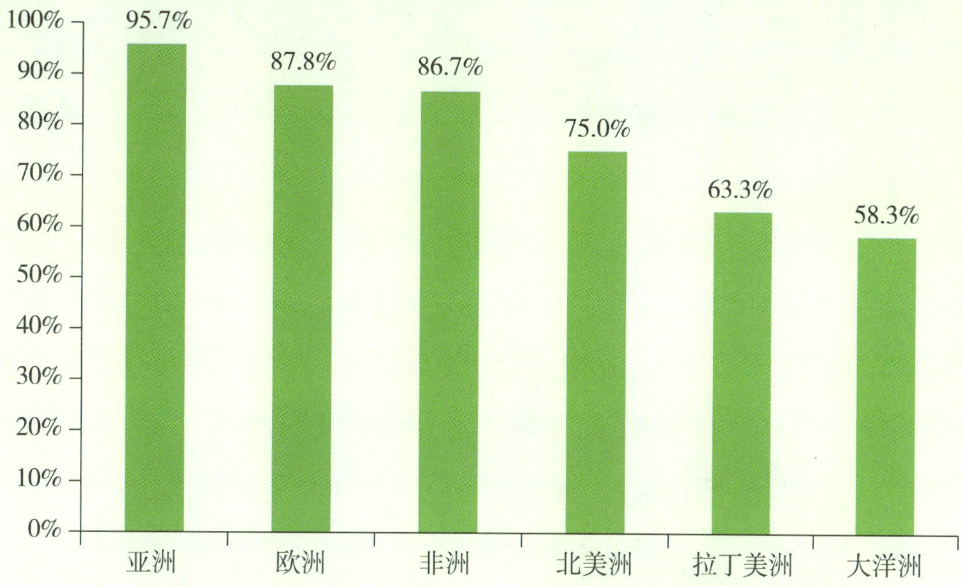

图 27　2019 年末中国境外企业在各洲覆盖比率

在欧洲设立的境外企业超过 4800 家，占 11%，主要分布在德国、俄罗斯联邦、英国、荷兰、法国、意大利、西班牙、白俄罗斯等。

在非洲设立的境外企业超过 3800 家，占 8.7%，主要分布在赞比亚、埃塞俄比亚、尼日利亚、肯尼亚、坦桑尼亚、南非、加纳、安哥拉、乌干达等。

在拉丁美洲设立的境外企业近 2700 家，占 6.1%，主要分布在英属维尔京群岛、开曼群岛、巴西、墨西哥、秘鲁、厄瓜多尔、智利、阿根廷、委内瑞拉等。

在大洋洲设立的境外企业近 1400 家，占 3.1%，主要分布在澳大利亚、新西兰、巴布亚新几内亚、萨摩亚、斐济等。

表 26　2019 年末中国境外企业各洲构成情况

单位：家

洲别	境外企业数量	比重（%）
亚　　洲	25, 129	57. 3
北 美 洲	6, 066	13. 8
欧　　洲	4, 825	11. 0
非　　洲	3, 802	8. 7
拉丁美洲	2, 695	6. 1
大 洋 洲	1, 367	3. 1
合　　计	**43, 884**	**100. 0**

2019年末，中国设立境外企业数量前20位的国家（地区）依次为：中国香港、美国、新加坡、德国、俄罗斯联邦、澳大利亚、日本、英属维尔京群岛、越南、印度尼西亚、加拿大、开曼群岛、马来西亚、韩国、泰国、老挝、柬埔寨、印度、英国、阿拉伯联合酋长国，累计超过3.2万家，占中国在境外设立企业总数的73.8%。

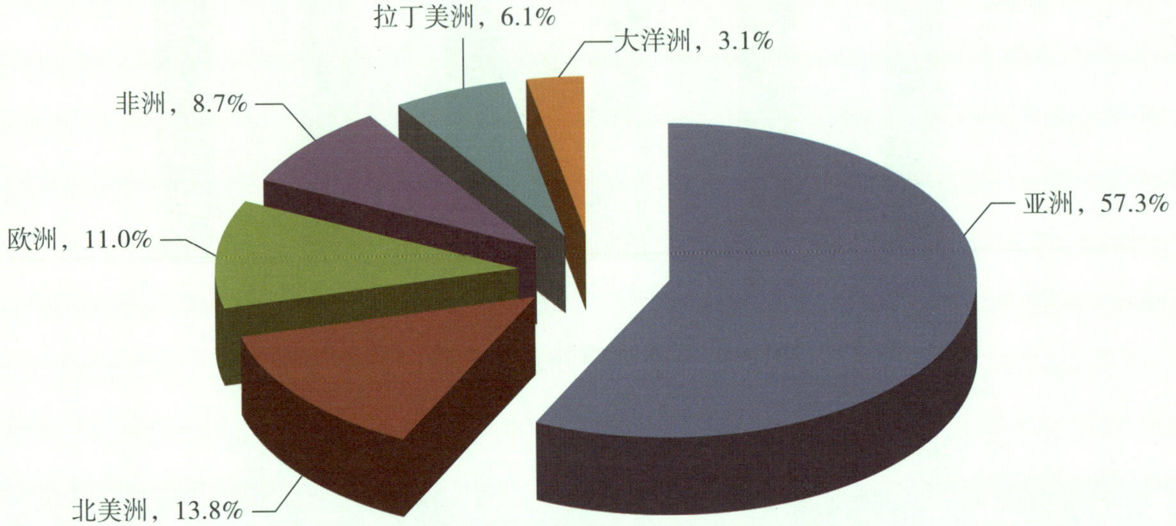

图28　2019年末中国境外企业各洲分布情况

（二）行业分布

从中国境外企业分布的主要行业情况看，批发和零售业、制造业、租赁和商务服务业依然是境外企业最为聚集的行业，累计数量超过2.6万家，占境外企业总数60.2%。其中，批发和零售业近1.2万家，占中国境外企业总数的27.3%；制造业8600余家，占19.7%；租赁和商务服务业超过5800家，占13.2%。此外，建筑业占8.3%；信息传输/软件和信息技术服务业占6.2%；科学研究和技术服务业占5%；农/林/牧/渔业占4.2%；采矿业占3.2%；交通运输/仓储和邮政业占2.8%；居民服务/修理和其他服务业占2.1%；房地产业占1.9%；电力/热力/燃气及水的生产和供应业占1.7%。

表 27　2019 年末中国境外企业的行业分布情况

单位：家

行业	境外企业数量	比重（%）
批发和零售业	11, 993	27. 3
制造业	8, 630	19. 7
租赁和商务服务业	5, 812	13. 2
建筑业	3, 628	8. 3
信息传输/软件和信息技术服务业	2, 731	6. 2
科学研究和技术服务业	2, 179	5. 0
农/林/牧/渔业	1, 829	4. 2
采矿业	1, 401	3. 2
交通运输/仓储和邮政业	1, 237	2. 8
居民服务/修理和其他服务业	936	2. 1
房地产业	820	1. 9
电力/热力/燃气及水的生产和供应业	726	1. 7
金融业	591	1. 3
文化/体育和娱乐业	549	1. 3
住宿和餐饮业	394	0. 9
教育	195	0. 4
水利、环境和公共设施管理业	132	0. 3
卫生和社会工作	101	0. 2
合计	**43, 884**	**100. 0**

（三）省市分布

从境外非金融类企业的隶属情况看，地方企业占 86. 4%，中央企业和单位占 13. 6%。广东、浙江、江苏、上海、北京、山东、福建、辽宁、天津、四川位列地方境外企业数量前 10 位，累计占境外企业总数的 69. 8%。广东是中国拥有境外企业数量最多的省份，占境外企业总数的 18. 6%；其次为浙江，占 10. 8%；江苏位列第三，占 8. 7%。

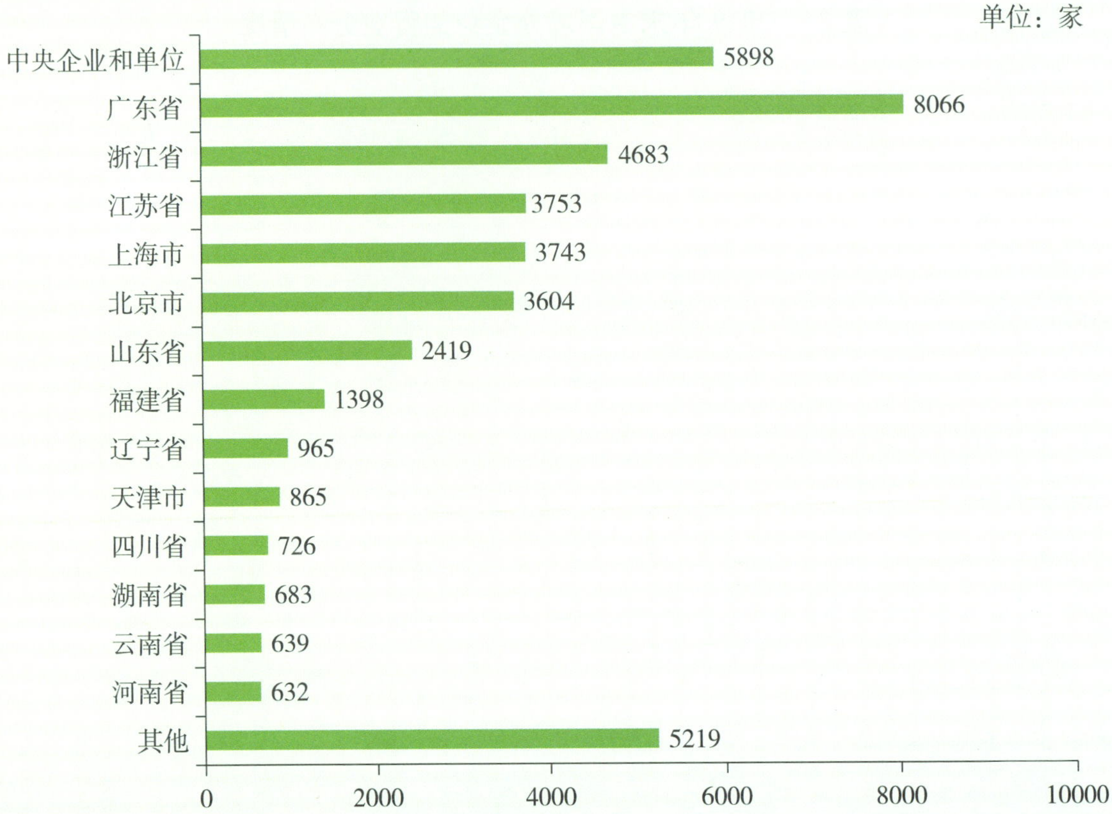

图 29　2019 年末中国主要省市区设立境外企业数量

六、附表

附表 1　2011—2019 各年中国对外直接投资流量情况（分国家/地区）

单位：万美元

国家（地区）	2011	2012	2013	2014	2015	2016	2017	2018	2019
合计	**7, 465, 404**	**8, 780, 353**	**10, 784, 371**	**12, 311, 986**	**14, 566, 715**	**19, 614, 943**	**15, 828, 830**	**14, 303, 731**	**13, 690, 756**
亚洲	**4, 549, 445**	**6, 478, 494**	**7, 560, 426**	**8, 498, 802**	**10, 837, 087**	**13, 026, 769**	**11, 003, 986**	**10, 550, 488**	**11, 084, 094**
阿富汗	29, 554	1, 761	-122	2, 792	-326	221	543	-16	2, 408
阿拉伯联合酋长国	31, 458	10, 511	29, 458	70, 534	126, 868	-39, 138	66, 123	108, 101	120, 741
阿曼	951	337	-74	1, 516	1, 095	462	1, 273	5, 191	-315
巴基斯坦	33, 328	8, 893	16, 357	101, 426	32, 074	63, 294	67, 819	-19, 873	56, 216
巴勒斯坦	—	2	2	—	—	20	—	—	—
巴林	—	508	-534	—	—	3, 646	3, 696	-235	-34
朝鲜	5, 595	10, 946	8, 620	5, 194	4, 121	2, 844	129	28	—
东帝汶	—	—	160	973	3, 381	5, 533	1, 952	-1, 032	-1, 630
菲律宾	26, 719	7, 490	5, 440	22, 495	-2, 759	3, 221	10, 884	5, 882	-429
哈萨克斯坦	58, 160	299, 599	81, 149	-4, 007	-251, 027	48, 770	207, 047	11, 835	78, 649
韩国	34, 172	94, 240	26, 875	54, 887	132, 455	114, 837	66, 080	103, 366	56, 180
吉尔吉斯斯坦	14, 507	16, 140	20, 339	10, 783	15, 155	15, 874	12, 370	10, 016	21, 566
柬埔寨	56, 602	55, 966	49, 933	43, 827	41, 968	62, 567	74, 424	77, 834	74, 625
卡塔尔	3, 859	8, 446	8, 747	3, 579	14, 085	9, 613	-2, 663	-36, 810	2, 932
科威特	4, 200	-1, 188	-59	16, 191	14, 444	5, 055	17, 508	19, 208	-10, 052
老挝	45, 852	80, 882	78, 148	102, 690	51, 721	32, 758	121, 995	124, 179	114, 908
黎巴嫩	—	—	68	9	—	—	—	—	—
马尔代夫	—	—	155	72	—	3, 341	3, 195	-155	694
马来西亚	9, 513	19, 904	61, 638	52, 134	48, 891	182, 996	172, 214	166, 270	110, 954
蒙古	45, 104	90, 403	38, 879	50, 261	-2, 319	7, 912	-2, 789	-45, 713	12, 806
孟加拉国	1, 032	3, 303	4, 137	2, 502	3, 119	4, 080	9, 903	54, 365	37, 549
缅甸	21, 782	74, 896	47, 533	34, 313	33, 172	28, 769	42, 818	-19, 724	-4, 194
尼泊尔	858	765	3, 697	4, 504	7, 888	-4, 882	755	5, 122	20, 678
日本	14, 942	21, 065	43, 405	39, 445	24, 042	34, 401	44, 405	46, 841	67, 378

附表 1　续 1

单位：万美元

国家（地区）	2011	2012	2013	2014	2015	2016	2017	2018	2019
塞浦路斯	8, 954	348	7, 634	—	176	525	60, 341	11, 390	8, 242
沙特阿拉伯	12, 256	15, 367	47, 882	18, 430	40, 479	2, 390	-34, 518	38, 307	65, 437
斯里兰卡	8, 123	1, 675	7, 177	8, 511	1, 747	-6, 023	-2, 527	783	9, 280
塔吉克斯坦	2, 210	23, 411	7, 233	10, 720	21, 931	27, 241	9, 501	38, 824	6, 961
泰国	23, 011	47, 860	75, 519	83, 946	40, 724	112, 169	105, 759	73, 729	137, 191
土耳其	1, 350	10, 895	17, 855	10, 497	62, 831	-9, 612	19, 091	35, 282	2, 883
土库曼斯坦	-38, 304	1, 234	-3, 243	19, 515	-31, 457	-2, 376	4, 672	-3, 830	-9, 315
文莱	2, 011	99	852	-328	392	14, 210	7, 136	-1, 509	-405
乌兹别克斯坦	8, 825	-2, 679	4, 417	18, 059	12, 789	17, 887	-7, 575	9, 901	-44, 583
新加坡	326, 896	151, 875	203, 267	281, 363	1, 045, 248	317, 186	631, 990	641, 126	482, 567
叙利亚	-208	-607	-805	955	-356	-69	53	-1	1, 270
也门	-912	1, 407	33, 125	596	-10, 216	-41, 315	2, 725	1, 045	-7, 881
伊拉克	12, 244	14, 840	2, 002	8, 286	1, 231	-5, 287	-881	773	88, 709
伊朗	61, 556	70, 214	74, 527	59, 286	-54, 966	39, 037	-36, 829	-56, 733	-5, 917
以色列	201	1, 158	189	5, 258	22, 974	184, 130	14, 737	41, 057	19, 168
印度	18, 008	27, 681	14, 857	31, 718	70, 525	9, 293	28, 998	20, 620	53, 460
印度尼西亚	59, 219	136, 129	156, 338	127, 198	145, 057	146, 088	168, 225	186, 482	222, 308
约旦	18	983	77	674	158	613	1, 516	8, 562	3, 093
越南	18, 919	34, 943	48, 050	33, 289	56, 017	127, 904	76, 440	115, 083	164, 852
中国澳门	20, 288	1, 660	39, 477	59, 610	108, 065	82, 150	-102, 447	81, 067	59, 445
中国台湾省	1, 108	11, 288	17, 667	18, 370	26, 712	1, 175	22, 621	6, 933	10, 693
中国香港	3, 565, 484	5, 123, 844	6, 282, 378	7, 086, 730	8, 978, 978	11, 423, 259	9, 115, 278	8, 686, 917	9, 055, 008
非洲	**317, 314**	**251, 666**	**337, 064**	**320, 193**	**297, 792**	**239, 873**	**410, 500**	**538, 911**	**270, 442**
阿尔及利亚	11, 434	24, 588	19, 130	66, 571	21, 057	-9, 989	-14, 053	17, 865	-12, 362
埃及	6, 645	11, 941	2, 322	16, 287	8, 081	11, 983	9, 276	22, 197	1, 096
埃塞俄比亚	7, 230	12, 156	10, 246	11, 959	17, 529	28, 214	18, 108	34, 125	37, 530
安哥拉	7, 272	39, 208	22, 405	-44, 857	5, 774	16, 449	63, 755	27, 034	38, 324
贝宁	75	506	844	744	1, 476	997	133	480	-1, 979
博茨瓦纳	2, 186	2, 110	1, 019	5, 295	8, 608	10, 620	-2, 220	-486	682
布基纳法索	—	—	434	445	—	20	—	—	126
布隆迪	—	150	109	345	206	239	-58	406	-190
赤道几内亚	1, 247	13, 884	2, 241	3, 313	-1, 304	-2, 491	7, 111	380	-4, 460
多哥	904	2, 059	2, 359	699	-173	238	1, 143	-659	828
厄立特里亚	330	196	90	129	991	6, 842	-13	614	-57

附表 1　续 2

单位：万美元

国家（地区）	2011	2012	2013	2014	2015	2016	2017	2018	2019
佛得角	—	—	13	10	—	5	—	—	124
冈比亚	—	—	—	5	—	228	232	1, 443	-451
刚果（布）	681	9, 880	10, 994	23, 860	15, 008	4, 913	28, 417	-29, 264	9, 459
刚果（金）	7, 518	34, 417	12, 127	15, 756	21, 371	-7, 892	34, 024	64, 301	93, 096
吉布提	566	—	200	953	2, 033	6, 224	10, 464	-8, 106	2, 664
几内亚	2, 455	6, 444	10, 013	6, 770	-2, 572	3, 667	28, 656	20, 317	5, 304
几内亚（比绍）	—	—	—	172	224	61	623	257	—
加纳	4, 007	20, 849	12, 251	7, 290	28, 322	49, 061	4, 420	12, 425	2, 941
加蓬	193	3, 069	3, 210	2, 556	4, 879	3, 243	5, 542	-6, 954	1, 666
津巴布韦	44, 003	28, 747	51, 753	10, 118	4, 675	4, 295	-10, 788	5, 383	8, 113
喀麦隆	187	1, 765	5, 720	2, 974	2, 467	11, 423	8, 799	14, 179	-3, 369
科摩罗	—	50	—	—	—	—	—	93	13
科特迪瓦	87	361	-479	2, 426	6, 024	5, 653	11, 269	16, 368	8, 526
肯尼亚	6, 817	7, 873	23, 054	27, 839	28, 181	2, 967	41, 010	23, 204	1, 037
莱索托	3	21	—	46	8	—	—	—	—
利比里亚	2, 109	1, 200	3, 034	4, 011	9, 818	1, 114	3, 982	1, 435	1, 120
利比亚	4, 788	-668	45	13	-4, 106	-1, 705	-17, 640	2, 823	-12, 934
卢旺达	969	502	-594	1, 494	406	-919	988	4, 542	1, 701
马达加斯加	2, 310	843	1, 551	3, 676	3, 384	-655	7, 120	5, 560	-16
马拉维	120	1, 033	825	340	5	240	4, 307	146	-10, 058
马里	4, 758	4, 442	10, 801	2, 339	-3, 401	1, 295	1, 434	-8, 404	1, 849
毛里求斯	41, 946	5, 783	6, 107	4, 943	15, 477	7, 233	3, 327	17, 821	18, 589
毛里塔尼亚	1, 969	3, 087	1, 527	-733	216	10, 879	3, 807	2, 323	-746
摩洛哥	911	105	774	1, 144	2, 603	1, 016	5, 986	9, 078	-9, 516
莫桑比克	2, 026	23, 052	13, 189	10, 251	6, 843	4, 425	11, 747	54, 563	-4, 670
纳米比亚	504	2, 512	705	802	1, 785	2, 168	2, 009	-2, 482	-110
南非	-1, 417	-81, 491	-8, 919	4, 209	23, 317	84, 322	31, 736	64, 206	33, 891
南苏丹	5	780	1, 149	-682	1, 308	203	1, 221	-1, 312	549
尼日尔	5, 163	-19, 594	11, 654	-4, 461	2, 369	-2, 356	5, 084	11, 544	17, 836
尼日利亚	19, 742	33, 305	20, 913	19, 977	5, 058	10, 850	13, 795	19, 470	12, 327
塞拉利昂	1, 075	769	4, 003	492	807	-180	1, 627	394	76
塞内加尔	19	447	1, 044	706	-794	1, 985	6, 541	8, 393	-8, 488
塞舌尔	434	5, 340	1, 769	756	4, 958	5, 041	2, 705	22, 798	198
圣多美和普林西比	—	7	—	—	—	—	—	—	6

附表 1　续 3

单位：万美元

国家（地区）	2011	2012	2013	2014	2015	2016	2017	2018	2019
苏丹	91, 186	-169	14, 091	17, 407	3, 171	-68, 994	25, 487	5, 712	-7, 078
坦桑尼亚	5, 312	11, 970	15, 064	16, 661	22, 632	9, 457	13, 246	17, 747	11, 558
突尼斯	376	-65	706	71	564	-322	-82	596	1, 996
乌干达	991	979	6, 060	6, 050	20, 534	12, 151	7, 904	22, 580	14, 322
赞比亚	29, 178	29, 155	29, 286	42, 485	9, 655	21, 841	30, 580	52, 373	14, 339
乍得	-1, 248	8, 068	12, 095	8, 312	-1, 712	-6, 226	-2, 305	6, 777	4, 981
中非	248	—	130	18, 224	30	40	42	4, 632	56
欧洲	**825, 108**	**703, 509**	**594, 853**	**1, 083, 791**	**711, 843**	**1, 069, 323**	**1, 846, 319**	**658, 839**	**1, 051, 992**
阿尔巴尼亚	—	—	56	—	—	1	21	172	69
阿塞拜疆	1, 768	34	-443	1, 683	136	-2, 466	-20	-105	86
爱尔兰	1, 693	4, 888	11, 702	3, 711	1, 430	33, 193	24, 134	7, 516	6, 428
爱沙尼亚	—	—	—	—	—	—	12	5, 322	202
奥地利	2, 022	5, 343	15	4, 371	10, 432	19, 172	41, 219	13, 814	3, 239
白俄罗斯	867	4, 350	2, 718	6, 372	5, 421	16, 094	14, 272	6, 773	18, 175
保加利亚	5, 390	5, 417	2, 069	2, 042	5, 916	-1, 503	8, 887	-168	246
北马其顿	—	6	—	—	-1	—	—	183	-1, 338
比利时	3, 590	9, 840	2, 578	15, 328	2, 346	2, 835	3, 034	563	5, 985
冰岛	—	—	—	—	—	—	—	73	—
波黑	4	6	—	—	162	85	—	—	1, 219
波兰	4, 866	750	1, 834	4, 417	2, 510	-2, 411	-433	11, 783	11, 160
丹麦	589	514	2, 739	5, 723	-2, 416	12, 573	1, 521	3, 048	6, 026
德国	51, 238	79, 933	91, 081	143, 892	40, 963	238, 058	271, 585	146, 799	145, 901
俄罗斯联邦	71, 581	78, 462	102, 225	63, 356	296, 086	129, 307	154, 842	72, 524	-37, 923
法国	348, 232	15, 393	26, 044	40, 554	32, 788	149, 957	95, 215	-7, 502	8, 722
芬兰	156	136	852	1, 042	3, 868	3, 667	2, 347	14, 104	3, 404
格鲁吉亚	80	6, 874	10, 962	22, 435	4, 398	2, 077	3, 846	8, 023	5, 690
黑山	—	—	—	—	—	—	1, 665	1, 272	2, 266
荷兰	16, 786	44, 245	23, 842	102, 997	1, 346, 284	116, 972	-22, 312	103, 834	389, 317
捷克	884	1, 802	1, 784	246	-1, 741	185	7, 295	11, 302	6, 053
克罗地亚	5	5	—	355	—	22	3, 184	2, 239	2, 869
拉脱维亚	—	—	—	—	45	—	8	1, 068	—
立陶宛	—	100	551	—	—	225	—	-447	—
列支敦士登	—	—	—	363	64	370	—	—	—
卢森堡	126, 500	113, 301	127, 521	457, 837	-1, 145, 317	160, 188	135, 340	248, 733	68, 587

附表 1　续 4

单位：万美元

国家（地区）	2011	2012	2013	2014	2015	2016	2017	2018	2019
罗马尼亚	30	2, 541	217	4, 225	6, 332	1, 588	1, 586	157	8, 411
马耳他	27	—	12	193	503	15, 480	167	1, 011	-118
挪威	1, 857	849	19, 629	5, 860	-167, 589	-85, 123	-54, 921	-4, 168	-74, 444
葡萄牙	—	515	1, 494	387	1, 072	1, 137	104	1, 171	1, 855
瑞典	4, 901	28, 522	17, 082	13, 001	31, 719	12, 768	129, 026	106, 395	191, 571
瑞士	1, 719	864	12, 826	3, 364	24, 677	6, 806	751, 418	-321, 206	67, 825
塞尔维亚	21	210	1, 150	1, 169	763	3, 079	7, 921	15, 341	3, 360
斯洛伐克	594	219	33	4, 566	—	—	68	1, 462	-53
斯洛文尼亚	—	—	—	—	—	2, 186	39	1, 328	2, 684
乌克兰	77	207	1, 014	472	-76	192	475	2, 745	5, 332
西班牙	13, 974	4, 624	-14, 575	9, 235	14, 967	12, 541	5, 879	53, 768	11, 491
希腊	43	88	190	—	-137	2, 939	2, 857	6, 030	57
匈牙利	1, 161	4, 140	2, 567	3, 402	2, 320	5, 746	6, 559	9, 495	12, 315
亚美尼亚	—	—	—	—	—	—	395	1, 964	—
意大利	22, 483	11, 858	3, 126	11, 302	9, 101	63, 344	42, 454	29, 761	64, 979
英国	141, 970	277, 473	141, 958	149, 890	184, 816	148, 039	206, 630	102, 664	110, 345
拉丁美洲	**1, 193, 582**	**616, 974**	**1, 435, 895**	**1, 054, 739**	**1, 261, 036**	**2, 722, 705**	**1, 407, 659**	**1, 460, 847**	**639, 407**
阿根廷	18, 515	74, 325	22, 141	26, 992	20, 832	18, 152	21, 479	14, 113	35, 355
安提瓜和巴布达	101	—	—	—	—	40	—	36	—
巴巴多斯	—	81	92	-167	-28	1, 441	1, 610	256	-813
巴哈马	—	—	—	—	—	658	24	280	-132
巴拉圭	557	142	18	—	—	—	—	84	-84
巴拿马	116	72	18, 768	481	2, 382	3, 738	5, 774	12, 724	331
巴西	12, 640	19, 410	31, 093	73, 000	-6, 328	12, 477	42, 627	42, 772	85, 993
玻利维亚	867	4, 321	1, 440	2, 453	3, 432	5, 538	-2, 628	3, 755	5, 186
伯利兹	—	—	35	35	—	—	—	—	—
多米尼加	—	—	—	—	—	—	—	—	21
多米尼克	50	—	30	—	—	—	—	—	—
厄瓜多尔	-3, 506	31, 139	47, 060	13, 781	11, 811	7, 789	-13, 110	3, 268	-6, 120
哥伦比亚	3, 325	8, 351	1, 793	18, 310	370	-284	1, 372	-8, 101	1, 919
哥斯达黎加	1	—	117	-19	384	136	1, 024	1, 521	679
格林纳达	—	—	—	—	—	10	11	57	303
古巴	7, 671	-557	-2, 437	-2, 222	4, 243	974	-650	3, 323	-1, 152
圭亚那	20	9, 884	3, 500	408	-389	651	2, 251	2, 859	-444

附表 1　续 5

单位：万美元

国家（地区）	2011	2012	2013	2014	2015	2016	2017	2018	2019
洪都拉斯	—	—	—	—	—	2, 771	—	4, 906	483
开曼群岛	493, 646	82, 743	925, 340	419, 172	1, 021, 303	1, 352, 283	-660, 596	547, 312	-435, 668
秘鲁	21, 425	-4, 937	11, 460	4, 507	-17, 776	6, 737	9, 826	8, 481	35, 200
墨西哥	4, 154	10, 042	4, 973	14, 057	-628	21, 184	17, 133	37, 845	16, 356
尼加拉瓜	—	—	217	101	55	101	1	13	293
圣卢西亚	—	—	—	—	15	75	329	—	-58
圣文森特和格林纳丁斯	—	—	—	332	303	-253	337	122	—
苏里南	—	-3, 323	2, 900	-1, 690	2, 009	343	5, 253	-173	4, 058
特立尼达和多巴哥	10	19	23	3, 625	915	210	1, 240	1, 517	2, 336
危地马拉	—	—	—	63	—	—	—	—	-4
委内瑞拉	8, 177	154, 176	42, 556	11, 608	28, 830	-9, 986	27, 448	32, 807	-22, 376
乌拉圭	36	950	967	108	3, 615	4, 927	-1, 422	3, 573	189
牙买加	3, 545	3, 586	474	11, 132	—	41, 864	8, 246	15, 621	-11, 247
英属安圭拉	—	—	—	—	100	584	—	90	-28
英属维尔京群岛	620, 833	223, 928	322, 156	457, 043	184, 900	1, 228, 849	1, 930, 117	714, 978	868, 257
智利	1, 399	2, 622	1, 179	1, 629	685	21, 696	9, 963	16, 806	60, 572
北美洲	**248, 132**	**488, 200**	**490, 101**	**920, 766**	**1, 071, 848**	**2, 035, 096**	**649, 827**	**872, 383**	**436, 713**
百慕大群岛	11, 583	3, 899	1, 893	70, 769	112, 698	49, 865	-24, 805	-31, 683	8, 756
加拿大	55, 407	79, 516	100, 865	90, 384	156, 283	287, 150	32, 083	156, 350	47, 288
美国	181, 142	404, 785	387, 343	759, 613	802, 867	1, 698, 081	642, 549	747, 717	380, 668
大洋洲	**331, 823**	**241, 510**	**366, 032**	**433, 695**	**387, 109**	**521, 177**	**510, 539**	**222, 263**	**208, 108**
澳大利亚	316, 529	217, 298	345, 798	404, 911	340, 131	418, 688	424, 196	198, 597	208, 667
巴布亚新几内亚	1, 665	2, 569	4, 302	3, 037	4, 177	-4, 368	10, 161	-7, 904	-6, 468
斐济	1, 963	6, 832	5, 832	-3, 716	1, 240	4, 461	1, 706	1, 623	1, 746
基里巴斯	—	—	—	—	—	—	—	—	1, 542
库克群岛	—	12	17	-27	—	—	—	—	—
马绍尔群岛	-2, 743	—	-1, 210	—	-5, 682	260	798	1, 210	1, 684
密克罗尼西亚	-289	341	46	339	355	0	-1, 474	—	63
帕劳	57	—	—	51	150	50	8	29	21
萨摩亚	11, 773	4, 759	-7, 793	3, 484	9, 586	10, 924	12, 840	1, 236	-530
所罗门群岛	—	—	—	—	—	—	—	—	10
汤加	—	—	—	10	98	35	112	5	21
瓦努阿图	79	293	—	604	2, 245	542	2, 532	1, 721	212
新西兰	2, 789	9, 406	19, 040	25, 002	34, 809	90, 585	59, 661	25, 746	1, 140

附表 2　2011—2019 各年末中国对外直接投资存量情况（分国家/地区）

单位：万美元

国家（地区）	2011	2012	2013	2014	2015	2016	2017	2018	2019
合计	**42, 478, 067**	**53, 194, 058**	**66, 047, 840**	**88, 264, 242**	**109, 786, 459**	**135, 739, 045**	**180, 903, 652**	**198, 226, 585**	**219, 888, 069**
亚洲	**30, 343, 470**	**36, 440, 706**	**44, 740, 828**	**60, 096, 561**	**76, 890, 132**	**90, 944, 547**	**113, 932, 379**	**127, 613, 437**	**146, 022, 156**
阿富汗	46, 513	48, 274	48, 742	51, 849	41, 993	44, 050	40, 364	40, 444	41, 894
阿拉伯联合酋长国	117, 450	133, 678	151, 457	233, 345	460, 284	488, 830	537, 283	643, 606	763, 567
阿曼	2, 938	3, 335	17, 473	18, 972	20, 077	8, 663	9, 904	15, 068	11, 634
巴基斯坦	216, 299	223, 361	234, 309	373, 682	403, 593	475, 911	571, 584	424, 682	479, 798
巴勒斯坦	—	2	4	4	4	23	4	4	—
巴林	102	680	146	376	387	3, 736	7, 437	7, 196	7, 074
朝鲜*	31, 261	42, 236	58, 551	61, 157	62, 500	67, 915	60, 653	56, 601	46, 228
东帝汶	745	745	905	1, 578	10, 028	14, 794	17, 417	16, 668	8, 085
菲律宾*	49, 427	59, 314	69, 238	75, 994	71, 105	71, 893	81, 960	83, 002	66, 409
哈萨克斯坦*	285, 845	625, 139	695, 669	754, 107	509, 546	543, 227	756, 145	734, 108	725, 413
韩国*	158, 268	308, 190	196, 308	277, 157	369, 804	423, 724	598, 347	671, 011	667, 340
吉尔吉斯斯坦	52, 505	66, 219	88, 582	98, 419	107, 059	123, 782	129, 938	139, 308	155, 003
柬埔寨*	175, 744	231, 768	284, 857	322, 228	367, 586	436, 858	544, 873	597, 368	646, 370
卡塔尔	13, 018	22, 066	25, 402	35, 387	44, 993	102, 565	110, 549	43, 598	45, 892
科威特*	9, 286	8, 284	8, 939	34, 591	54, 362	57, 810	93, 623	109, 184	83, 451
老挝*	127, 620	192, 784	277, 092	449, 099	484, 171	550, 014	665, 495	830, 976	824, 959
黎巴嫩	201	301	369	378	378	301	201	222	222
马尔代夫	—	—	165	237	237	3, 578	6, 743	7, 477	8, 247
马来西亚*	79, 762	102, 613	166, 818	178, 563	223, 137	363, 396	491, 470	838, 724	792, 369
蒙古	188, 662	295, 403	335, 396	376, 246	376, 006	383, 859	362, 280	336, 507	343, 054
孟加拉国	7, 668	11, 725	15, 868	16, 024	18, 843	22, 517	32, 907	87, 023	124, 830
缅甸*	218, 152	309, 372	356, 968	392, 557	425, 873	462, 042	552, 453	468, 006	413, 445
尼泊尔	2, 480	3, 358	7, 531	13, 834	29, 193	24, 705	22, 762	37, 919	53, 866
日本	136, 622	161, 991	189, 824	254, 703	303, 820	318, 401	319, 734	349, 052	409, 805
塞浦路斯*	9, 090	9, 495	17, 126	10, 717	10, 915	11, 005	71, 869	84, 543	106, 147
沙特阿拉伯*	88, 314	120, 586	174, 706	198, 743	243, 439	260, 729	203, 827	259, 456	252, 773
斯里兰卡	16, 258	17, 858	29, 265	36, 391	77, 251	72, 891	72, 835	46, 893	55, 147
塔吉克斯坦	21, 674	47, 612	59, 941	72, 896	90, 909	116, 703	161, 609	194, 483	194, 608
泰国*	130, 726	212, 693	247, 243	307, 947	344, 012	453, 348	535, 847	594, 670	718, 585
土耳其	40, 648	50, 251	64, 231	88, 181	132, 884	106, 138	130, 135	173, 368	186, 786
土库曼斯坦	27, 648	28, 777	25, 323	44, 760	13, 304	24, 908	34, 272	31, 193	22, 656

附表 2　续 1

单位：万美元

国家（地区）	2011	2012	2013	2014	2015	2016	2017	2018	2019
文莱*	6, 613	6, 635	7, 212	6, 955	7, 352	20, 377	22, 067	22, 045	42, 696
乌兹别克斯坦	15, 647	14, 618	19, 782	39, 209	88, 204	105, 771	94, 607	368, 988	324, 621
新加坡*	1, 060, 269	1, 238, 333	1, 475, 070	2, 063, 995	3, 198, 491	3, 344, 564	4, 456, 809	5, 009, 383	5, 263, 656
叙利亚	1, 483	1, 446	641	1, 455	1, 100	1, 031	1, 031	87	1, 357
也门	19, 145	22, 130	54, 911	55, 507	45, 330	3, 921	61, 255	62, 300	54, 419
伊拉克	60, 591	75, 432	31, 706	37, 584	38, 812	55, 781	41, 437	59, 854	137, 752
伊朗	135, 156	207, 046	285, 120	348, 415	294, 919	333, 081	362, 350	323, 429	305, 562
以色列*	2, 388	3, 846	3, 405	8, 665	31, 718	422, 988	414, 869	461, 998	377, 502
印度*	65, 738	116, 910	244, 698	340, 721	377, 047	310, 751	474, 733	466, 280	361, 009
印度尼西亚	168, 791	309, 804	465, 665	679, 350	812, 514	954, 554	1, 053, 880	1, 281, 128	1, 513, 255
约旦*	1, 281	2, 254	2, 343	3, 098	3, 255	3, 949	6, 440	14, 198	31, 173
越南	129, 066	160, 438	216, 672	286, 565	337, 356	498, 363	496, 536	560, 543	707, 371
中国澳门	267, 589	292, 927	340, 914	393, 074	573, 912	678, 339	968, 029	886, 578	985, 168
中国台湾省*	2, 935	13, 532	34, 927	59, 862	96, 905	98, 272	127, 247	135, 157	125, 440
中国香港*	26, 151, 852	30, 637, 245	37, 709, 314	50, 991, 983	65, 685, 524	78, 074, 489	98, 126, 568	110, 039, 108	127, 535, 518
非洲	**1, 624, 432**	**2, 172, 971**	**2, 618, 577**	**3, 235, 006**	**3, 469, 440**	**3, 987, 747**	**4, 329, 650**	**4, 610, 353**	**4, 439, 022**
阿尔及利亚*	105, 945	130, 533	149, 721	245, 157	253, 155	255, 248	183, 366	206, 286	177, 535
埃及	40, 317	45, 919	51, 113	65, 711	66, 315	88, 891	83, 484	107, 926	108, 580
埃塞俄比亚*	42, 679	60, 655	77, 184	91, 462	113, 013	200, 065	197, 556	256, 816	255, 887
安哥拉*	40, 059	124, 510	163, 474	121, 404	126, 829	163, 321	226, 016	229, 919	289, 073
贝宁	4, 003	4, 760	4, 991	6, 917	8, 731	10, 251	10, 437	10, 399	9, 144
博茨瓦纳	20, 038	22, 015	23, 090	26, 213	32, 108	43, 750	29, 687	25, 816	18, 628
布基纳法索	—	—	434	878	—	20	20	20	149
布隆迪	720	870	979	1, 324	1, 237	1, 242	1, 029	1, 252	820
赤道几内亚*	9, 868	40, 464	26, 085	20, 820	23, 163	23, 659	39, 597	55, 285	40, 413
多哥	6, 715	9, 838	12, 309	13, 581	12, 882	11, 857	11, 285	10, 207	10, 116
厄立特里亚	1, 431	10, 378	10, 455	10, 671	11, 941	37, 845	21, 655	22, 394	22, 329
佛得角	458	1, 160	1, 523	1, 518	1, 518	1, 523	1, 463	1, 463	234
冈比亚	119	119	119	124	124	384	536	2, 479	1, 390
刚果（布）*	14, 240	50, 490	69, 543	98, 876	108, 867	78, 291	112, 606	79, 510	60, 984
刚果（金）*	70, 926	97, 049	109, 176	216, 867	323, 935	351, 498	388, 411	444, 446	559, 660
吉布提	1, 813	1, 799	3, 055	4, 008	6, 046	12, 540	23, 286	17, 849	12, 526
几内亚*	16, 843	23, 467	33, 858	41, 907	38, 272	41, 774	67, 545	74, 244	76, 326

附表 2 续 2

单位：万美元

国家（地区）	2011	2012	2013	2014	2015	2016	2017	2018	2019
几内亚（比绍）*	2, 700	2, 700	2, 700	6, 682	6, 906	7, 016	7, 639	6, 521	2, 671
加纳	27, 015	50, 527	83, 484	105, 669	127, 449	195, 827	157, 536	179, 747	183, 129
加蓬	12, 710	12, 847	16, 848	18, 041	24, 442	25, 683	38, 535	25, 866	25, 221
津巴布韦	57, 644	87, 467	152, 083	169, 558	179, 892	183, 900	174, 834	176, 625	177, 148
喀麦隆*	6, 154	7, 950	14, 840	17, 784	20, 734	36, 674	42, 436	49, 921	30, 390
科摩罗	404	454	454	454	453	453	453	545	183
科特迪瓦	3, 467	4, 004	3, 500	6, 429	12, 678	17, 966	30, 368	44, 154	56, 434
肯尼亚*	30, 883	40, 273	63, 590	85, 371	109, 904	110, 270	154, 345	175, 588	162, 423
莱索托	891	913	913	1, 107	1, 115	663	653	653	593
利比里亚*	11, 474	15, 437	19, 610	22, 965	28, 899	29, 730	31, 963	26, 039	16, 765
利比亚	6, 778	6, 519	10, 882	10, 894	10, 577	21, 112	36, 675	42, 568	29, 943
卢旺达	5, 852	6, 354	7, 333	11, 072	12, 357	8, 936	9, 925	14, 682	16, 751
马达加斯加*	25, 363	27, 455	28, 610	35, 261	34, 770	29, 763	76, 630	80, 335	27, 291
马拉维	3, 007	4, 930	25, 382	25, 762	25, 815	25, 905	29, 112	29, 210	16, 145
马里	16, 006	21, 143	31, 667	34, 286	30, 733	32, 001	39, 486	30, 147	30, 500
毛里求斯	60, 594	70, 080	84, 959	57, 971	109, 658	117, 620	96, 087	99, 766	129, 168
毛里塔尼亚	7, 471	10, 615	10, 828	10, 095	10, 583	19, 336	23, 585	23, 261	18, 140
摩洛哥	8, 948	9, 522	10, 296	11, 444	15, 629	16, 270	31, 821	38, 229	30, 329
莫桑比克*	9, 807	33, 691	50, 809	65, 386	72, 452	78, 226	87, 291	141, 017	114, 675
纳米比亚	6, 021	9, 453	34, 945	98, 184	38, 044	45, 357	48, 047	42, 615	36, 359
南非*	405, 973	477, 507	440, 040	595, 402	472, 297	650, 084	747, 277	653, 168	614, 657
南苏丹	5	1, 090	2, 647	1, 926	3, 598	3, 703	4, 768	3, 569	2, 688
尼日尔	42, 957	12, 533	24, 187	19, 808	56, 544	52, 530	66, 565	75, 840	95, 671
尼日利亚*	141, 561	194, 987	214, 607	232, 301	237, 676	254, 168	286, 153	245, 349	219, 400
塞拉利昂	5, 223	5, 771	10, 836	14, 774	19, 630	18, 882	18, 422	16, 806	16, 532
塞内加尔	4, 520	10, 222	8, 325	13, 001	12, 602	14, 959	21, 430	31, 465	23, 424
塞舌尔	2, 380	7, 719	10, 347	11, 440	16, 011	24, 665	23, 127	45, 191	41, 405
圣多美和普林西比	31	38	38	38	38	38	38	38	44
苏丹	152, 564	123, 660	150, 704	174, 712	180, 936	110, 434	120, 156	132, 507	120, 309
坦桑尼亚	40, 707	54, 080	71, 646	88, 518	113, 887	119, 199	128, 030	130, 275	133, 554
突尼斯	629	569	1, 386	1, 456	2, 084	1, 630	1, 508	2, 153	3, 662
乌干达*	12, 621	14, 110	38, 376	46, 410	72, 215	100, 647	57, 594	79, 817	66, 994
赞比亚*	119, 984	199, 811	216, 432	227, 199	233, 802	268, 716	296, 344	352, 302	286, 379

附表 2　续 3

单位：万美元

国家（地区）	2011	2012	2013	2014	2015	2016	2017	2018	2019
乍得	10, 812	19, 412	32, 126	40, 461	42, 272	39, 664	41, 225	59, 259	64, 852
中非	5, 102	5, 102	6, 038	5, 708	4, 622	3, 561	1, 612	8, 813	1, 398
欧洲	**2, 445, 003**	**3, 697, 512**	**5, 316, 156**	**6, 939, 987**	**8, 367, 897**	**8, 720, 192**	**11, 085, 468**	**11, 279, 692**	**11, 438, 386**
阿尔巴尼亚	443	443	703	703	695	727	478	642	711
阿塞拜疆	3, 006	3, 168	3, 834	5, 521	6, 370	2, 842	2, 799	918	780
爱尔兰	15, 683	19, 377	32, 325	24, 972	24, 832	57, 377	88, 263	97, 277	107, 401
爱沙尼亚	750	350	350	350	350	350	362	5, 684	6, 333
奥地利	2, 454	7, 946	7, 666	20, 170	32, 799	53, 051	85, 149	46, 163	49, 218
白俄罗斯	2, 907	7, 747	11, 590	25, 752	47, 589	49, 793	54, 841	50, 378	65, 180
保加利亚	7, 256	12, 674	14, 985	17, 027	23, 597	16, 607	25, 046	17, 109	15, 681
北马其顿	20	26	209	211	211	210	203	3, 630	2, 109
比利时	14, 050	23, 069	31, 501	49, 347	51, 953	54, 403	47, 923	32, 641	47, 095
冰岛	—	—	—	—	110	110	1, 400	1, 473	1, 473
波黑	601	607	613	613	775	860	434	434	1, 670
波兰	20, 126	20, 811	25, 704	32, 935	35, 211	32, 132	40, 552	52, 373	55, 559
丹麦	4, 913	5, 324	8, 437	20, 815	8, 217	22, 611	22, 883	24, 653	29, 485
德国	240, 144	310, 435	397, 938	578, 550	588, 176	784, 175	1, 216, 320	1, 368, 861	1, 423, 399
俄罗斯联邦*	376, 364	488, 849	758, 161	869, 463	1, 401, 963	1, 297, 951	1, 387, 160	1, 420, 822	1, 280, 397
法国*	372, 389	395, 077	444, 794	844, 488	572, 355	511, 617	570, 271	659, 879	595, 434
芬兰	3, 100	3, 403	4, 255	5, 899	9, 507	21, 170	21, 307	32, 754	34, 038
格鲁吉亚	10, 935	17, 808	33, 075	54, 564	53, 375	55, 023	56, 817	63, 970	67, 092
荷兰	66, 468	110, 792	319, 309	419, 408	2, 006, 713	2, 058, 774	1, 852, 900	1, 942, 899	2, 385, 482
黑山	32	32	32	32	32	443	3, 945	6, 286	8, 509
捷克	6, 683	20, 245	20, 468	24, 269	22, 431	22, 777	16, 490	27, 923	28, 749
克罗地亚	818	863	831	1, 187	1, 182	1, 199	3, 908	6, 908	9, 840
拉脱维亚	54	54	54	54	94	94	102	1, 170	1, 163
立陶宛	393	697	1, 248	1, 248	1, 248	1, 529	1, 713	1, 289	981
列支敦士登	391	391	391	1, 240	1, 304	1, 674	1, 616	434	434
卢森堡*	708, 197	897, 789	1, 042, 376	1, 566, 677	773, 988	877, 660	1, 393, 615	1, 538, 870	1, 390, 221
罗马尼亚	12, 583	16, 109	14, 513	19, 137	36, 480	39, 150	31, 007	30, 462	42, 827
马耳他	337	337	349	542	1, 045	16, 364	16, 498	23, 049	22, 932
摩尔多瓦	78	211	387	387	211	387	387	387	387
挪威	16, 659	18, 813	477, 171	522, 350	347, 129	264, 197	208, 345	199, 770	124, 693

附表 2 续 4

单位：万美元

国家（地区）	2011	2012	2013	2014	2015	2016	2017	2018	2019
葡萄牙	3, 313	4, 038	5, 532	6, 069	7, 142	8, 774	11, 023	10, 593	5, 857
瑞典*	153, 122	240, 817	273, 771	301, 292	338, 196	355, 368	730, 742	689, 681	857, 869
瑞士	9, 194	10, 132	29, 654	38, 766	60, 415	57, 621	811, 173	500, 037	566, 284
塞尔维亚*	505	647	1, 854	2, 971	4, 979	8, 268	17, 002	27, 141	16, 473
斯洛伐克	2, 578	8, 601	8, 277	12, 779	12, 779	8, 277	8, 345	9, 929	8, 274
斯洛文尼亚*	500	500	500	500	500	2, 686	2, 725	4, 009	18, 960
乌克兰	2, 929	3, 314	5, 198	6, 341	6, 890	6, 671	6, 265	9, 048	15, 803
西班牙	38, 931	43, 725	31, 571	42, 453	60, 801	73, 647	69, 263	106, 014	111, 057
希腊	463	598	11, 979	12, 085	11, 948	4, 808	18, 222	24, 247	23, 102
匈牙利	47, 535	50, 741	53, 235	55, 635	57, 111	31, 370	32, 786	32, 069	42, 736
亚美尼亚	132	132	751	751	751	751	2, 996	4, 961	1, 289
意大利	44, 909	57, 393	60, 775	71, 969	93, 197	155, 484	190, 379	214, 535	257, 017
英国*	253, 058	893, 427	1, 179, 790	1, 280, 465	1, 663, 246	1, 761, 210	2, 031, 817	1, 988, 323	1, 714, 390
拉丁美洲	**5, 517, 175**	**6, 821, 163**	**8, 609, 593**	**10, 611, 114**	**12, 631, 893**	**20, 715, 257**	**38, 689, 230**	**40, 677, 193**	**43, 604, 697**
阿根廷	40, 525	89, 719	165, 820	179, 152	194, 892	194, 366	153, 954	158, 297	180, 841
安提瓜和巴布达	484	544	630	630	630	670	670	580	544
巴巴多斯	313	395	497	330	289	8, 772	11, 730	20, 073	5, 911
巴哈马	160	60	60	60	60	16, 060	16, 063	16, 469	16, 202
巴拉圭	4, 465	4, 606	4, 624	4, 791	4, 791	4, 791	4, 606	84	—
巴拿马	33, 078	19, 662	47, 864	20, 493	22, 815	26, 885	35, 878	50, 611	54, 999
巴西*	107, 179	144, 951	173, 358	283, 289	225, 712	296, 251	320, 554	381, 245	443, 478
玻利维亚	6, 632	15, 619	11, 892	13, 217	31, 746	37, 068	41, 349	35, 150	47, 227
伯利兹	—	—	35	70	70	70	—	—	—
多米尼加	12	112	100	101	101	101	1	1	25
多米尼克	815	815	845	315	315	315	315	315	315
厄瓜多尔*	9, 524	40, 763	100, 879	94, 460	105, 635	118, 012	103, 244	124, 052	64, 772
哥伦比亚	5, 980	34, 615	36, 869	54, 730	55, 443	36, 245	35, 787	28, 410	30, 710
哥斯达黎加	209	209	326	398	782	820	2, 602	4, 267	3, 501
格林纳达	1, 454	1, 454	1, 454	2, 367	2, 367	2, 377	2, 507	2, 389	2, 712
古巴	14, 637	13, 569	11, 134	6, 255	12, 062	13, 150	11, 500	14, 911	11, 800
圭亚那	13, 513	15, 188	22, 518	24, 757	25, 601	25, 668	11, 069	19, 886	19, 344
洪都拉斯	—	—	—	—	—	2, 771	116	5, 022	1, 562
开曼群岛*	2, 169, 232	3, 007, 200	4, 232, 406	4, 423, 672	6, 240, 408	10, 420, 893	24, 968, 219	25, 922, 371	27, 614, 506
秘鲁	80, 224	75, 287	86, 778	90, 798	70, 549	75, 978	83, 943	94, 150	139, 894

附表 2　续 5

单位：万美元

国家（地区）	2011	2012	2013	2014	2015	2016	2017	2018	2019
墨西哥*	26, 388	36, 848	40, 987	54, 121	52, 476	57, 860	89, 802	110, 688	116, 108
尼加拉瓜	—	—	217	318	367	467	314	327	617
萨尔瓦多	—	—	—	1	1	1	1	—	—
圣卢西亚	—	—	—	—	15	144	473	473	415
圣文森特和格林纳丁斯	3, 620	3, 620	3, 620	3, 900	4, 204	3, 952	4, 288	4, 374	4, 321
苏里南	7, 884	4, 561	11, 193	9, 393	11, 352	12, 508	16, 439	9, 940	13, 269
特立尼达和多巴哥	90	109	386	102, 531	60, 463	60, 666	62, 177	63, 709	66, 046
危地马拉	—	—	—	99	99	112	74	74	10
委内瑞拉*	50, 100	204, 276	236, 338	249, 323	280, 029	274, 171	320, 725	350, 123	343, 130
乌拉圭	815	1, 765	2, 593	21, 081	18, 273	22, 559	19, 868	27, 120	22, 937
牙买加*	3, 907	7, 493	7, 968	18, 837	22, 568	83, 919	111, 412	118, 740	92, 165
英属安圭拉	—	—	—	—	100	684	719	2, 293	2, 265
英属维尔京群岛*	2, 926, 141	3, 085, 095	3, 390, 298	4, 932, 041	5, 167, 214	8, 876, 589	12, 206, 075	13, 049, 678	14, 187, 884
智利	9, 794	12, 628	17, 904	19, 583	20, 464	40, 362	52, 757	61, 370	117, 189
北美洲	**1, 347, 243**	**2, 550, 299**	**2, 860, 974**	**4, 795, 149**	**5, 217, 926**	**7, 547, 246**	**8, 690, 597**	**9, 634, 833**	**10, 022, 553**
百慕大群岛	75, 184	337, 250	51, 399	215, 144	286, 106	216, 649	858, 811	831, 832	833, 657
加拿大*	372, 756	505, 072	619, 619	778, 908	851, 625	1, 272, 599	1, 093, 686	1, 252, 272	1, 409, 147
美国*	899, 303	1, 707, 977	2, 189, 956	3, 801, 097	4, 080, 195	6, 057, 998	6, 738, 100	7, 550, 729	7, 779, 750
大洋洲	**1, 200, 744**	**1, 511, 407**	**1, 901, 712**	**2, 586, 425**	**3, 209, 171**	**3, 824, 056**	**4, 176, 327**	**4, 411, 078**	**4, 361, 255**
澳大利亚*	1, 104, 125	1, 387, 305	1, 744, 968	2, 388, 226	2, 837, 385	3, 335, 056	3, 617, 531	3, 837, 868	3, 806, 838
巴布亚新几内亚	34, 152	36, 548	42, 230	46, 002	191, 183	186, 988	210, 121	203, 909	192, 336
斐济	6, 107	17, 091	20, 841	11, 998	9, 792	14, 850	15, 670	17, 402	19, 547
基里巴斯	—	—	82	82	293	293	293	293	1, 835
库克群岛	—	12	29	7	7	7	7	7	7
马绍尔群岛	10, 737	11, 687	11, 687	11, 687	6, 005	6, 541	6, 068	7, 605	9, 682
密克罗尼西亚	436	777	823	1, 162	1, 517	3, 466	1, 954	1, 549	1, 506
瑙鲁	—	—	—	—	—	—	—	—	10
帕劳	959	959	959	1, 010	1, 160	1, 210	1, 218	1, 211	1, 881
萨摩亚	22, 979	26, 601	18, 808	22, 308	30, 691	54, 685	62, 755	68, 374	68, 381
所罗门群岛	—	—	—	—	—	—	—	—	10
汤加	711	711	711	721	819	844	956	892	1, 001
瓦努阿图	1, 992	2, 331	6, 401	6, 981	9, 447	9, 869	10, 576	12, 847	12, 247
新西兰*	18, 546	27, 385	54, 173	96, 241	120, 872	210, 247	249, 180	259, 120	245, 973

注：“*”表示该国家（地区）2019年末存量数据中包含对以往历史数据进行调整，后续各表中不再标注。

附表 3　2011—2019 各年中国对外直接投资流量行业分布情况

单位：万美元

	行业分类	2011	2012	2013	2014	2015	2016	2017	2018	2019
A	农/林/牧/渔业	79, 775	146, 138	181, 313	203, 543	257, 208	328, 715	250, 769	256, 258	243, 920
B	采矿业	1, 444, 595	1, 354, 380	2, 480, 779	1, 654, 939	1, 125, 261	193, 020	-370, 152	462, 794	512, 823
C	制造业	704, 118	866, 741	719, 715	958, 360	1, 998, 629	2, 904, 872	2, 950, 737	1, 910, 768	2, 024, 181
D	电力/热力/燃气及水的生产和供应业	187, 543	193, 534	68, 043	176, 463	213, 507	353, 599	234, 401	470, 246	386, 872
E	建筑业	164, 817	324, 536	436, 430	339, 600	373, 501	439, 248	652, 772	361, 848	377, 984
F	批发和零售业	1, 032, 412	1, 304, 854	1, 464, 682	1, 829, 071	1, 921, 785	2, 089, 417	2, 631, 102	1, 223, 791	1, 947, 108
G	交通运输/仓储和邮政业	256, 392	298, 814	330, 723	417, 472	272, 682	167, 881	546, 792	516, 057	387, 962
H	住宿和餐饮业	11, 693	13, 663	8, 216	24, 474	72, 319	162, 549	-18, 509	135, 396	60, 398
I	信息传输/软件和信息技术服务业	77, 646	124, 014	140, 088	316, 965	682, 037	1, 866, 022	443, 024	563, 187	547, 794
J	金融业	607, 050	1, 007, 084	1, 510, 532	1, 591, 782	2, 424, 553	1, 491, 809	1, 878, 544	2, 171, 720	1, 994, 929
K	房地产业	197, 442	201, 813	395, 251	660, 457	778, 656	1, 524, 674	679, 506	306, 600	341, 839
L	租赁和商务服务业	2, 559, 726	2, 674, 080	2, 705, 617	3, 683, 060	3, 625, 788	6, 578, 157	5, 427, 321	5, 077, 813	4, 187, 508
M	科学研究和技术服务业	70, 658	147, 850	179, 221	166, 879	334, 540	423, 806	239, 065	380, 199	343, 163
N	水利/环境和公共设施管理业	25, 529	3, 357	14, 489	55, 139	136, 773	84, 705	21, 892	17, 863	26, 988
O	居民服务/修理和其他服务业	32, 863	89, 040	112, 918	165, 175	159, 948	542, 429	186, 526	222, 822	167, 338
P	教育	2, 008	10, 283	3, 566	1, 355	6, 229	28, 452	13, 372	57, 302	64, 880
Q	卫生和社会工作	639	538	1, 703	15, 338	8, 387	48, 719	35, 267	52, 480	22, 717
R	文化/体育和娱乐业	10, 498	19, 634	31, 085	51, 915	174, 751	386, 869	26, 401	116, 586	52, 352
S	公共管理/社会保障和社会组织	—	—	—	—	160	—	—	—	—
	合计	**7, 465, 404**	**8, 780, 353**	**10, 784, 371**	**12, 311, 986**	**14, 566, 715**	**19, 614, 943**	**15, 828, 830**	**14, 303, 731**	**13, 690, 756**

附表 4 2011—2019 各年末中国对外直接投资存量行业分布情况

单位：万美元

行业分类	2011	2012	2013	2014	2015	2016	2017	2018	2019
A 农/林/牧/渔业	341, 664	496, 443	717, 912	969, 179	1, 147, 580	1, 488, 502	1, 656, 194	1, 877, 318	1, 966, 892
B 采矿业	6, 699, 537	7, 478, 420	10, 617, 092	12, 372, 524	14, 238, 131	15, 236, 959	15, 767, 026	17, 348, 081	17, 539, 839
C 制造业	2, 696, 443	3, 414, 007	4, 197, 684	5, 235, 194	7, 852, 826	10, 811, 271	14, 030, 075	18, 230, 588	20, 013, 570
D 电力/热力/燃气及水的生产和供应业	714, 056	899, 210	1, 119, 660	1, 504, 089	1, 566, 310	2, 282, 141	2, 499, 090	3, 369, 471	3, 306, 117
E 建筑业	805, 110	1, 285, 604	1, 944, 574	2, 258, 325	2, 712, 412	3, 241, 975	3, 770, 399	4, 163, 229	4, 223, 027
F 批发和零售业*	4, 909, 363	6, 821, 188	8, 764, 768	10, 295, 680	12, 194, 086	16, 916, 820	22, 642, 713	23, 269, 268	29, 553, 871
G 交通运输/仓储和邮政业	2, 526, 131	2, 922, 653	3, 222, 778	3, 468, 163	3, 990, 552	4, 142, 202	5, 476, 795	6, 650, 033	7, 653, 356
H 住宿和餐饮业	60, 386	76, 327	94, 743	130, 704	223, 334	419, 407	351, 305	440, 434	492, 025
I 信息传输/软件和信息技术服务业	955, 324	481, 971	738, 440	1, 232, 599	2, 092, 752	6, 480, 151	21, 889, 737	19, 357, 456	20, 220, 605
J 金融业*	6, 739, 329	9, 645, 337	11, 707, 983	13, 762, 485	15, 966, 010	17, 734, 245	20, 279, 304	21, 789, 544	25, 453, 442
K 房地产业*	898, 616	958, 141	1, 542, 126	2, 464, 903	3, 349, 305	4, 610, 471	5, 375, 505	5, 734, 096	7, 761, 139
L 租赁和商务服务业*	14, 229, 002	17, 569, 795	19, 573, 354	32, 244, 392	40, 956, 771	47, 399, 432	61, 577, 349	67, 546, 458	73, 408, 168
M 科学研究和技术服务业	438, 838	679, 276	866, 973	1, 087, 324	1, 443, 083	1, 972, 019	2, 168, 399	4, 424, 564	4, 600, 991
N 水利/环境和公共设施管理业	240, 196	7, 056	34, 242	133, 365	254, 191	357, 469	238, 996	313, 108	330, 060
O 居民服务/修理和其他服务业	161, 558	358, 124	768, 855	904, 271	1, 427, 660	1, 690, 188	1, 901, 733	1, 671, 529	1, 360, 344
P 教育	6, 657	16, 479	20, 105	18, 464	28, 662	72, 372	328, 616	476, 111	429, 261
Q 卫生和社会工作	1, 715	4, 676	6, 484	23, 060	17, 536	92, 137	138, 880	299, 697	312, 691
R 文化/体育和娱乐业	54, 142	79, 351	110, 067	159, 522	325, 098	791, 284	811, 536	1, 265, 599	1, 262, 671
S 公共管理/社会保障和社会组织	—	—	—	—	160	—	—	—	—
合计	**42, 478, 067**	**53, 194, 058**	**66, 047, 840**	**88, 264, 242**	**109, 786, 459**	**135, 739, 045**	**180, 903, 652**	**198, 226, 585**	**219, 888, 069**

注：带*行数据表示 2019 年末存量中包含对以往历史数据进行调整。

附表 5　2011—2019 各年中国对外非金融类直接投资流量情况（分省市区）

单位：万美元

省、市、自治区	2011	2012	2013	2014	2015	2016	2017	2018	2019
一、中央合计	**4, 502, 314**	**4, 352, 693**	**5, 632, 449**	**5, 247, 617**	**2, 781, 752**	**3, 071, 936**	**5, 327, 185**	**2, 305, 691**	**2, 721, 380**
二、地方合计	**2, 356, 036**	**3, 420, 576**	**3, 641, 489**	**5, 472, 587**	**9, 360, 410**	**15, 051, 198**	**8, 623, 101**	**9, 826, 320**	**8, 974, 446**
北京市	117, 503	168, 855	413, 010	727, 353	1, 228, 033	1, 557, 362	665, 126	647, 042	826, 601
天津市	40, 706	67, 495	112, 020	414, 637	252, 654	1, 794, 146	230, 502	337, 348	440, 313
河北省	46, 363	57, 809	92, 757	121, 865	94, 030	301, 285	165, 276	160, 555	194, 196
山西省	18, 319	30, 966	56, 483	30, 491	18, 611	56, 957	37, 072	52, 242	6, 333
内蒙古自治区	12, 825	51, 845	40, 880	110, 969	40, 447	175, 210	54, 879	88, 314	46, 469
辽宁省	114, 384	276, 260	129, 499	147, 902	212, 204	186, 291	117, 182	172, 240	60, 153
其中：大连市	74, 591	203, 087	104, 450	57, 481	134, 920	105, 469	44, 146	130, 412	7, 596
吉林省	20, 493	29, 641	75, 240	33, 310	65, 823	20, 525	22, 698	3, 850	7, 993
黑龙江省	23, 834	72, 405	77, 338	65, 531	42, 388	118, 259	51, 382	47, 751	58, 145
上海市	183, 802	331, 618	267, 524	499, 225	2, 318, 288	2, 396, 772	1, 299, 029	1, 532, 935	1, 049, 232
江苏省	225, 383	313, 050	302, 001	406, 983	725, 000	1, 220, 196	435, 784	609, 713	511, 520
浙江省	185, 287	236, 023	255, 276	386, 170	710, 816	1, 231, 398	1, 066, 004	1, 228, 122	895, 157
其中：宁波市	75, 573	63, 839	84, 468	103, 663	251, 456	569, 627	146, 771	348, 909	157, 056
安徽省	53, 089	71, 043	91, 055	38, 029	206, 747	103, 181	186, 239	237, 073	114, 417
福建省	53, 028	85, 705	95, 249	105, 064	275, 743	411, 919	282, 522	453, 829	289, 612
其中：厦门市	15, 276	23, 400	26, 463	26, 523	99, 523	186, 768	109, 178	201, 662	53, 897
江西省	18, 833	37, 316	38, 091	73, 853	100, 457	96, 962	59, 762	79, 915	206, 641
山东省	247, 339	345, 621	426, 472	391, 590	710, 983	1, 302, 379	787, 518	669, 061	1, 023, 964
其中：青岛市	23, 466	91, 985	102, 267	121, 749	127, 774	524, 943	128, 767	259, 383	162, 725
河南省	28, 251	34, 117	58, 971	54, 692	131, 284	412, 543	182, 337	385, 761	274, 860
湖北省	70, 903	49, 687	52, 011	67, 161	63, 596	131, 896	132, 030	108, 079	155, 105
湖南省	117, 628	99, 499	56, 970	78, 449	112, 370	209, 601	163, 789	150, 664	153, 922
广东省	363, 350	528, 821	594, 288	1, 089, 671	1, 226, 250	2, 296, 230	1, 177, 199	1, 606, 089	1, 669, 904
其中：深圳市	113, 306	336, 833	300, 814	598, 933	645, 920	1, 168, 393	656, 778	1, 054, 653	935, 930
广西壮族自治区	16, 714	27, 240	8, 134	22, 864	45, 091	143, 087	63, 666	127, 281	27, 958
海南省	121, 999	32, 012	81, 731	88, 708	120, 119	47, 966	314, 964	337, 533	255, 680
重庆市	40, 125	52, 960	34, 655	76, 676	149, 638	181, 496	502, 827	133, 028	151, 369
四川省	56, 341	59, 509	58, 447	138, 223	118, 730	141, 201	176, 569	217, 737	156, 998
贵州省	2, 033	2, 025	20, 815	8, 764	6, 539	7, 467	3, 658	8, 158	1, 434
云南省	24, 845	104, 046	83, 036	126, 195	94, 648	156, 211	147, 382	120, 127	89, 462
西藏自治区	216	2	22	385	29, 681	2, 314	22, 777	46, 569	21, 769
陕西省	44, 816	60, 784	30, 789	41, 411	62, 408	79, 687	126, 055	65, 714	55, 475
甘肃省	64, 917	138, 209	43, 182	27, 321	12, 293	77, 049	48, 403	59, 084	24, 798
青海省	173	1, 280	3, 596	1, 601	7, 826	8, 164	1, 133	2, 286	5, 031
宁夏回族自治区	1, 295	6, 421	8, 626	33, 883	108, 959	57, 750	9, 723	44, 870	54, 688
新疆维吾尔自治区	31, 474	43, 123	31, 579	54, 832	61, 077	117, 150	78, 481	82, 097	137, 144
新疆生产建设兵团	9, 768	5, 189	1, 742	8, 780	7, 679	8, 544	11, 131	11, 255	8, 102
合计	**6, 858, 350**	**7, 773, 269**	**9, 273, 938**	**10, 720, 204**	**12, 142, 162**	**18, 123, 134**	**13, 950, 286**	**12, 132, 011**	**11, 695, 827**

附表 6 2011—2019 各年末中国对外非金融类直接投资存量情况（分省市区）

单位：万美元

省、市、自治区	2011	2012	2013	2014	2015	2016	2017	2018	2019
一、中央合计	**27, 246, 046**	**31, 142, 414**	**37, 850, 016**	**50, 958, 051**	**59, 372, 681**	**65, 599, 697**	**87, 878, 206**	**101, 561, 568**	**115, 879, 800**
二、地方合计	**8, 492, 697**	**12, 406, 307**	**16, 490, 005**	**23, 543, 706**	**34, 447, 768**	**52, 405, 103**	**72, 746, 142**	**74, 875, 473**	**78, 554, 827**
北京市	603, 380	757, 792	1, 276, 456	2, 848, 870	3, 879, 895	5, 438, 141	6, 484, 394	6, 995, 093	7, 368, 891
天津市	138, 678	211, 513	359, 331	923, 379	1, 094, 193	2, 622, 543	2, 353, 886	2, 464, 954	2, 792, 847
河北省	195, 470	238, 710	349, 045	453, 094	572, 481	862, 739	1, 110, 454	1, 128, 621	1, 181, 404
山西省	83, 021	106, 047	153, 865	170, 579	211, 051	316, 180	256, 219	307, 772	289, 592
内蒙古自治区	56, 517	122, 260	167, 880	239, 148	313, 155	496, 332	540, 581	639, 544	648, 468
辽宁省	435, 698	695, 281	773, 117	925, 619	1, 131, 945	1, 321, 896	1, 325, 072	1, 295, 936	1, 399, 423
其中：大连市	296, 903	480, 316	529, 818	589, 730	709, 425	813, 447	699, 531	758, 218	683, 958
吉林省	111, 548	145, 396	213, 924	243, 138	313, 412	338, 712	398, 703	389, 298	323, 162
黑龙江省	172, 792	252, 993	335, 010	402, 167	421, 397	574, 078	407, 097	459, 569	434, 802
上海市	637, 473	1, 395, 106	1, 784, 361	2, 548, 479	5, 836, 165	8, 405, 445	11, 200, 433	11, 806, 919	13, 033, 232
江苏省	570, 194	783, 185	1, 116, 311	1, 560, 997	2, 261, 424	3, 494, 674	4, 031, 748	4, 614, 523	5, 449, 645
浙江省	718, 913	854, 864	1, 098, 848	1, 537, 359	2, 236, 478	3, 268, 220	9, 839, 463	5, 736, 359	6, 590, 062
其中：宁波市	187, 524	212, 067	323, 064	451, 785	674, 225	1, 177, 975	1, 216, 413	1, 532, 361	1, 738, 486
安徽省	165, 408	237, 120	379, 559	426, 945	626, 696	581, 850	904, 994	1, 123, 612	1, 271, 546
福建省	244, 754	323, 701	396, 778	487, 290	820, 253	1, 113, 362	1, 266, 592	1, 756, 699	1, 900, 923
其中：厦门市	80, 557	99, 578	109, 623	133, 149	243, 270	424, 477	458, 536	663, 695	601, 357
江西省	39, 751	78, 934	119, 180	201, 352	259, 524	356, 964	408, 974	420, 113	612, 151
山东省	862, 620	1, 197, 009	1, 604, 738	1, 970, 097	2, 730, 544	4, 119, 316	4, 778, 766	5, 491, 331	6, 240, 386
其中：青岛市	149, 036	245, 339	322, 806	447, 530	585, 277	1, 169, 864	1, 309, 321	1, 859, 633	1, 955, 002
河南省	97, 460	144, 188	195, 352	249, 444	399, 496	869, 289	977, 567	1, 343, 891	1, 544, 897
湖北省	88, 351	137, 579	173, 318	228, 305	286, 068	418, 263	562, 511	645, 458	701, 207
湖南省	329, 577	413, 331	454, 724	551, 500	810, 442	1, 017, 435	1, 044, 607	1, 087, 846	1, 193, 163
广东省	1, 798, 111	2, 517, 617	3, 423, 375	4, 947, 939	6, 865, 495	12, 504, 278	18, 971, 365	20, 054, 929	17, 838, 093
其中：深圳市	832, 918	1, 320, 198	1, 856, 799	2, 966, 948	3, 868, 694	8, 525, 620	14, 047, 095	14, 508, 343	11, 925, 611
广西壮族自治区	68, 701	86, 688	106, 168	147, 792	184, 597	343, 295	376, 545	494, 650	526, 015
海南省	165, 262	332, 820	343, 423	375, 642	489, 395	500, 865	1, 115, 541	1, 518, 030	1, 698, 512
重庆市	110, 572	170, 951	193, 959	265, 660	390, 825	636, 560	1, 046, 638	1, 202, 820	1, 042, 454
四川省	192, 478	224, 573	265, 593	352, 409	465, 901	584, 727	760, 956	909, 329	1, 166, 571
贵州省	4, 952	8, 746	32, 708	34, 178	42, 894	48, 017	49, 892	61, 155	93, 202
云南省	182, 914	295, 805	386, 567	514, 204	602, 619	681, 510	755, 796	835, 622	753, 088
西藏自治区	377	1, 033	1, 227	1, 610	31, 441	7, 975	59, 988	110, 977	114, 797
陕西省	113, 806	179, 387	200, 287	246, 511	285, 525	361, 166	422, 009	491, 434	552, 540
甘肃省	133, 950	268, 562	315, 985	320, 403	321, 156	407, 739	471, 826	582, 349	610, 849
青海省	1, 304	3, 149	9, 062	10, 132	22, 292	27, 027	59, 829	60, 750	64, 713
宁夏回族自治区	5, 956	11, 934	19, 624	49, 733	160, 026	247, 420	210, 646	258, 666	439, 154
新疆维吾尔自治区	103, 390	145, 444	174, 951	234, 030	296, 592	400, 533	505, 564	531, 475	638, 486
新疆生产建设兵团	59, 319	64, 589	65, 279	75, 701	84, 391	38, 552	47, 486	55, 749	40, 551
合计	**35, 738, 743**	**43, 548, 721**	**54, 340, 021**	**74, 501, 757**	**93, 820, 449**	**118, 004, 800**	**160, 624, 348**	**176, 437, 041**	**194, 434, 626**

附表 7　2011—2019 各年中国对欧盟直接投资流量情况

单位：万美元

国家（地区）	2011	2012	2013	2014	2015	2016	2017	2018	2019
爱尔兰	1, 693	4, 888	11, 702	3, 711	1, 430	33, 193	24, 134	7, 516	6, 428
爱沙尼亚	—	—	—	—	—	—	12	5322	202
奥地利	2, 022	5, 343	15	4, 371	10, 432	19, 172	41, 219	13, 814	3, 239
保加利亚	5, 390	5, 417	2, 069	2, 042	5, 916	-1, 503	8, 887	-168	246
比利时	3, 590	9, 840	2, 578	15, 328	2, 346	2, 835	3, 034	563	5, 985
波兰	4, 866	750	1, 834	4, 417	2, 510	-2, 411	-433	11, 783	11, 160
丹麦	589	514	2, 739	5, 723	-2, 416	12, 573	1, 521	3, 048	6, 026
德国	51, 238	79, 933	91, 081	143, 892	40, 963	238, 058	271, 585	146, 799	145, 901
法国	348, 232	15, 393	26, 044	40, 554	32, 788	149, 957	95, 215	-7, 502	8, 722
芬兰	156	136	852	1, 042	3, 868	3, 667	2, 347	14, 104	3, 404
荷兰	16, 786	44, 245	23, 842	102, 997	1, 346, 284	116, 972	-22, 312	103, 834	389, 317
捷克	884	1, 802	1, 784	246	-1, 741	185	7, 295	11, 302	6, 053
克罗地亚	5	5	—	355	—	22	3, 184	2, 239	2, 869
拉脱维亚	—	—	—	—	45	—	8	1, 068	—
立陶宛	—	100	551	—	—	225	—	-447	—
卢森堡	126, 500	113, 301	127, 521	457, 837	-1, 145, 317	160, 188	135, 340	248, 733	68, 587
罗马尼亚	30	2, 541	217	4, 225	6, 332	1, 588	1, 586	157	8, 411
马耳他	27	—	12	193	503	15, 480	167	1, 011	-118
葡萄牙	—	515	1, 494	387	1, 072	1, 137	104	1, 171	1, 855
瑞典	4, 901	28, 522	17, 082	13, 001	31, 719	12, 768	129, 026	106, 395	191, 571
塞浦路斯	8, 954	348	7, 634	—	176	525	60, 341	11, 390	8, 242
斯洛伐克	594	219	33	4, 566	—	—	68	1, 462	-53
斯洛文尼亚	—	—	—	—	—	2, 186	39	1, 328	2, 684
西班牙	13, 974	4, 624	-14, 575	9, 235	14, 967	12, 541	5, 879	53, 768	11, 491
希腊	43	88	190	—	-137	2, 939	2, 857	6, 030	57
匈牙利	1, 161	4, 140	2, 567	3, 402	2, 320	5, 746	6, 559	9, 495	12, 315
意大利	22, 483	11, 858	3, 126	11, 302	9, 101	63, 344	42, 454	29, 761	64, 979
英国	141, 970	277, 473	141, 958	149, 890	184, 816	148, 039	206, 630	102, 664	110, 345
合计	**756, 083**	**611, 990**	**452, 350**	**978, 716**	**547, 978**	**999, 426**	**1, 026, 748**	**886, 638**	**1, 069, 917**

注：欧盟 2012 年及以前年度合计数据不包括对克罗地亚投资数据。

附表 8　2011—2019 各年末中国对欧盟直接投资存量情况

单位：万美元

国家（地区）	2011	2012	2013	2014	2015	2016	2017	2018	2019
爱尔兰	15, 683	19, 377	32, 325	24, 972	24, 832	57, 377	88, 263	97, 277	107, 401
爱沙尼亚	750	350	350	350	350	350	362	5, 684	6, 333
奥地利	2, 454	7, 946	7, 666	20, 170	32, 799	53, 051	85, 149	46, 163	49, 218
保加利亚	7, 256	12, 674	14, 985	17, 027	23, 597	16, 607	25, 046	17, 109	15, 681
比利时	14, 050	23, 069	31, 501	49, 347	51, 953	54, 403	47, 923	32, 641	47, 095
波兰	20, 126	20, 811	25, 704	32, 935	35, 211	32, 132	40, 552	52, 373	55, 559
丹麦	4, 913	5, 324	8, 437	20, 815	8, 217	22, 611	22, 883	24, 653	29, 485
德国*	240, 144	310, 435	397, 938	578, 550	588, 176	784, 175	1, 216, 320	1, 368, 861	1, 423, 399
法国*	372, 389	395, 077	444, 794	844, 488	572, 355	511, 617	570, 271	659, 879	595, 434
芬兰	3, 100	3, 403	4, 255	5, 899	9, 507	21, 170	21, 307	32, 754	34, 038
荷兰	66, 468	110, 792	319, 309	419, 408	2, 006, 713	2, 058, 774	1, 852, 900	1, 942, 899	2, 385, 482
捷克	6, 683	20, 245	20, 468	24, 269	22, 431	22, 777	16, 490	27, 923	28, 749
克罗地亚	818	863	831	1, 187	1, 182	1, 199	3, 908	6, 908	9, 840
拉脱维亚	54	54	54	54	94	94	102	1, 170	1, 163
立陶宛	393	697	1, 248	1, 248	1, 248	1, 529	1, 713	1, 289	981
卢森堡*	708, 197	897, 789	1, 042, 376	1, 566, 677	773, 988	877, 660	1, 393, 615	1, 538, 870	1, 390, 221
罗马尼亚	12, 583	16, 109	14, 513	19, 137	36, 480	39, 150	31, 007	30, 462	42, 827
马耳他	337	337	349	542	1, 045	16, 364	16, 498	23, 049	22, 932
葡萄牙	3, 313	4, 038	5, 532	6, 069	7, 142	8, 774	11, 023	10, 593	5, 857
瑞典*	153, 122	240, 817	273, 771	301, 292	338, 196	355, 368	730, 742	689, 681	857, 869
塞浦路斯*	9, 090	9, 495	17, 126	10, 717	10, 915	11, 005	71, 869	84, 543	106, 147
斯洛伐克	2, 578	8, 601	8, 277	12, 779	12, 779	8, 277	8, 345	9, 929	8, 274
斯洛文尼亚*	500	500	500	500	500	2, 686	2, 725	4, 009	18, 960
西班牙	38, 931	43, 725	31, 571	42, 453	60, 801	73, 647	69, 263	106, 014	111, 057
希腊	463	598	11, 979	12, 085	11, 948	4, 808	18, 222	24, 247	23, 102
匈牙利	47, 535	50, 741	53, 235	55, 635	57, 111	31, 370	32, 786	32, 069	42, 736
意大利	44, 909	57, 393	60, 775	71, 969	93, 197	155, 484	190, 379	214, 535	257, 017
英国*	253, 058	893, 427	1, 179, 792	1, 280, 465	1, 663, 246	1, 761, 210	2, 031, 817	1, 988, 323	1, 714, 390
合计	**2, 029, 079**	**3, 153, 824**	**4, 009, 661**	**5, 421, 040**	**6, 446, 013**	**6, 983, 669**	**8, 601, 478**	**9, 073, 906**	**9, 391, 249**

注：欧盟 2012 年及以前年度合计数据不包括对克罗地亚投资数据。

附表 9　2011—2019 各年中国对东盟直接投资流量情况

单位：万美元

国家（地区）	2011	2012	2013	2014	2015	2016	2017	2018	2019
菲律宾	26, 719	7, 490	5, 440	22, 495	-2, 759	3, 221	10, 884	5, 882	-429
柬埔寨	56, 602	55, 966	49, 933	43, 827	41, 968	62, 567	74, 424	77, 834	74, 625
老挝	45, 852	80, 882	78, 148	102, 690	51, 721	32, 758	121, 995	124, 179	114, 908
马来西亚	9, 513	19, 904	61, 638	52, 134	48, 891	182, 996	172, 214	166, 270	110, 954
缅甸	21, 782	74, 896	47, 533	34, 313	33, 172	28, 769	42, 818	-19, 724	-4, 194
泰国	23, 011	47, 860	75, 519	83, 946	40, 724	112, 169	105, 759	73, 729	137, 191
文莱	2, 011	99	852	-328	392	14, 210	7, 136	-1, 509	-405
新加坡	326, 896	151, 875	203, 267	281, 363	1, 045, 248	317, 186	631, 990	641, 126	482, 567
印度尼西亚	59, 219	136, 129	156, 338	127, 198	145, 057	146, 088	168, 225	186, 482	222, 308
越南	18, 919	34, 943	48, 050	33, 289	56, 017	127, 904	76, 440	115, 083	164, 852
合计	**590, 524**	**610, 044**	**726, 718**	**780, 927**	**1, 460, 431**	**1, 027, 868**	**1, 411, 885**	**1, 369, 353**	**1, 302, 377**

附表 10　2011—2019 各年末中国对东盟直接投资存量情况

单位：万美元

国家（地区）	2011	2012	2013	2014	2015	2016	2017	2018	2019
菲律宾*	49, 427	59, 314	69, 238	75, 994	71, 105	71, 893	81, 960	83, 002	66, 409
柬埔寨*	175, 744	231, 768	284, 857	322, 228	367, 586	436, 858	544, 873	597, 368	646, 370
老挝*	127, 620	192, 784	277, 092	449, 099	484, 171	550, 014	665, 495	830, 976	824, 959
马来西亚*	79, 762	102, 613	166, 818	178, 563	223, 137	363, 396	491, 470	838, 724	792, 369
缅甸*	218, 152	309, 372	356, 968	392, 557	425, 873	462, 042	552, 453	468, 006	413, 445
泰国*	130, 726	212, 693	247, 243	307, 947	344, 012	453, 348	535, 847	594, 670	718, 585
文莱*	6, 613	6, 635	7, 212	6, 955	7, 352	20, 377	22, 067	22, 045	42, 696
新加坡*	1, 060, 269	1, 238, 333	1, 475, 070	2, 063, 995	3, 198, 491	3, 344, 564	4, 456, 809	5, 009, 383	5, 263, 656
印度尼西亚	168, 791	309, 804	465, 665	679, 350	812, 514	954, 554	1, 053, 880	1, 281, 128	1, 513, 255
越南	129, 066	160, 438	216, 672	286, 565	337, 356	498, 363	496, 536	560, 543	707, 371
合计	**2, 146, 170**	**2, 823, 754**	**3, 566, 835**	**4, 763, 253**	**6, 271, 597**	**7, 155, 409**	**8, 901, 390**	**10, 285, 845**	**10, 989, 115**

注："*"表示该国家（地区）2019 年末存量数据中包含对以往历史数据进行调整。

附表 11 2019 年中国企业对“一带一路”沿线国家投资情况

单位：万美元

国家（地区）	2019 年流量	2019 年末存量
合计	**1, 869, 068**	**17, 946, 595**
阿尔巴尼亚	69	711
阿富汗	2, 408	41, 894
阿拉伯联合酋长国	120, 741	763, 567
阿曼	-315	11, 634
阿塞拜疆	86	780
埃及	1, 096	108, 580
爱沙尼亚	202	6, 333
巴基斯坦	56, 216	479, 798
巴勒斯坦	—	—
巴林	-34	7, 074
白俄罗斯	18, 175	65, 180
保加利亚	246	15, 681
北马其顿	-1, 338	2, 109
波黑	1, 219	1, 670
波兰	11, 160	55, 559
东帝汶	-1, 630	8, 085
俄罗斯联邦*	-37, 923	1, 280, 397
菲律宾*	-429	66, 409
格鲁吉亚	5, 690	67, 092
哈萨克斯坦*	78, 649	725, 413
黑山	2, 266	8, 509
吉尔吉斯斯坦	21, 566	155, 003
柬埔寨*	74, 625	646, 370
捷克	6, 053	28, 749
卡塔尔	2, 932	45, 892
科威特*	-10, 052	83, 451
克罗地亚	2, 869	9, 840
拉脱维亚	—	1, 163
老挝*	114, 908	824, 959
黎巴嫩	—	222

附表 11　续表

单位：万美元

国家（地区）	2019 年流量	2019 年末存量
立陶宛	—	981
罗马尼亚	8, 411	42, 827
马尔代夫	694	8, 247
马来西亚 *	110, 954	792, 369
蒙古	12, 806	343, 054
孟加拉国	37, 549	124, 830
缅甸 *	-4, 194	413, 445
摩尔多瓦	—	387
尼泊尔	20, 678	53, 866
塞尔维亚 *	3, 360	16, 473
沙特阿拉伯 *	65, 437	252, 773
斯里兰卡	9, 280	55, 147
斯洛伐克	-53	8, 274
斯洛文尼亚 *	2, 684	18, 960
塔吉克斯坦	6, 961	194, 608
泰国 *	137, 191	718, 585
土耳其	2, 883	186, 786
土库曼斯坦	-9, 315	22, 656
文莱 *	-405	42, 696
乌克兰	5, 332	15, 803
乌兹别克斯坦	-44, 583	324, 621
新加坡 *	482, 567	5, 263, 656
匈牙利	12, 315	42, 736
叙利亚	1, 270	1, 357
亚美尼亚	—	1, 289
也门	-7, 881	54, 419
伊拉克	88, 709	137, 752
伊朗	-5, 917	305, 562
以色列 *	19, 168	377, 502
印度 *	53, 460	361, 009
印度尼西亚	222, 308	1, 513, 255
约旦 *	3, 093	31, 173
越南	164, 852	707, 371

注："*"表示该国家（地区）2019 年末存量数据中包含对以往历史数据进行调整。

附　录

对外直接投资统计制度

中华人民共和国商务部
国　家　统　计　局
国家外汇管理局

2019年1月

一、总说明

（一）调查目的

为准确、及时、全面地反映我国对外直接投资的实际情况，科学、有效地组织全国对外直接投资统计工作，充分发挥统计咨询、监督作用，依照《中华人民共和国统计法》，特制定本制度。对外直接投资统计的基本任务是通过统计调查、统计分析和提供统计资料，全面、准确、及时地反映我国对外直接投资的全貌，为国家分析境外投资发展趋势，监测宏观运行，制定促进导向政策和实施监督管理，以及建立我国资本项目预警机制提供依据。

（二）调查对象

所有发生对外直接投资活动的中国境内机构和个人（以下简称境内投资者）。

（三）调查范围

1. 我国境内投资者以现金、实物、无形资产等方式在国外及港澳台地区设立、参股、兼并、收购国（境）外企业，并拥有该企业10%或以上的股权、投票权或其他等价利益的经济活动。

2. 对外直接投资统计的范围主要包括境内投资者通过直接投资方式在境外拥有或控制10%或以上股权、投票权或其他等价利益的各类公司型和非公司型的境外直接投资企业（以下简称境外企业）。

（四）调查内容

对外直接投资统计的内容主要包括：境内投资者的基本情况；境外企业的基本情况；对外直接投资流量、存量情况；成员企业间债务工具情况；境外企业返程投资情况；通过境外企业再投资情况；境外主要矿产资源情况；主要国际产能合作领域情况；对外直接投资月度投资情况；对外投资并购情况；农业对外投资合作情况；境外经济贸易合作区情况、通过境外企业再投资月度情况、对外投资带动出口情况等。

对外直接投资统计的指标主要包括：对外直接投资额；对外直接投资流量；年末对外直接投资存量；反向投资额；股权；收益再投资；债务工具；资产总计；负债合计；所有者权益合计；实收资本；销售（营业）收入；利润总额；年末从业人数；对所在国家（地区）缴纳的税金总额等。

（五）统计调查方法

本制度采用全面调查的方法。

（六）调查频率及调查时间

本制度采用定期填报统计报表方式，收集、整理统计资料。调查表分为年度报表和月度报表。其中月度报表调查时间为1日至当月最后一日，年度报表调查时间是1月1日至12月31日。

（七）组织方式和渠道

1. 对外直接投资统计实行统一领导，分级管理，逐级报送。

（1）商务部根据国家统计局的统一要求，负责全国对外直接投资的统计工作，管理各省、自治区、直辖市及计划单列市商务主管部门和中央企业（单位）的对外直接投资统计工作，综合编制、汇总全国对外直接投资统计资料。

（2）国家外汇管理局（以下简称外汇局）负责全国金融业的对外直接投资统计工作，管理金融业境内投资者的对外直接投资统计工作，综合编制、汇总并向商务部提供金融领域的对外直接投资统计资料。

（3）各省级商务主管部门负责本行政区域内对外直接投资统计工作，管理本行政区域内非金融业境内投资者（不包括该行政区域内中央管理的企业，下同）的对外直接投资统计工作，综合编制、汇总并向商务部报送本行政区域内的对外直接投资统计资料。

（4）境内投资者负责管理本单位的对外直接投资统计工作，按照本制度规定的表式搜集其境外直接投资企业的统计资料，综合编制、汇总并向省级商务主管部门、商务部或外汇局报送本单位的统计资料。

2. 商务部、国家统计局和外汇局根据需要对重点统计调查项目采取典型调查方式，收集、整理统计资料，具体办法另文制定。

对外直接投资统计报表报送渠道：

（1）境内投资者为中央企业、单位的，直接向商务部报送统计报表。

（2）境内投资者为金融企业（包括银行、保险公司、证券公司、基金公司、信托公司、财务公司等）的，直接向外汇局报送统计报表。

（3）其他境内投资者向所在地商务主管部门报送统计报表。

（4）各省级商务主管部门汇总本行政区域内（不包括中央企业）的统计资料并上报商务部，同时抄送同级统计部门。

（5）外汇局负责收集、审核、汇总金融业境内投资者的统计资料，向商务部提供金融部分对外直接投资统计资料。

（6）商务部负责汇总全行业对外直接投资统计资料并报国家统计局，同时共享外汇局使用。

（7）境内投资者对外直接投资涉及的所有境外企业均按（1）、（2）、（3）渠道报送。

（八）填报要求

1. 各级商务主管部门和有关企业、单位须根据对外直接投资统计工作的需要及工作量，配备统计人员（专职或兼职），提供必要的经费及办公设备。

2. 统计机构、统计人员应当依法履行职责，如实搜集、报送统计资料，不得伪造、篡改统计资料，不得以任何方式要求任何单位和个人提供不真实的统计资料。

3. 拒绝提供对外直接投资统计资料或者经催报后仍未按时提供统计资料的境内投资者，其行为将被纳入对外投资合作领域不良信用记录并在商务部网站进行公示。

4. 逢国家法定的节假日，统计报表的报送时间顺延。

5. 本制度使用的国别（地区）统计代码，按海关总署制定的《国别（地区）统计代码》执行。

6. 境内投资者所属行业类别按《国民经济行业分类》（GB/T 4754-2017）执行，境外企业所属行业类别参照执行。

7. 境内投资者所属企业登记注册类型按国家统计局、国家工商行政管理总局 2011 年发布的《关于划分企业登记注册类型的规定》执行。

8. 境内投资者所属企业所有制性质按国家统计局 2005 年发布的《关于统计上对公有和非公有控股经济的分类办法》执行。

9. 文化及相关产业分类按照国家统计局 2018 年发布的《文化及相关产业分类》执行。

10. 统一社会信用代码以有关登记管理部门颁发的《统一社会信用代码证书》或相关证明为准。

（九）质量控制

1. 本制度涉及对外直接投资统计标准、原则遵循经济合作与发展组织（OECD）《关于外国直接投资基准定义》（第四版）有关规定，统计数据与全球大多数国家（地区）具有可比性。

2. 为全面反映对外直接投资实际情况，对外直接投资月度统计数据包括商务部根据上年收益再投资测算的月度收益再投资，商务部根据测算结果将月度收益再投资分摊到有关行业、国家（地区）、省份等。

3. 商务部、国家统计局和外汇局可根据对外直接投资实际情况对本年月度数据及上年度年报数据予以调整，年度最终数据以统计公报公布的数据为准。

4. 商务部定期对各省级商务主管部门和中央企业（单位）的对外直接投资统计工作开展情况进行通报，加强统计管理，不断提升统计数据质量。

5. 商务部制定《关于防范商务领域统计造假弄虚作假有关责任的规定》，落实统计责任，全面防范和严肃惩治商务统计造假，保障统计数据质量。

6. 为保证统计数据完整、准确，各省级商务主管部门、有关中央企业应做好辖区及下属企业的对外直接投资统计培训工作。

7. 境内投资主体是否按照统计制度要求报送对外直接投资统计资料，已列入商务部市场监管“双随机、一公开”执法事项。

（十）统计资料公布和信息共享

1. 对外直接投资统计数据采取定期公布制度。对外投资合作业务管理中使用的以及对外提供的统计资料，以商务部、国家统计局和外汇局公布的统计资料为准。

2. 年度综合统计数据由商务部、国家统计局和外汇局于次年 9 月 30 日前以年度对外直接投资统计公报形式对外公布，并通过商务部网站（www. mofcom. gov. cn）与全社会共享；月度综合统计数据由商务部于月后 30 日内通过商务部政府网站或新闻发布会形式对外公布与全社会共享。每年 1 季度，商务部根据月度统计数据生成年度对外直接投资统计初步数据，同比计算基数为上年度统计初步数据。

二、统计报表目录

表号	表名	报告期别	统计范围	报送、提供单位	报送、提供日期及方式	页码
（一）综合报表						
FDI 金融 N1 表	金融业境内投资者对外直接投资流量和存量（按国别地区分组）	年报	全部金融业境内投资者	国家外汇管理局	年后 7 月 20 日前向商务部提供，纸介质	13
FDI 金融 N2 表	金融业境内投资者对外直接投资流量和存量（按国民经济行业分组）	年报	同上	同上	同上	14
FDI 金融 N3 表	金融业境内投资者拥有的境外企业基本情况	年报	同上	同上	同上	15
FDI 金融 Y1 表	金融业对外直接投资情况（按国别地区分组）	月报	同上	同上	月后 15 日前向商务部提供，纸介质	16
FDI 金融 Y2 表	金融业对外直接投资情况（按国民经济行业分组）	月报	同上	同上	同上	17
（二）基层报表						
FDIN1 表	境内投资者基本情况	年报	全部非金融业境内投资者	非金融业境内投资者	年后 6 月 20 日前报省级商务主管部门或商务部，网络传输	18
FDIN2 表	境外企业基本情况	年报	同上	同上	同上	19
FDIN3 表	对外直接投资流量、存量情况	年报	同上	同上	同上	20
FDIN4 表	成员企业间债务工具情况	年报	同上	同上	同上	21
FDIN5 表	境外企业返程投资情况	年报	同上	同上	同上	22
FDIN6 表	境内投资者通过境外企业再投资情况	年报	同上	同上	同上	23
FDIN7 表	境外主要矿产资源情况	年报	同上	同上	同上	24
FDIN8 表	主要国际产能合作领域情况	年报	同上	同上	同上	25
FDIY1 表	对外直接投资月度情况（按出资方式分组）	月报	同上	同上	月后 10 日前报省级商务主管部门或商务部，网络传输	27
FDIY2 表	对外直接投资月度情况（按投资构成分组）	月报	同上	同上	同上	28
FDIY3 表	对外投资并购基本事项	月报	同上	同上	同上	29
FDIY4 表	农业对外投资合作情况	月报	同上	同上	同上	30
FDIY5 表	境外经济贸易合作区情况	月报	同上	同上	同上	31
FDIY6 表	境外企业再投资月度情况	月报	同上	同上	月后 15 日前报省级商务主管部门或商务部，网络传输	32
FDIY7 表	对外投资带动货物进出口情况	月报	同上	同上	月后 15 日前报省级商务主管部门或商务部，网络传输	33

三、调查表式（略）

四、主要指标解释及概念界定

（一）主要指标解释

1. 对外直接投资

对外直接投资是境内投资者以控制国（境）外企业的经营管理权为核心的经济活动，体现在一经济体通过投资于另一经济体而实现其持久利益的目标。

2. 直接投资企业

直接投资企业指境内投资者直接拥有或控制10%或以上股权、投票权或其他等价利益的境外企业。境外企业按设立方式主要分为子公司、联营公司和分支机构。

（1）子公司：境内投资者拥有该境外企业50%以上的股东或成员表决权，并具有该境外企业行政、管理或监督机构主要成员的任命权或罢免权。

（2）联营公司：境内投资者拥有该境外企业10%~50%的股东或成员表决权。

（3）分支机构：即境内投资者在国（境）外的非公司型企业。

3. 成员企业

成员企业指企业间互相不持有股份，但为同一企业所影响，则这些企业称为成员企业。只要企业间存在直接或间接地有一个共同的母公司，这些企业即成为成员企业。

例如：中国A企业在中国香港设立直接投资企业B，在美国设立了境外企业C，企业C和B互为成员企业。

4. 境外成员企业

境外成员企业指与境内投资者互为成员企业的境外企业。

例如：中国A企业在中国内地设立了B企业，又在英国投资了企业C，企业C是B的境外成员企业。

5. 对外直接投资额

对外直接投资额指境内投资者在报告期内直接向其境外企业实现的投资，包括股权投资、收益再投资及债务工具三部分。

金融业的对外直接投资仅包括股权投资和收益再投资。

（1）股权投资：指境内投资者在其境外分支机构投入的股本金或在其境外子公司和联营公司的股份。

股权：等于报告年度末境外企业资产负债表中“股本”项乘以中方所占投资份额（或股权比重），当期股权的减少记作当期负流量。

新增股权：等于报告年度境外企业股本增加额乘以中方股权份额，其中包括境内投资者当年实际缴付的股本和由投资收益转增的股本。股权增加额为该企业年末、年初资产负债表“股本”项目相减之差。

（2）收益再投资：指境外子公司或联营公司未作为红利分配但应归属于境内投资者的利润部分，以及境外分支机构未汇给境内投资者的利润部分。

当期收益再投资：等于报告年度境外企业资产负债表中按中方股权比例计算的未分配利润期末数与期初数的差额，当期利润再投资为负数记入当期负流量。

收益再投资：等于报告年度境外企业资产负债表中按中方股权比例计算的未分配利润期末数，未分配利润期末数为负数不计入对外直接投资存量。

（3）债务工具：指境外子公司、分支机构及联营公司对境内投资者负债合计，包括境内投资者给境外子公司、联营公司和分支机构提供的贷款、应收和预付款项、债务证券等。境内投资者给境外成员企业间的贷款亦纳入此范畴。

境内投资者当期提供给境外子公司、联营公司、分支机构、境外成员企业贷款记作当期对外直接投资流量和存量的增加；境外子公司、联营公司、境外成员企业归还当期或以前年度境内投资者记作当期对外直接投资的负流量，同时应调减当期存量。

境内投资者与境外子公司、联营公司、分支机构间当期新增或减少的应收和预付款项记作当期对外直接投资的流量的增加或减少；期末应收和预付款项记作对外直接投资的存量的增加或减少。

6. 反向投资额

反向投资额指境外企业对境内投资者持股比例低于10%的投资。

7. 返程投资

返程投资指境内投资者将本地资金通过各种渠道流到国（境）外，再以直接投资（控股≥10%）

的形式将这些资金返回到本地经济体。

8. 当期对外直接投资总额

当期对外直接投资总额等于报告期境外企业新增股权加上当期收益再投资，加上对境内投资者的新增债务工具（包括贷款、应收款等）。

9. 当期对外直接投资流量

当期对外直接投资流量等于当期对外直接投资总额，减去当期境外企业对境内投资者的反向投资。

10. 年末对外直接投资总额

年末对外直接投资总额等于报告期境外企业资产负债表中按中方投资比例计算的股本期末数加上按中方投资比例计算的未分配利润期末数，加上期末对境内投资者的债务工具（指境内投资者对境外企业提供贷款、应收款等）。

11. 年末对外直接投资存量

年末对外直接投资存量等于年末对外直接投资总额减去境外企业累计对境内投资者的反向投资。

12. 资产总计

资产总计指企业拥有的流动资产、固定资产、无形资产、长期投资、在建工程、其他资产等用货币计量的价值总和。

13. 负债合计

负债合计反映报告期末企业承担的能够以货币计量、需要以资产或者劳务偿付的债务，包括流动负债、长期负债和其他负债。

14. 所有者权益合计

所有者权益合计指所有者在企业资产中享有的经济利益（按股比计算），其金额为资产减去负债后的余额，包括实收资本（或者股本）、资本公积、盈余公积和未分配利润等。

15. 实收资本

实收资本指投资者按照企业章程，或合同、协议的约定，实际投入企业的资本。

16. 销售（营业）收入

销售（营业）收入指企业在销售商品或提供劳务等经营业务中实现的营业收入，包括主营业务收入和其他业务收入。

17. 利润总额

利润总额企业在报告期的经营成果，包括营业利润、投资净收益和营业外收支净额。

18. 净利润

净利润指利润总额中按规定交纳了所得税后企业的利润留成，一般也称为税后利润或净收入。

19. 年末从业人员数

年末从业人员数指报告年度末在境（内）外企业从事一定的劳动并取得劳动报酬或其他形式劳动报酬的全部人员数。

境外企业与中国境内有对外劳务合作经营资质的企业签订用工合同的相关从业人员不纳入境外企业年末从业人员统计。

20. 对所在国家（地区）上缴税金总额

对所在国家（地区）上缴税金总额指境外企业按照投资所在国家或者地区的法律规定实际缴纳的各项税金之和。

21. 通过境外企业再投资

通过境外企业再投资指我国境内投资者通过对外直接投资企业向第三地转移投资方式而在最终目的地国家形成的各类投资。第三地是指中国大陆和对外直接投资的首个目的地以外的国家（地区），包括投资企业延伸链条的所有国家（地区）。

22. 并购

并购是兼并和收购的总称。兼并指境内投资者（或通过其直接投资设立的境外企业）在国（境）外合并其他境外独立企业的行为。收购指境内投资者（或通过其直接投资设立的境外企业）在国（境）外用现金或者有价证券等方式购买境外实体企业（包括项目）的股票或者资产，以获得对该企业（或项目）的全部资产或者某项资产的所有权，或对该企业的控制权。

并购事项的统计界定：

（1）境内投资者直接与卖方签订并购境外实体企业（或项目）协议以及实施并购的行为活动纳入并购事项统计。

（2）境内投资者通过其境外企业与卖方签订并购企业（或项目）协议以及实施并购的行为活动纳入并购事项统计。

（3）境内投资者之间的境外企业股权转让不纳入并购事项统计。

上述（1）中所涉及并购企业（或项目）的最终控股比例不得小于10%；（2）中所涉及并购事项不受最终控股比例限制。

23. 实际交易额

实际交易额指根据收购协议境内投资者（或其境外企业）实际支付给卖方的各种资金总和。

24. 从业人员期末人数

从业人员期末人数指报告期末在境外企业从事一定的劳动并取得劳动报酬的全部人员数量。

25. 农业对外投资合作

农业对外投资合作指境内投资者通过直接投资或再投资方式拥有、控制国（境）外农业类境外企业或项目的活动。

26. 自有资金

自有资金是指境内投资者（或境外企业）为进行生产经营活动所经常持有，可以自行支配使用并毋须偿还的那部分资金。

27. 文化及相关产业

依据国家统计局《文化及相关产业分类（2018）》，指为社会公众提供文化产品和文化相关产品的生产活动的集合。具体范围包括：

（1）以文化为核心内容，为直接满足人们的精神需要而进行的创作、制造、传播、展示等文化产品（包括货物和服务）的生产活动。具体包括新闻信息服务、内容创作生产、创意设计服务、文化传播渠道、文化投资运营和文化娱乐休闲服务等活动。

（2）为实现文化产品的生产活动所需的文化辅助生产和中介服务、文化装备生产和文化消费终端生产（包括制造和销售）等活动。

28. 剩余经济可采储量

剩余经济可采储量是指经过经济评价认定、在评价期内具有商业效益的可采储量，扣减报告期末累计开采量的剩余值。

29. 权益产量等于中方所占份额百分比乘以总产量

30. 境外经济贸易合作区

境外经济贸易合作区指在中国内地注册、具有独立法人资格的中资控股企业，通过在境外设立的中资控股的独立法人机构，投资建设的基础设施完备、主导产业明确、公共服务功能健全、具有集聚和辐射效应的产业园区。

（二）主要概念界定

1. 装备制造业的界定

装备制造业是指为国民经济各部门简单再生产和扩大再生产提供技术装备的各制造工业的总称，其产业范围包括机械工业（含航空、航天、船舶和兵器等制造行业）和电子工业中的投资类产品。包括通用设备制造业、专用设备制造业、金属制品业、汽车制造业、铁路/船舶/航空航天和其他运输设备制造业、电气机械和器材制造业、计算机/通信和其他电子设备制造业、仪器仪表制造业等。

2. 境外企业年度生产能力界定

境外钢铁企业按年度钢铁厂钢材产量计算，单位万吨；

水泥企业按年度各种水泥的累计产量计算，单位万吨；

平板玻璃生产企业按各种玻璃的产量计算，单位万重量箱；

电力生产企业按发电装机容量计算，单位万千瓦；

汽车生产企业分别按乘用车（包括轿车、MPV、SUV、交叉型乘用车）、载货汽车（包括重型、中型、轻型、微型载货车）、客车（包括大、中、轻型客车）和其他汽车（半挂牵引车等）年度生产数量计算，单位：辆。

3. 境外经贸合作区类型界定

（1）加工制造型：指以轻工、纺织、机械、电子、化工、建材等产品加工为主导的园区。

（2）资源利用型：指以矿产、森林、油气等资源开发、加工和综合利用等为主的园区。

（3）农业产业型：指以谷物和经济作物等的开发、加工、收购、仓储等为主导园区。

（4）商贸物流型：指以商品展示、运输、仓储、集散、配送、信息处理、流通加工等为主导的园区。

（5）科技研发型：指以轨道交通、汽车、通信、工程机械、航天航空、船舶和海洋工程等领域的高新技术及产品的研发、设计、实验、试制为主导的园区。

4. 统计原则的界定

（1）国家（地区）的统计界定

对外直接投资的国家（地区）按首个投资目的国家（地区）进行统计。

（2）境内投资者与境外企业的行业分类的界定

境内投资者根据中华人民共和国《国民经济行业分类》（GB/T 4754-2017，见附录一），按销售收入份额最大的产品的所属行业确定其行业类别。

境外企业分类参照中华人民共和国《国民经济行业分类》（GB/T 4754-2017）执行。

（3）货币转换和计价原则

境内投资者调查表（FDIN1 表），填报的内容以人民币为货币单位；其余报表的金额单位均以美元作为统一货币单位。以非美元计价的，须按照国家外汇管理局制定的《各种货币对美元内部统一折算率表》规定的折算率折合为美元，年度数据以报告期最后一个交易日汇率计算，月度数据按交易当日汇率计算。

经营活动有关指标（如：营业收入、出口总值、进口总值等）按实际交易价即以市场价值作为计价基础；资产、负债、权益等存量指标按账面价值计算。

（4）报告年份的界定

本制度各项统计报表数据均按公历年度上报；以财政年度反映的境外企业的数据须调整为公历年度或按最近一期财政年度报表的数据填报，并在报表中加以说明。

（5）分支机构的统计界定

境内投资者在国（境）外设立的机构有下列情形之一的，纳入对外直接投资分支机构统计范畴：

A. 有独立财务账户并在当地有登记。

B. 在当地拥有土地、建筑物等不可移动资产所有权（不包括本国政府在当地拥有的土地和建筑如大使馆、领事馆、军事基地、科研设施、信息或移民部门、援助机构等）。

C. 境内投资者直接承担国（境）外工程项目建设，在项目所在国设立一年以上的办公室（注册或非注册）并存在完整、独立的活动账户。

如境内投资者在国（境）外承担的水坝、电站、桥梁等大型工程建设项目，大多数情况下，由未在当地登记的办公室（经理办、代表处、项目部）实施和管理项目，已构成生产经营属性，属于国际标准意义的直接投资活动。

D. 拥有移动设备（如船舶、航空器、天然气和石油钻探设备、铁路车辆等）并经营至少一年。

对境外分支机构的直接投资额（流量、存量）可按照新增或期末“所有者权益合计+对境内主体的负债”计算生成。

（6）其他统计界定

A. 凡境内投资者在境外企业中拥有或控制10%或以上的投票权（对公司型企业）或其他等价利益（对非公司型企业）的投资，均计入对外直接投资统计。

B. 子公司获得由境内直接投资者担保的借款，不计入对外直接投资统计。

C. 参加国际组织的投资不计入对外直接投资统计。

D. 以提供技术并收取管理费的跨境服务不计入对外直接投资统计。

E. 境外企业若被其他国家企业收（并）购，记作境内投资者对外直接投资的减少。

F. 若境外企业中有多家境内投资者，且均拥有10%以上的股份，可作为上报单位分别报送按股权比例计算的相应指标。

G. 境外企业对境内投资者投资控股比例大于或等于10%不计入反向投资。

H. 报告年度通过追加投资等方式达到控制企业10%或以上的投票权的境外企业纳入报告年度的对外直接投资统计，追加投资金额记作当期的对外直接投资的增加，期末对外直接投资存量按其持股比例计算的所有者权益合计部分计算。

I. 境内投资者之间以股权置换的方式获得境外企业10%以上股权记入当期对外直接投资的增加，由于股权置换而丧失或减少境外企业股权，记入当期对外直接投资的减少。

J. 境内银行（或存款公司）放在其境外支行或子公司内的存款不属于直接投资。

K. 境内银行（或存款公司）通过境外支行或子公司吸收的存款不属于直接投资。

L. 境内保险公司在境外设立的保险公司的技术储备（即：为防范现有风险的实际储备，提前支付的保费，赢利保险业务储备，以及未决索赔的准备金）不属于直接投资。

五、附录（略）

2019 Statistical Bulletin of China's Outward Foreign Direct Investment

Ministry of Commerce of the People's Republic of China
National Bureau of Statistics
State Administration of Foreign Exchange

Translator:
NKU Ge Shunqi Chen Jiangying

2019 Statistical Bulletin of China's Outward Foreign Direct Investment

In 2019, the world economic growth rate dropped to the lowest level since the financial crisis, the growth rate of global trade in goods slowed down significantly, while the outflows of foreign direct investment (FDI) increased by 33.2% year-on-year after three consecutive years of decline. The Chinese economy was generally stable and the level of opening up to the outside world improved continuously. Relevant bureaus actively guided qualified Chinese enterprises to "go global", and the quality of development improved steadily. In 2019, China's outward FDI flows reached $136.91 billion, ranking second in the world.

1. Overview of China's Outward FDI

1.1 In 2019, China's outward FDI net flows (hereinafter referred to as "flows") reached $136.91 billion, declined by 4.3% compared with the previous year. Among the flows, $48.35 billion was new equity investment, accounting for 35.3%; $60.62 billion was reinvested earnings, accounting for 44.3%; $27.94 billion was debt instrument investment, accounting for 20.4%.

By the end of 2019, 27. 5 thousand Chinese domestic investors had established 44 thousand FDI enterprises① (hereinafter referred to as "overseas enterprises") overseas in 188 countries (regions)② around the world. The year-end total assets of overseas enterprises were $7. 2 trillion. The accumulated outward FDI net stock (hereinafter referred to as "stock") reached $2198. 88 billion. Among the stock, $1209. 67 billion was equity investment, $686. 64 billion was reinvested earnings, $302. 57 billion was debt instrument investment, accounting for 55%, 31. 2% and 13. 8% of the total respectively.

Table 1 Composition of China's Outward FDI Flows and Stock, 2019

(Billions of US Dollars)

Category \ Indicator	Flows			Stock	
	Amount	Year-on-Year Growth Rate (%)	Share (%)	Amount	Share (%)
Total	**136. 91**	**-4. 3**	**100. 0**	**2198. 88**	**100. 0**
Financial Sector	19. 95	-8. 1	14. 6	254. 53	11. 6
Non-financial Sector	116. 96	-3. 6	85. 4	1944. 35	88. 4

Note: 1. The financial sector refers to domestic investor's outward FDI to overseas financial enterprises and the non-financial sector refers to domestic investor's outward FDI to overseas non-financial enterprises.
2. Data on flows in the non-financial sector and that in MOFCOM 2019 Express ($110. 6 billion) mainly differed in the reinvested portion of the proceeds.

According to *the World Investment Report* 2020 by UNCTAD, global FDI outflows reached $1. 31 trillion in 2019, and the year-end stock was $34. 57 trillion. Based on this report, China's outward FDI flows and stock in 2019 accounted for 10. 4% and 6. 4% of the global total respectively, ranking second among all countries (regions) in terms of outward FDI flows, and third in terms of stock.

① FDI enterprises refer to foreign enterprises that are directly owned or have 10% (or above) voting rights or equivalents controlled by domestic investors.

② FDI countries (regions) are accounted as the first country (region) invested by domestic investors.

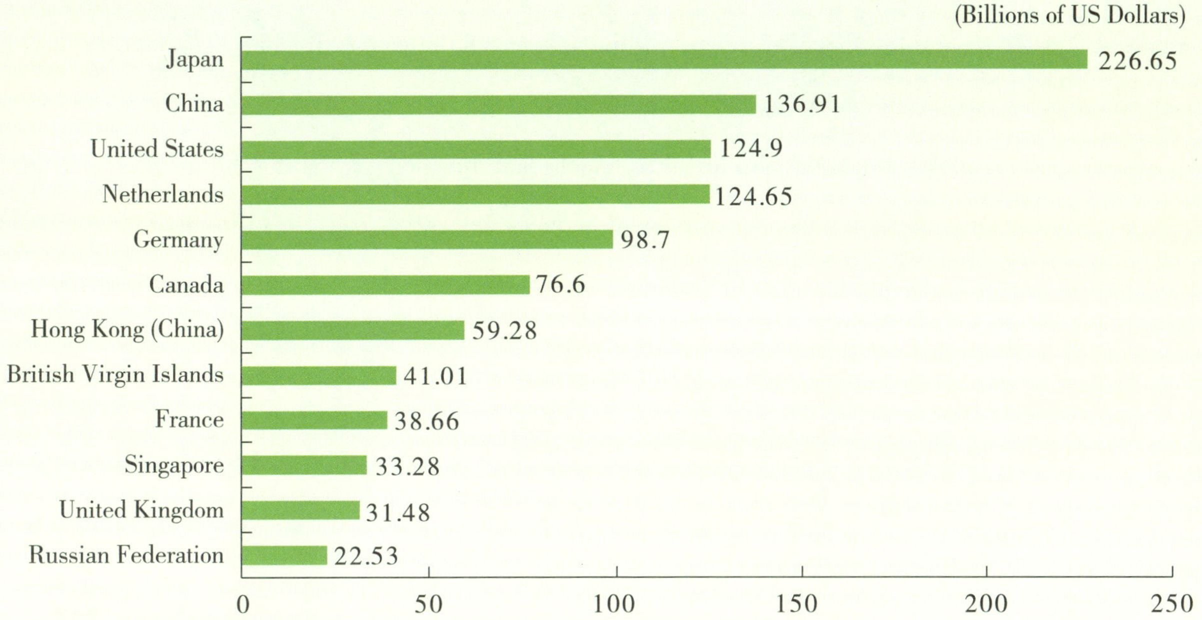

Figure 1 FDI Outflows of China and Other Major Countries (Regions), 2019

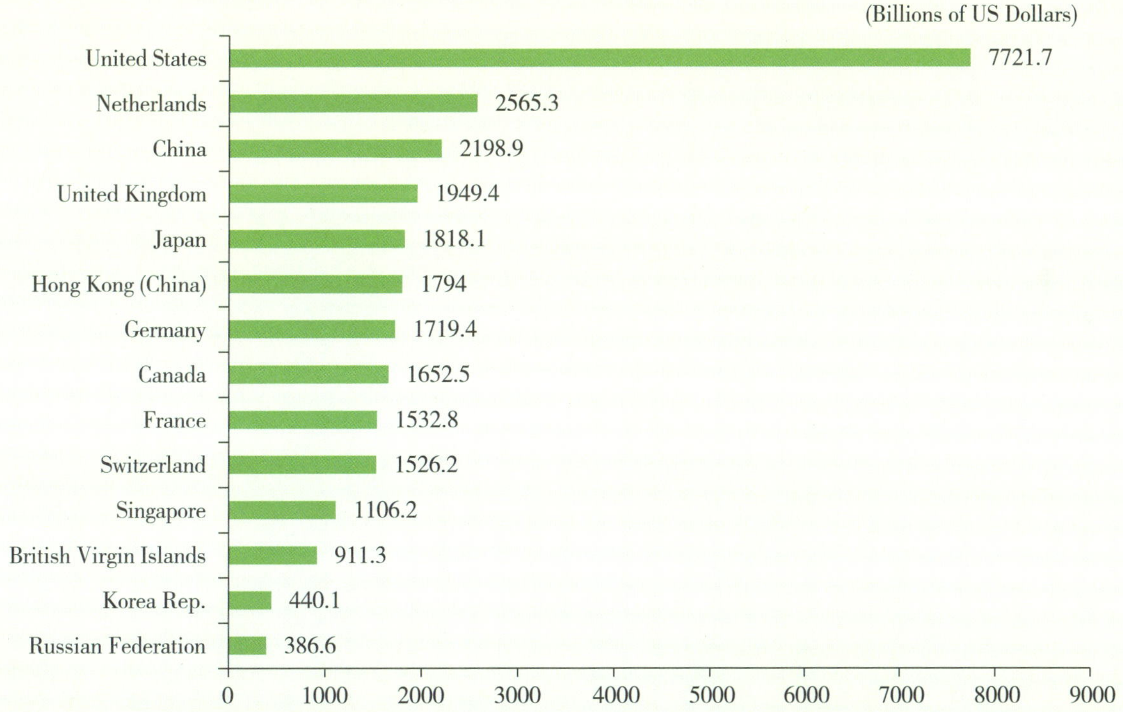

Figure 2 Outward FDI Stock of China and Other Major Countries (Regions), 2019

Note: Data on China's outward FDI in 2019 is based on Statistical Bulletin of China's Outward Foreign Direct Investment, and data on other countries (regions) is based on the *World Investment Report* 2020 by UNCTAD.

1.2 In 2019, China's financial outward FDI flows reached $19.95 billion, with a year-on-year decrease of 8.1%. Among the flows, $13.61 billion went to the monetary financial services sector (the former banking industry), taking up a share of 68.2%.

By the end of 2019, financial outward FDI stock had reached $254.53 billion, among which $143.94 billion had gone to the monetary financial services category, $7.13 billion had gone to insurance industry, $15.35 billion had gone to capital market services (the former securities industry) and $88.11 billion had gone to other financial industries, accounting for 56.6%, 2.8%, 6% and 34.6% of the total respectively.

By the end of 2019, China's state-owned commercial banks③had established 97 branch offices and 66 affiliated institutions in 51 countries (regions) including the United States, Japan, the United Kingdom, etc. These overseas enterprises had employed 51 thousand staffs, 44 thousand of whom had been of foreign nationalities, taking up a share of 86.3%. By the end of 2019, China had established 16 overseas insurance agencies.

1.3 The non-financial outward FDI flows reached $116.96 billion in 2019, with a year-on-year decrease of 3.6%. The export driven by outward FDI was $116.7 billion, accounting for 4.7% of China's total export of goods. The sales income of overseas enterprises amounted to $2512 billion, with a year-on-year increase of 4%. By the end of 2019, the non-financial outward FDI stock had reached $1944.35 billion and the total assets of overseas enterprises had reached $4.4 trillion.

1.4 In 2019, the total amount of taxes paid by overseas enterprises to the countries (regions) where they invest was $56 billion; by the end of the year, the total number of employees of overseas enterprises was 3744 thousand, including 2266 thousand foreign employees, accounting for 60.5% of the total, an increase of 389 thousand compared with the end of last year.

③ China's state-owned banks include Bank of China, Agriculture Bank of China, Industrial and Commercial Bank of China, China Construction Bank and Bank of Communications.

2. The Flows and Stock of China's Outward FDI

Table 2 China's Annual Outward FDI Flows and Stock since the Establishment of Outward FDI Statistics System

(Billions of US Dollars)

Year	Flows			Stock	
	Amount	Global Ranking	Year-on-Year Growth Rate (%)	Amount	Global Ranking
2002	2. 70	26	—	29. 90	25
2003	2. 85	21	5. 6	33. 20	25
2004	5. 50	20	93. 0	44. 80	27
2005	12. 26	17	122. 9	57. 20	24
2006	21. 16	13	43. 8	90. 63	23
2007	26. 51	17	25. 3	117. 91	22
2008	55. 91	12	110. 9	183. 97	18
2009	56. 53	5	1. 1	245. 75	16
2010	68. 81	5	21. 7	317. 21	17
2011	74. 65	6	8. 5	424. 78	13
2012	87. 8	3	17. 6	531. 94	13
2013	107. 84	3	22. 8	660. 48	11
2014	123. 12	3	14. 2	882. 64	8
2015	145. 67	2	18. 3	1097. 86	8
2016	196. 15	2	34. 7	1357. 39	6
2017	158. 29	3	-19. 3	1809. 04	2
2018	143. 04	2	-9. 6	1982. 27	3
2019	136. 91	2	-4. 3	2198. 88	3

Note: 1. Data of 2002-2005 includes only non-financial outward FDI, and data of 2006-2019 includes outward FDI in all industries.
2. Annual growth rate of the year 2006 refers to that of the non-financial outward FDI.

2. 1 China's Outward FDI Flows in 2019

2. 1. 1 The flows continued to rank second in the world, accounting for over 10% of the total.

In 2019, the world economy grew by 2. 9%, the lowest growth since the financial crisis in 2008, while the trade in goods dropped from 3. 8% in the previous year to 0. 9%[4]. After three consecutive years of decline in global FDI, this year's FDI outflows reached $ 1. 31 trillion, with a year-on-year growth of 33. 2%. Among them, foreign investment of developed economies increased by 71. 1%, while that of developing economies decreased by 10%. In 2019, China's outward FDI reached $ 136. 91 billion, with a year-on-year decrease of 4. 3%, lower than that of Japan ($ 226. 65 billion). The global ranking continued to be the second, accounting for 10. 4% of the global share.

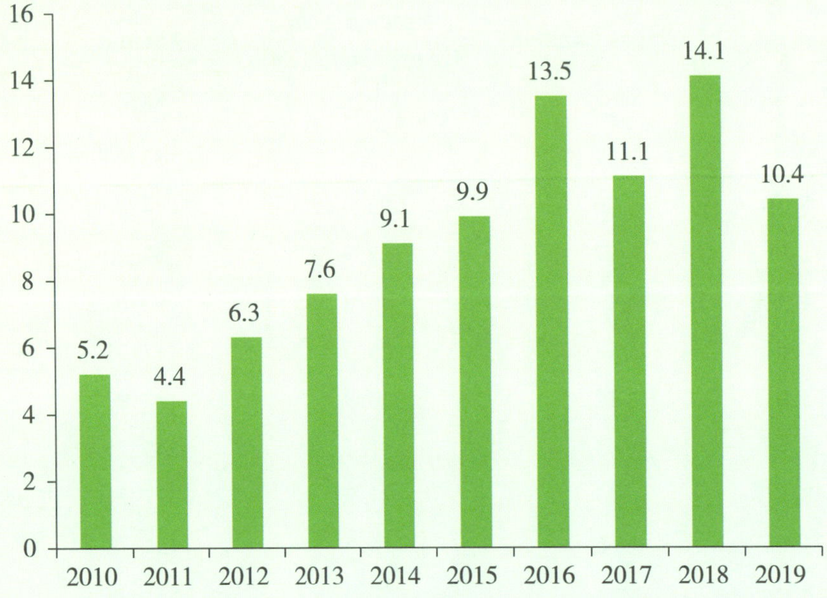

Figure 3 China's Percentage Share in World FDI Outflows, 2010-2019, (%)

Since authorities in China released the annual data in 2003, China has ranked among the top three countries in terms of outward FDI flows for eight consecutive years, and its contribution to the world economy has become increasingly prominent. The flows in 2019 were 51 times as much as the flows in 2002, with its global share being more than 10% for four consecutive years. The influence of China's foreign investment in global FDI has continued to expand. From the perspective of two-way investment, China's FDI outflows were 3. 1% lower than FDI inflows ($ 141. 23 billion).

The average annual growth rate reached 26% between 2002 and 2019. The cumulative flows from 2013 to 2019 reached $ 1011. 03 billion, accounting for 46% of the outward FDI stock.

④ The data source is the International Monetary Fund (IMF).

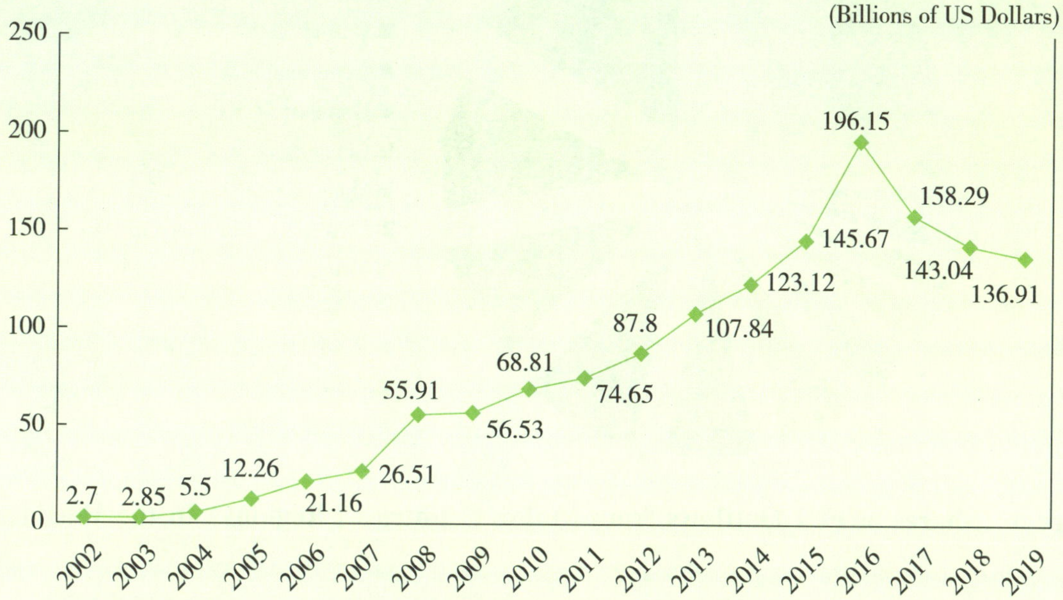

Figure 4　Outward FDI Flows of China, 2002-2019

Note: Data source is *Statistical Bulletin of China's Outward Foreign Direct Investment*.

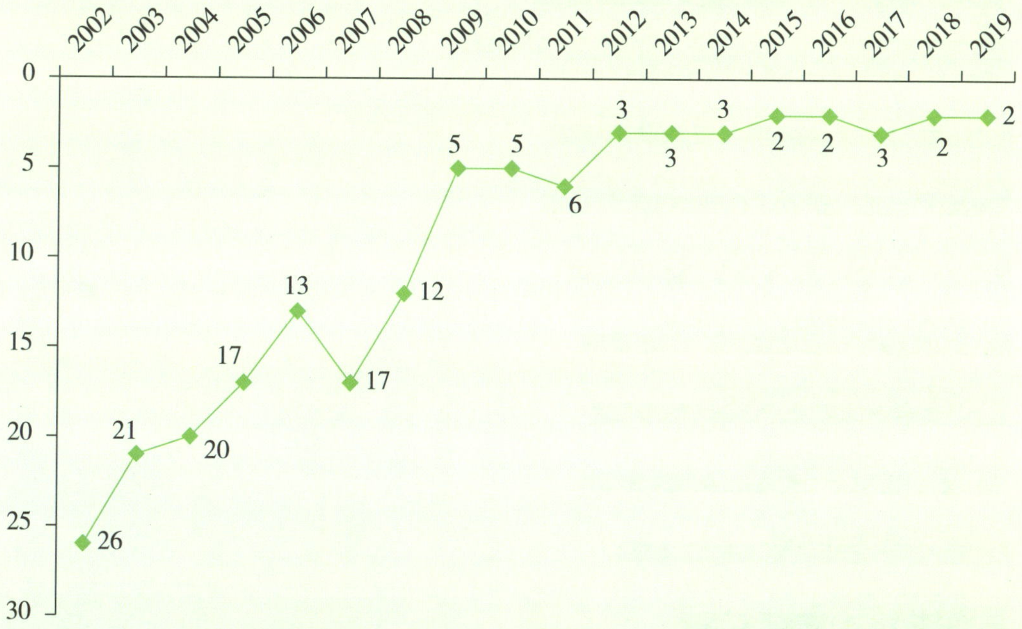

Figure 5　Global Rankings of China's Outward FDI Flows, 2002-2019

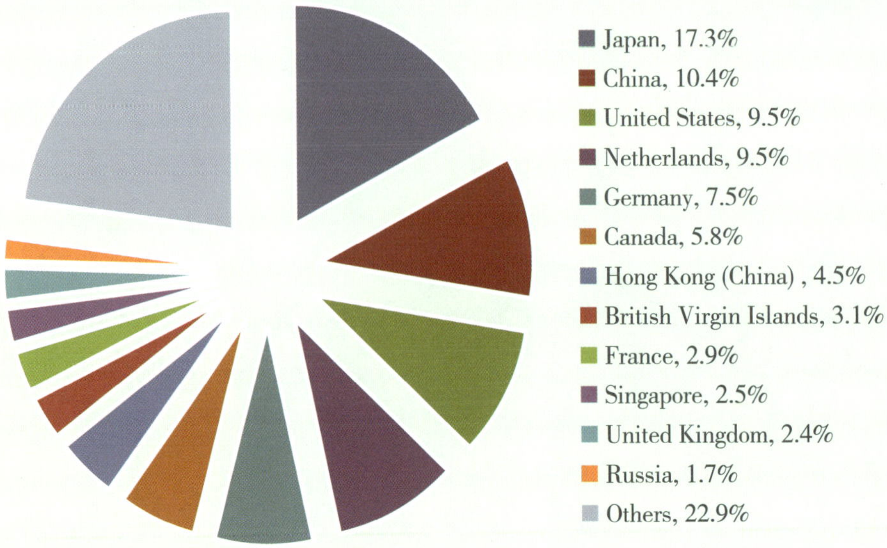

Figure 6　Shares of FDI Outflows from Major Countries（Regions）in the World，2019

Note：Data on other countries（regions）is from *the World Investment Report* 2020 by UNCTAD.

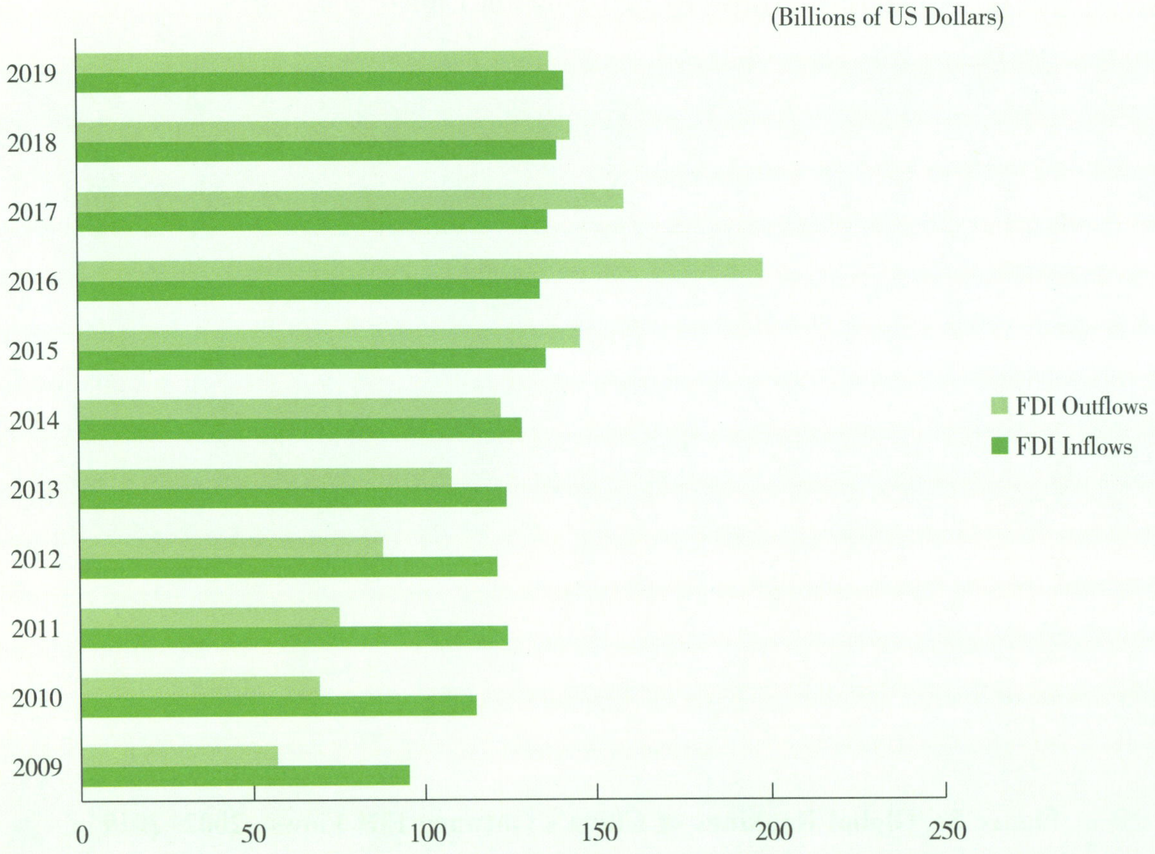

Figure 7　FDI Inflows and Outflows of China，2009-2019

Note：Data on China's FDI inflows from 2009 to 2019 is from *the World Investment Report* 2020 by UNCTAD.

2.1.2 The number of outward M&A transactions increased, but the amount of M&As declined by 50%.

In 2019, China's outward M&A developed steadily, with 467 M&A projects (34 more than the previous year) implemented by enterprises, involving 68 countries and regions (5 more than the previous year). The actual transaction amount was $34.28 billion, with a year-on-year decrease of 53.8%. Among them, direct investment⑤ was $17.22 billion, accounting for 50.2% of the total amount of M&As and 12.6% of China's total outward FDI in that year, and overseas financing was $17.06 billion, accounting for 49.8% of the amount of M&A.

Table 3 China's Outward M&As via Direct Investment, 2004-2019

(Billions of US Dollars)

Year	Amount of M&As*	Year-on-Year Growth Rate(%)	Share*(%)
2004	3.00	—	54.4
2005	6.50	116.7	53.0
2006	8.25	26.9	39.0
2007	6.30	-23.6	23.8
2008	30.20	379.4	54.0
2009	19.20	-36.4	34.0
2010	29.70	54.7	43.2
2011	27.20	-8.4	36.4
2012	43.40	59.6	31.4
2013	52.90	21.9	31.3
2014	56.90	7.6	26.4
2015	54.44	-4.3	25.6
2016	135.33	148.6	44.1
2017	119.62	-11.6	21.1
2018	74.23	-37.9	21.7
2019	34.28	-53.8	12.6

Note: The amount of M&As from 2012 to 2018 includes overseas financing and the share refers to the proportion of direct investment in total flows.

⑤ Direct investment refers to domestic investors' or their overseas enterprises' M&As, which are financed by domestic investor's own funds and domestic bank loans (excluding overseas loans guaranteed by domestic investors).

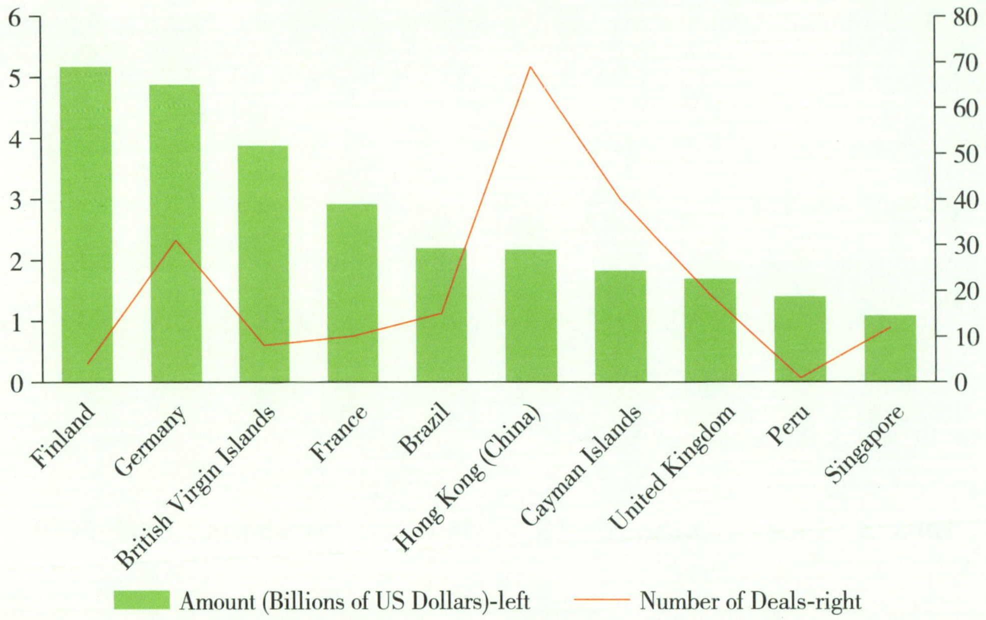

Figure 8 Top 10 Destinations of Chinese Enterprises' Cross-border M&As in 2019 (By Value of M&As)

Table 4 Industrial Distributions of China's Cross-border M&As, 2019

(Billions of US Dollars)

Industry	Number of Deals	Amount	Share of Amount (%)
Manufacturing	179	14. 27	41. 6
Information Transmission/Software and Information Technology Services	49	7. 25	21. 2
Production and Supply of Electricity/Heat/Gas and Water	31	4. 54	13. 3
Finance	8	1. 80	5. 3
Leasing and Business Services	33	1. 43	4. 2
Scientific Research and Technical Services	47	1. 24	3. 6
Agriculture/Forestry/Animal Husbandry and Fishery	18	1. 10	3. 2
Mining	17	1. 00	2. 9
Wholesale and Retail Trade	48	0. 87	2. 5
Transportation/Storage and Postal Services	11	0. 28	0. 8
Culture/Sports and Entertainment	7	0. 16	0. 5
Real Estate	2	0. 15	0. 4
Hotel and Catering	1	0. 08	0. 2
Education	5	0. 06	0. 2
Others	11	0. 05	0. 1
Total	**467**	**34. 28**	**100. 0**

In 2019, Chinese enterprises' cross-border M&As involved 18 industrial sectors, including manufacturing, information transmission/software and information technology services, production and supply of electricity/heat/gas and water, etc. In terms of the amount of M&As, manufacturing industry ranked first with $14.27 billion and 179 projects, and information transmission/software and information technology services industry ranked second with $7.25 billion, involving 49 projects. Production and supply of electricity/heat/gas and water industry ranked third with $4.54 billion, involving 31 projects.

In 2019, Chinese enterprises' outward cross-border M&As were distributed in 68 countries (regions) in the world. In terms of the amount of M&As, Finland, Germany, the British Virgin Islands, France, Brazil, Hong Kong (China), the Cayman Islands, the United Kingdom, Peru and Singapore ranked top 10.

In 2019, Chinese enterprises carried out 91 M&A projects in countries along the "Belt and Road", amounting to $2.94 billion and accounting for 8.6% of the total amount of M&As. Among them, Singapore, Kuwait and Malaysia attracted M&A investment of more than $500 million from Chinese enterprises.

2.1.3 The proportion of reinvested earnings reached a record high, and equity investment fell sharply.

In terms of the composition of outward FDI flows in 2019, the new equity investment was $48.35 billion, with a year-on-year decrease of 31.3%, accounting for 35.3% of the total flows; the debt instrument investment (only involving foreign non-financial enterprises) was $27.94 billion, accounting for 20.4%. In 2019, Chinese overseas enterprises operated well, over 70% of which made a profit or kept even. The reinvested earnings of the year (i.e. the newly added retained earnings) reached $60.62 billion, accounting for 44.3% of China's outward FDI flows in the same period.

Table 5 Composition of China's Outward FDI Flows, 2006-2019

(Billions of US Dollars)

Year	Flows	New Equity Investment		Current Reinvested Earnings		Debt Instrument Investment	
		Amount	Share (%)	Amount	Share (%)	Amount	Share (%)
2006	21.16	5.17	24.4	6.65	31.4	9.34	44.2
2007	26.51	8.69	32.8	9.79	36.9	8.03	30.3
2008	55.91	28.36	50.7	9.89	17.7	17.66	31.6
2009	56.53	17.25	30.5	16.13	28.5	23.15	41.0
2010	68.81	20.64	30.0	24.01	34.9	24.16	35.1
2011	74.65	31.38	42.0	24.46	32.8	18.81	25.2
2012	87.80	31.14	35.5	22.47	25.6	34.19	38.9
2013	107.84	30.73	28.5	38.32	35.5	38.79	36.0
2014	123.12	55.73	45.3	44.40	36.1	22.99	18.6
2015	145.67	96.71	66.4	37.91	26.0	11.05	7.6
2016	196.15	114.13	58.2	30.66	15.6	51.36	26.2
2017	158.29	67.99	42.9	69.64	44.0	20.66	13.1
2018	143.04	70.40	49.2	42.53	29.7	30.11	21.1
2019	136.91	48.35	35.3	60.62	44.3	27.94	20.4

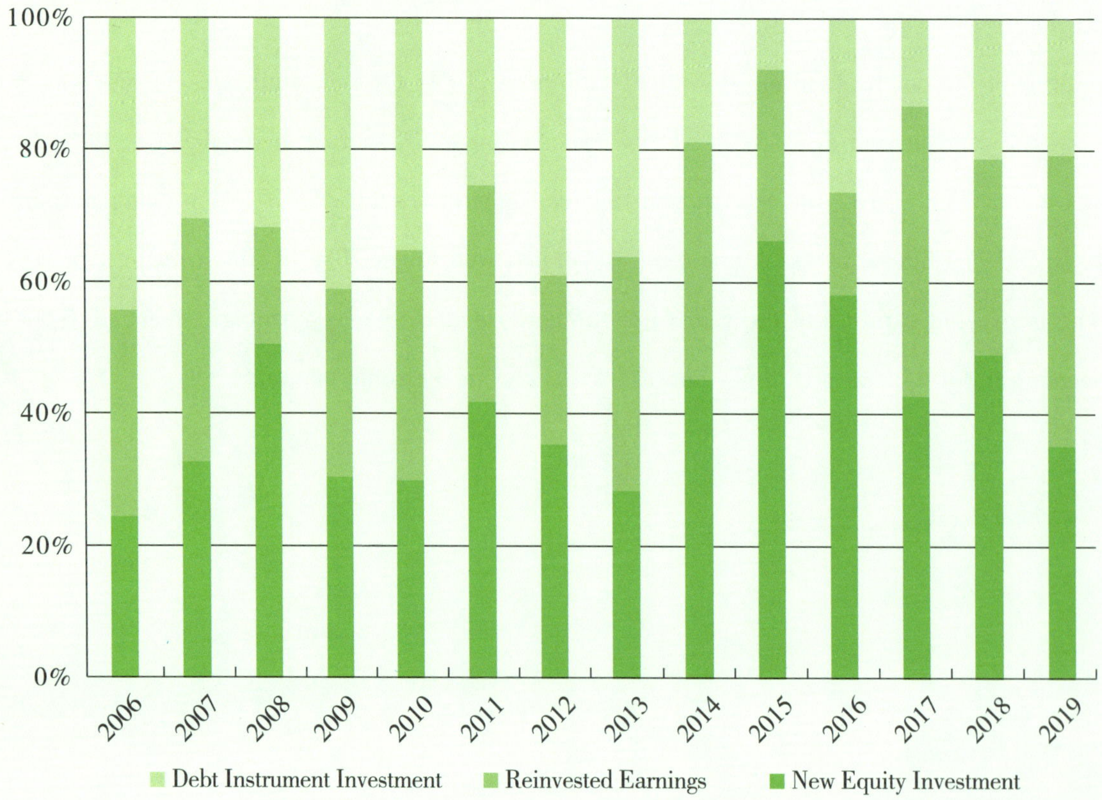

Figure 9 Composition of China's Outward FDI Flows, 2006-2019

2.1.4 Over 70% of the investment went to leasing and business services, manufacturing, finance, wholesale and retail trade industries.

In 2019, China's outward FDI flows covered 18 industry categories of the national economy. Among them, the investment in traditional leasing and business services, manufacturing, finance, wholesale and retail trade industries all exceeded $10 billion. Leasing and business services remained the first, while manufacturing ranked second.

Investment in **leasing and business services** was $41.88 billion, down 17.6% year-on-year, accounting for 30.6% of the total flows of that year, mainly distributed in Hong Kong (China), the British Virgin Islands, Singapore, the United Kingdom, Australia, etc.

Investment in the **manufacturing industry** reached $20.24 billion, up 6% year-on-year, accounting for 14.8%, mainly flowing to automobile manufacturing, chemical fiber manufacturing, non-ferrous metal smelting and rolling processing, pharmaceutical manufacturing, chemical raw materials and chemi-

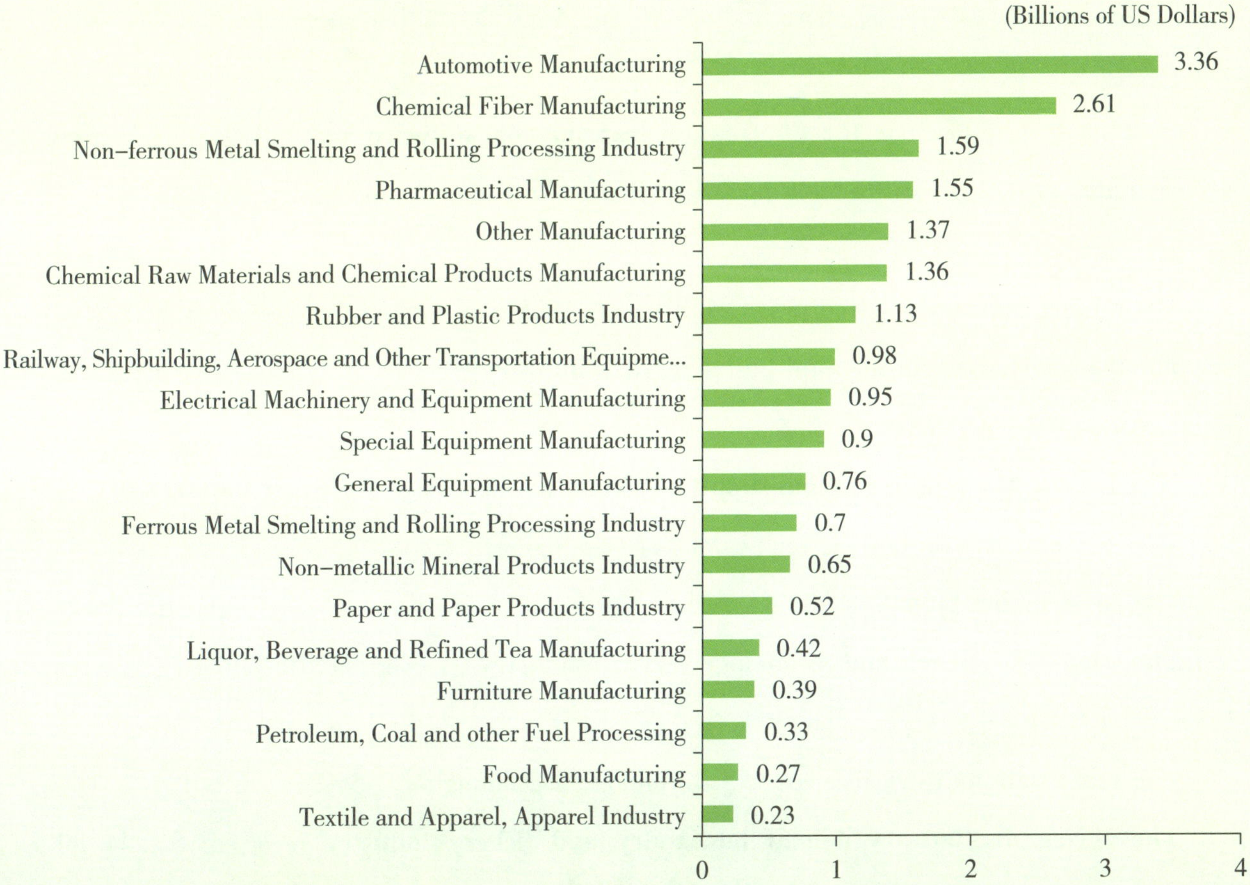

Figure 10 The Main Secondary Categories of China's Outward FDI Flows in Manufacturing, 2019

cal products, rubber and plastic products, railway/ship/aerospace and other transportation equipment manufacturing, electrical machinery and equipment manufacturing, special equipment manufacturing, general equipment manufacturing, ferrous metal smelting and rolling processing, and non-metallic mineral products. Among them, the investment in equipment manufacturing was $6.27 billion, down 45% year on year, accounting for 31% of the investment in manufacturing industry.

Flows to the **financial sector** were $19.95 billion, a year-on-year decrease of 8.1%, accounting for 14.6%. In 2019, the direct investment of domestic investors in China's financial sector to overseas financial enterprises was $18.6 billion, accounting for 93.2%; domestic investors in China's non-financial sector invested $1.35 in overseas financial enterprises, accounting for 6.8%.

The wholesale and retail trade industry received $19.47 billion, with a year-on-year increase of 59.1%, accounting for 14.2%. Investment flows mainly went to Hong Kong (China), Singapore, the British Virgin Islands, the United States, Japan, the United Kingdom, Germany, etc.

The total investments in the above four areas were $101.54 billion, accounting for 74.2% of the total flows.

In addition, investment in **the information transmission/software and information technology services industry** in 2019 was $5.48 billion, a year-on-year decrease of 2.7%, accounting for 4% of the total flows.

The mining industry received $5.13 billion, up 10.8% year-on-year, accounting for 3.7%.

The transportation/storage and postal services industry received $3.88 billion, a year-on-year decrease of 24.8%, accounting for 2.8%.

Investment in **the production and supply of electricity/heat/gas and water industry** was $3.87 billion, with a year-on-year decrease of 17.7%, accounting for 2.8%.

The construction industry received $3.78 billion, up 4.5% year-on-year, accounting for 2.8%.

The scientific research and technology services industry received $3.43 billion, accounting for 2.5%.

The real estate industry received $3.42 billion, accounting for 2.5%.

The agriculture/forestry/animal husbandry and fishery industry received $2.44 billion, accounting for 1.8%.

The resident services, repairs and other services industry received $1.67 billion, accounting for 1.2%.

The education industry received $0.65 billion, accounting for 0.5%.

The hotel and catering industry received $0.6 billion, accounting for 0.4%.

The culture/sports and entertainment received $0.52 billion, accounting for 0.4%.

The investment flows to **the water conservancy/environment and public facility management sector and the health and social work industries** both accounted for 0.2%.

Table 6 Industrial Distribution of China's Outward FDI Flows, 2019

(Billions of US Dollars)

Industry	Flows	Year-on-Year Growth Rate (%)	Share (%)
Total	**136.91**	**-4.3**	**100.0**
Leasing and Business Services	41.88	-17.6	30.6
Manufacturing	20.24	6.0	14.8
Finance	19.95	-8.1	14.6
Wholesale and Retail Trade	19.47	59.1	14.2
Information Transmission/Software and Information Technology Services	5.48	-2.7	4.0
Mining	5.13	10.8	3.7
Transportation/Storage and Postal Services	3.88	-24.8	2.8
Production and Supply of Electricity/Heat/Gas and Water	3.87	-17.7	2.8
Construction	3.78	4.5	2.8
Scientific Research and Technical Services	3.43	-9.7	2.5
Real Estate	3.42	11.5	2.5
Agriculture/Forestry/Animal Husbandry and Fishery	2.44	-4.8	1.8
Resident Services, Repairs and Other Services	1.67	-27.8	1.2
Education	0.65	13.2	0.5
Hotel and Catering	0.60	-55.4	0.4
Culture/Sports and Entertainment	0.52	-55.1	0.4
Water Conservancy/Environment and Public Facilities Management	0.27	51.1	0.2
Health and Social Work	0.23	-56.7	0.2

2.1.5 Investment in Europe increased rapidly, while investment in Latin America, North America and Africa decreased significantly.

In 2019, FDI flows to **Europe** were $10.52 billion, up 59.6% year-on-year, accounting for 7.7%

of the FDI outflows of the year, 3.1% higher than the previous year. Most flows went to the Netherlands ($3.89 billion), Sweden ($1.92 billion), Germany ($1.46 billion), the United Kingdom ($1.1 billion), Luxembourg ($0.69 billion), Switzerland ($0.68 billion), Italy ($0.65 billion), etc.

Flows to **Asia** reached $110.84 billion, up 5.1% year-on-year, accounting for 80.9% of the total FDI outflows. Among them, investment in Hong Kong (China) was $90.55 billion, an increase of 4.2% year-on-year, accounting for 81.7% of investment in Asia; investment in the 10 ASEAN countries amounted to $13.02 billion, with a year-on-year decrease of 4.9%, accounting for 11.8% of investment in Asia.

Investment in **Latin America** was $6.39 billion, down 56.3% year-on-year, accounting for 4.7% of FDI outflows that year. The flows mainly went to the British Virgin Islands ($8.68 billion), Brazil ($0.86 billion), Chile ($0.61 billion), Argentina ($0.35 billion), Peru ($0.35 billion) and Mexico ($0.16 billion). FDI flows to Cayman Islands and Venezuela were negative, amounting to - $4.36 billion and - $0.22 billion respectively.

Investment in **North America** was $4.37 billion, down 49.9% year-on-year, accounting for 3.2% of FDI flows of the year. Among them, the investment in the United States was $3.81 billion, down 49.1% year-on-year; investment in Canada was $0.47 billion, a year-on-year decrease of 69.7%.

Investment in **Africa** reached $2.71 billion, down 49.9% year-on-year, accounting for 2% of the FDI flows of the year. Flows mainly went to Congo (DRC), Angola, Ethiopia, South Africa, Mauritius, Niger, Zambia, Uganda, Nigeria and other countries.

Flows to **Oceania** was $2.08 billion, a year-on-year decrease of 6.3%, accounting for 1.5% of the FDI outflows that year. It mainly went to Australia, New Zealand, Marshall Islands, Vanuatu and other countries.

Table 7 Regional Distribution of China's Outward FDI Flows, 2019

(Billions of US Dollars)

Continent	Amount	Year-on-Year Growth Rate(%)	Share (%)
Asia	110.84	5.1	80.9
Latin America	6.39	-56.3	4.7
North America	4.37	-49.9	3.2
Europe	10.52	59.6	7.7
Africa	2.71	-49.9	2.0
Oceania	2.08	-6.3	1.5
Total	**136.91**	**-4.3**	**100.0**

Table 8 Top 20 Countries (Regions) of China's Outward FDI, 2019

(Billions of US Dollars)

Rank	Country (Region)	Flows	Share of Total (%)
1	Hong Kong (China)	90. 55	66. 1
2	British Virgin Islands	8. 68	6. 3
3	Singapore	4. 83	3. 5
4	Netherlands	3. 89	2. 8
5	United States	3. 81	2. 8
6	Indonesia	2. 22	1. 6
7	Australia	2. 09	1. 5
8	Sweden	1. 92	1. 4
9	Vietnam	1. 65	1. 2
10	Germany	1. 46	1. 1
11	Thailand	1. 37	1. 0
12	United Arab Emirates	1. 21	0. 9
13	Laos	1. 15	0. 8
14	Malaysia	1. 11	0. 8
15	United Kingdom	1. 10	0. 8
16	Congo (DRC)	0. 93	0. 7
17	Iraq	0. 89	0. 7
18	Brazil	0. 86	0. 6
19	Kazakhstan	0. 79	0. 6
20	Cambodia	0. 75	0. 6
	Total	**131. 26**	**95. 8**

2. 1. 6 Investment in countries along the "Belt and Road" has increased steadily.

By the end of 2019, Chinese domestic investorshad set up nearly 11 thousand overseas enterprises in 63 countries along the "Belt and Road", involving 18 industry categories of national economy, amounting to $ 18. 69 billion, up 4. 5% year-on-year, accounting for 13. 7% of China's outward FDI flows in the same period. In terms of industry composition, investment in manufacturing was $ 6. 79 billion, up 15. 5% year-on-year, accounting for 36. 3%; $ 2. 51 billion went to the wholesale and retail trade industry, accounting for 13.4%; flows to the construction industry amounted to $2.24 billion, accounting for 12%; the financial sector received $1.59 billion, accounting for 8.5%; flows to scientific research and technical services industry were $1.35 billion, accounting for 7.2%; the production and supply of electricity industry received $1.34 billion, accounting for 7.2%. From the perspective of country composition, flows mainly went to Singapore, Indonesia, Vietnam, Thailand, United Arab Emirates, Laos, Malaysia, Kazakhstan, Cambodia and other countries. From 2013 to 2019, China's FDI flows to countries along the "Belt and Road" totaled $117.31 billion.

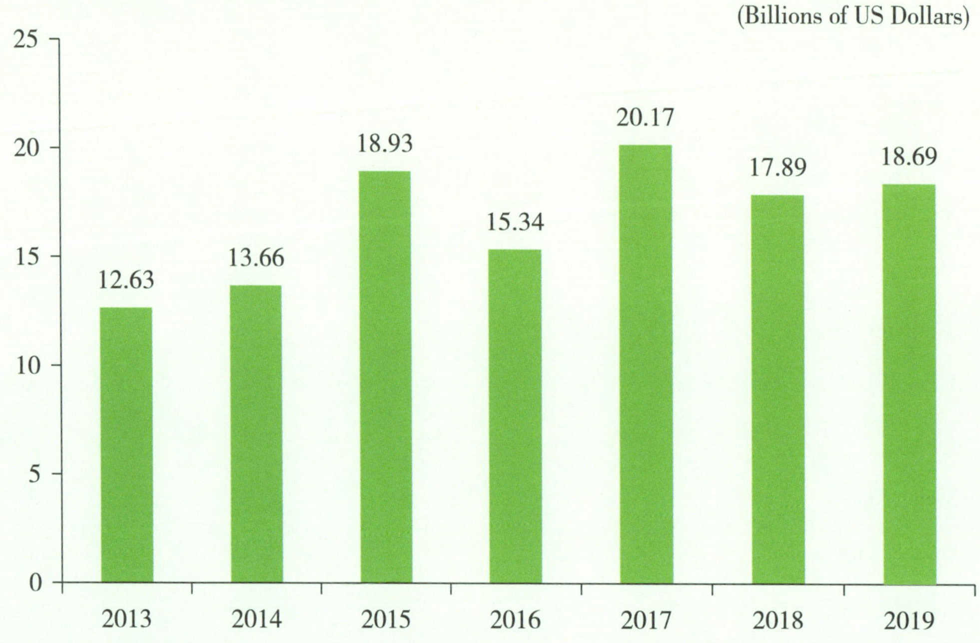

Figure 11 China's Outward FDI Flows to Countries along the "Belt and Road", 2013-2019

2.1.7 Outward investment by central enterprises and units increased rapidly, while that by local enterprises decreased by nearly 10%.

In 2019, the non-financial outward direct investment by central enterprises and units was $27.21 billion, with a year-on-year increase of 18%; while that by local enterprises reached $89.74 billion, a year-on-year decrease of 8.7%, accounting for 76.7% of the national non-financial flows, 4.3 percentage points lower than the previous year. Among them, outflows from the eastern region reached $71.56 billion, down 5.6% year-on-year, accounting for 79.7% of the local investment outflows; outflows from the western region amounted to $7.81 billion, a year-on-year decrease of 22.4%, accounting for 8.7%; $9.11 billion was from the central region, down 10.2% and accounting for 10.2%; outflows from the three northeast provinces reached $1.26 billion, down 43.8% and accounting for 1.4%. Guangdong,

Shanghai, Shandong, Zhejiang, Beijing, Jiangsu, Tianjin, Fujian, Henan and Hainan ranked the top 10 in terms of outward direct investment flows, with a total of $72.38 billion, accounting for 80.7% of the local outward direct investment flows.

Table 9 Regional Distribution of China's Local Outward FDI Flows, 2019

(Billions of US Dollars)

Region	Flows	Share(%)	Year-on-Year Growth Rate (%)
Eastern Region	71.56	79.7	-5.6
Central Region	9.11	10.2	-10.2
Western Region	7.81	8.7	-22.4
Three Northeast Provinces	1.26	1.4	-43.8
Total	**89.74**	**100.0**	**-8.7**

Note: 1. The eastern region includes Beijing, Tianjin, Hebei, Shanghai, Jiangsu, Zhejiang, Fujian, Shandong, Guangdong and Hainan.

2. The central region includes Shanxi, Anhui, Jiangxi, Henan, Hubei and Hunan.

3. The western region includesInner Mongolia, Guangxi, Sichuan, Chongqing, Guizhou, Yunnan, Shaanxi, Gansu, Qinghai, Ningxia, Xinjiang and Tibet.

4. The northeast region includes Heilongjiang, Jilin and Liaoning.

Table 10 Top 10 Provinces (Municipalities) in Terms of Local Outward FDI Flows, 2019

(Billions of US Dollars)

No.	Province (Municipality)	Flows	Share of Local Flows(%)
1	Guangdong	16.70	18.6
2	Shanghai	10.49	11.7
3	Shandong	10.24	11.4
4	Zhejiang	8.95	10.0
5	Beijing	8.27	9.2
6	Jiangsu	5.12	5.7
7	Tianjin	4.40	4.9
8	Fujian	2.90	3.2
9	Henan	2.75	3.1
10	Hainan	2.56	2.9
	Total	**72.38**	**80.7**

2. 1. 8 The investment scale of non-public economic holding entities was slightly higher than that of thc public economic holding entities.

Among China's outward non-financial investment flows in 2019, domestic investors with non-public economic holdings invested ＄58. 87 billion, a year-on-year decrease of 22. 2%, accounting for 50. 3%; outward investment by public economic holding entities was ＄58. 09 billion, an increase of 27% year-on-year, accounting for 49. 7 %.

2. 2 China's Outward FDI Stock by the End of 2019

2. 2. 1 The global ranking and share of China's outward FDI stock.

By the end of 2019, China's outward FDI stock had reached ＄2. 2 trillion, an increase of ＄216. 61 billion compared with the end of the previous year⑥, which was 73. 5 times that of the end of 2002. The share of global outward FDI stock increased from 0. 4% in 2002 to 6. 4% and the ranking climbed from 25th to 3rd , only inferior to the United States (＄7. 7 trillion) and the Netherlands (＄2. 6 trillion). In terms of stock size, there was a big gap between China and the United States, only equivalent to 28. 5% of the United States.

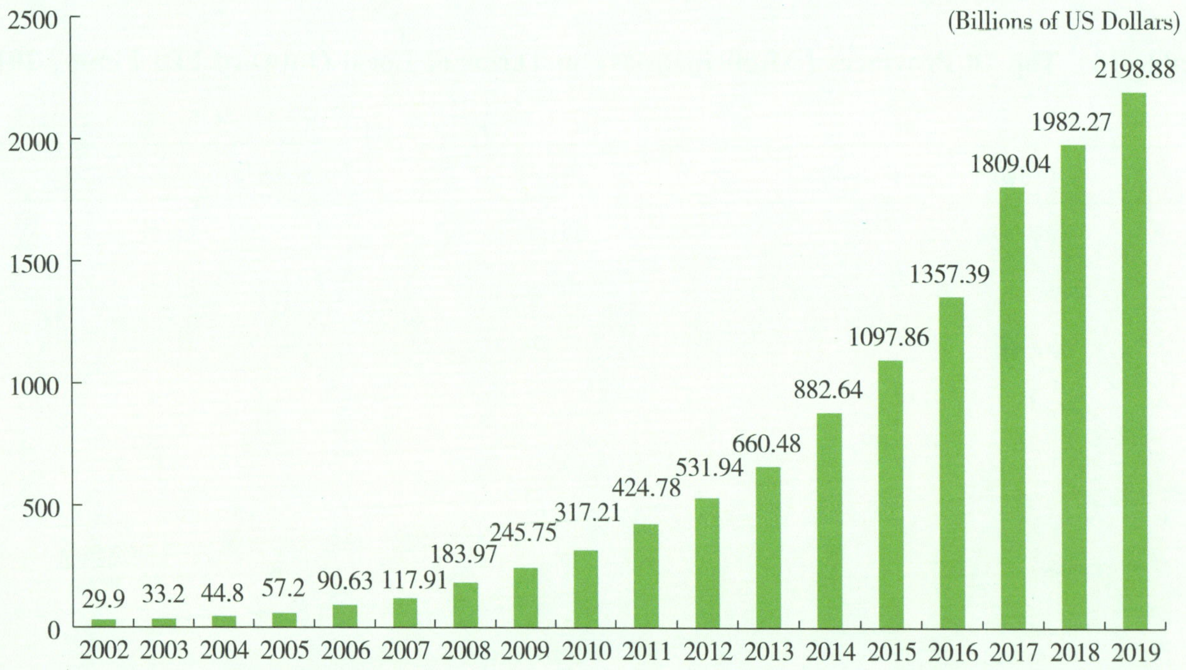

Figure 12 China's Outward FDI Stock, 2002-2019

⑥ In 2019, the stock of outward investment by some Chinese natural persons was added.

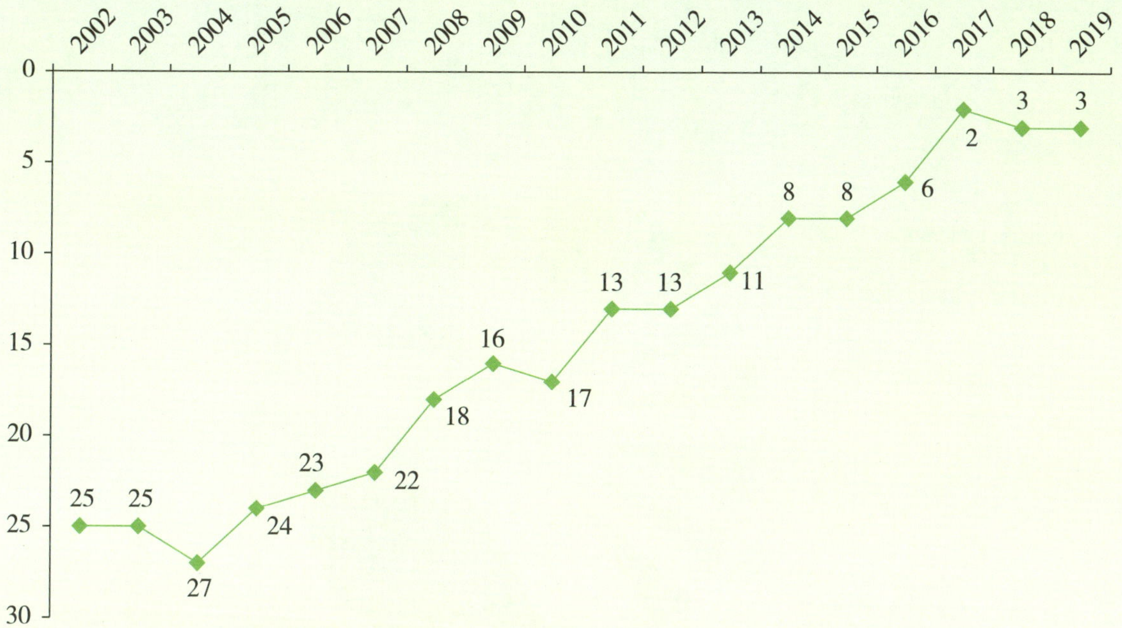

Figure 13 Global Rankings of China's Outward FDI Stock, 2002-2019

Table 11 Countries (Regions) with FDI Stock of Exceeding $1 Trillion, by the End of 2019

(Billions of US Dollars)

Ranking	Countries (Regions)	Stock by the End of 2019	Share of the World (%)
1	United States	7721.7	22.3
2	Netherlands	2565.3	7.4
3	China	2198.9	6.4
4	United Kingdom	1949.4	5.6
5	Japan	1818.1	5.3
6	Hong Kong (China)	1794.0	5.2
7	Germany	1719.4	5.0
8	Canada	1652.5	4.8
9	France	1532.8	4.4
10	Switzerland	1526.2	4.4
11	Singapore	1106.2	3.2
	Total	**25584.5**	**74.0**

Note: Data on China's outward FDI in 2019 is from *Statistical Bulletin of China's Outward Foreign Direct Investment*, and data on other countries (regions) is from *the World Investment Report* 2020 by UNCTAD.

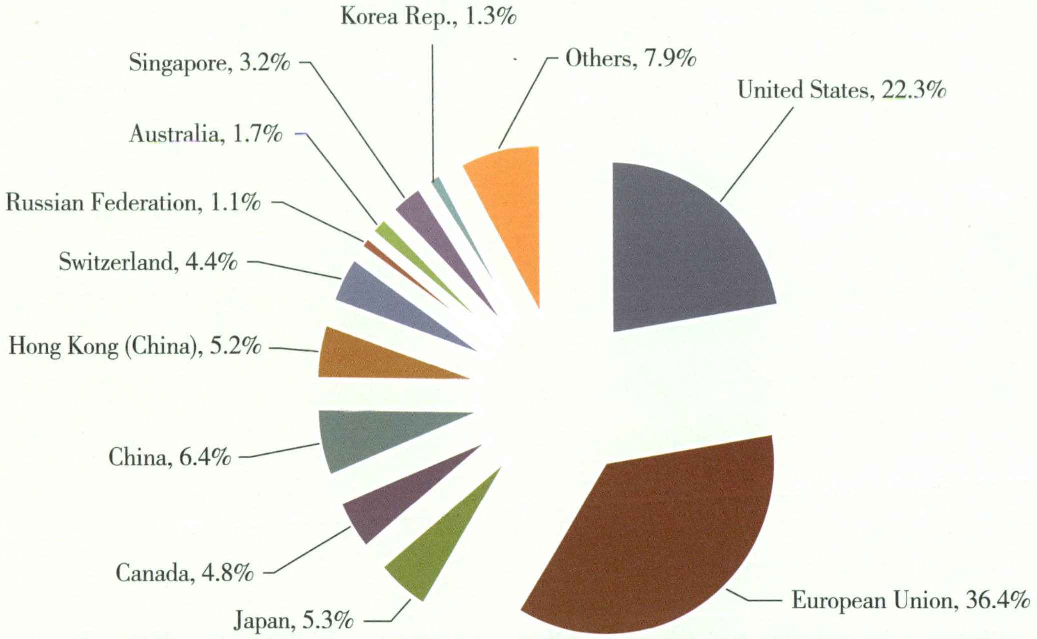

Figure 14 Proportions of Outward FDI Stock of Global Major Economies, by the End of 2019

2.2.2 Country (region) distribution.

By the end of 2019, China's outward FDI stock was distributed in 188 countries (regions), accounting for 80.7% of the total number of countries (regions) in the world.

By the end of 2019, China's outward FDI stock in Asia was $1460.22 billion, accounting for 66.4%, mainly distributed in Hong Kong (China), Singapore, Indonesia, Macao (China), Laos, Malaysia, United Arab Emirates, Kazakhstan, Thailand, Vietnam, Republic of Korea, Cambodia, etc.; Hong Kong (China) accounted for 87.3% of the stock in Asia.

The stock in **Latin America** was $436.05 billion, accounting for 19.8%, mainly distributed in the Cayman Islands, the British Virgin Islands, Brazil, Venezuela, Argentina, Peru, Chile, Jamaica, Mexico, Trinidad and Tobago, Ecuador, Panama, etc. Among them, the total stock in the Cayman Islands and the British Virgin Islands amounted to $389.72 billion, accounting for 95.8% of the total FDI stock in Latin America.

The stock in **Europe** was $114.38 billion, accounting for 5.2%, mainly distributed in the Netherlands, United Kingdom, Germany, Luxembourg, Russian Federation, Sweden, France, Switzerland, Italy, Norway, Spain, Ireland, etc. By the end of 2019, the FDI stock in 17 Central and Eastern European countries were $2.84 billion, accounting for 2.5% of the total investment in Europe.

The stock in **North America** was $100.23 billion, accounting for 4.6%, mainly distributed in the United States and Canada.

The stock in **Africa** was $44.39 billion, accounting for 2%, mainly distributed in South Africa, Congo (DRC), Angola, Zambia, Ethiopia, Nigeria, Ghana, Algeria, Zimbabwe, Kenya, Tanzania, Mauritius, Sudan, Mozambique, Egypt, etc.

The stock in **Oceania** was $43.61 billion, accounting for 2%, mainly distributed in Australia, New Zealand, Papua New Guinea, Samoa, Fiji, Vanuatu, etc.

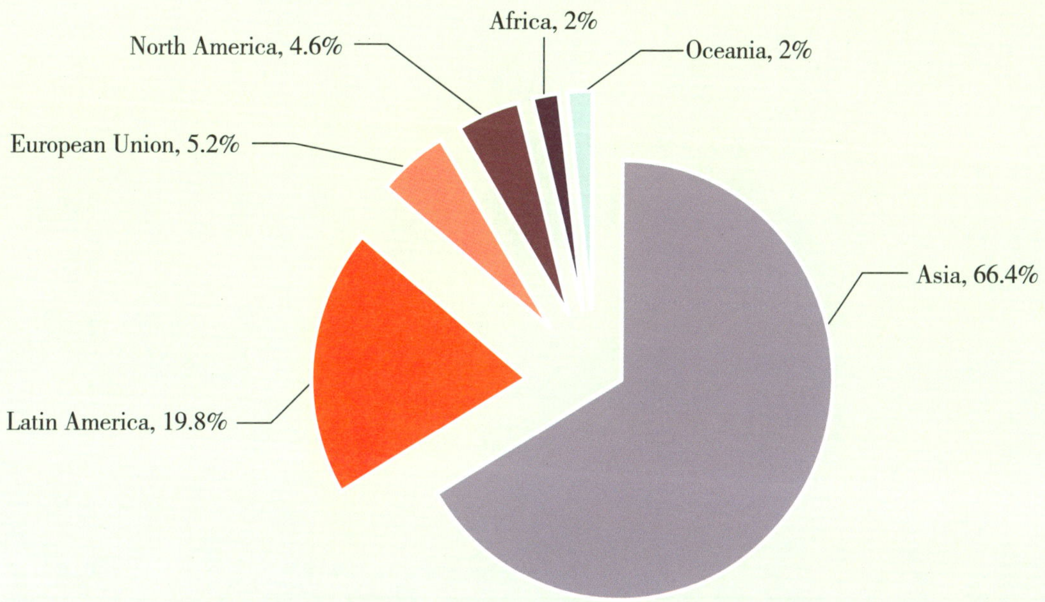

Figure 15 Geographical Distribution of China's Outward FDI Stock, 2019

Nearly 90% of China's outward FDI stock was distributed in developing economies. By the end of 2019, China's investment stock in developing economies reached $1920.6 billion, accounting for 87.3%, of which the stock in Hong Kong (China) amounted to $1275.36 billion, accounting for 66.4% of the investment stock in developing economies; the stock in ASEAN reached $109.89 billion, accounting for 5.7%.

By the end of 2019, China's outward FDI stock in developed economies reached $249.46 billion, accounting for 11.4%. Among them, the stock in EU was $93.91 billion, accounting for 37.6% of the total investment stock in developed economies; the United States received $77.8 billion, accounting for 31.2%; Australia received $38.07 billion, accounting for 15.3%; Canada received $14.09 billion, accounting for 5.7%; Switzerland received $5.66 billion, accounting for 2.3%; Japan received $4.1 billion, accounting for 1.6%; Israel received $3.78 billion, accounting for 1.5%; New Zealand received $2.46 billion, accounting for 1%; Norway received $1.25 billion, accounting for 0.5%.

Table 12 China's Outward FDI Stock in Developed Countries (Regions), by the End of 2019

(Billions of US Dollars)

Economy	Stock	Share (%)
European Union	93.91	37.6
United States	77.80	31.2
Australia	38.07	15.3
Canada	14.09	5.7
Bermuda	8.34	3.3
Switzerland	5.66	2.3
Japan	4.10	1.6
Israel	3.78	1.5
New Zealand	2.46	1.0
Norway	1.25	0.5
Total	**249.46**	**100.0**

By the end of 2019, China's outward FDI stock in transition economies[⑦] reached $28.82 billion, accounting for 1.3% of the total stock. Among them, the Russian Federation received $12.8 billion, accounting for 44.4% of the total stock in transition economies; Kazakhstan received $7.25 billion, accounting for 25.2%; Uzbekistan received $3.25 billion, accounting for 11.3%; Tajikistan received $1.95 billion, accounting for 6.8%; Kyrgyzstan received $1.55 billion, accounting for 5.4%; Georgia received $0.67 billion, accounting for 2.3%; Belarus received $0.65 billion, accounting for 2.3%; Turkmenistan received $0.23 billion, accounting for 0.8%.

⑦ Transition economies include Southeast Europe, CIS and Georgia. Southeast Europe includes Albania, Bosnia and Herzegovina, Serbia, Montenegro, and the Republic of Northern Macedonia; CIS includes: Armenia, Azerbaijan, Belarus, Kyrgyzstan, Moldova, Russian Federation, Ukraine, Tajikistan, Kazakhstan, Turkmenistan, Uzbekistan.

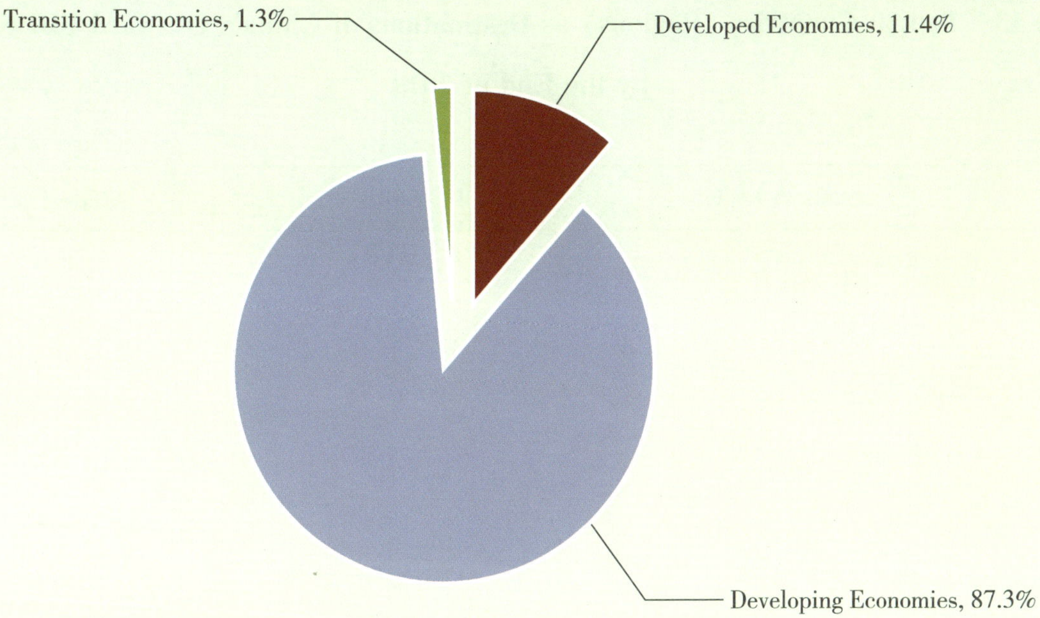

Figure 16 Composition of China's Outward FDI Stock in Economies, by the End of 2019

By the end of 2019, the stock in the top 20 countries (regions) in terms of China's outward FDI stock totaled $20308.7 billion, which accounted for 92.4% of China's outward FDI stock. They are Hong Kong (China), the Cayman Islands, the British Virgin Islands, the United States, Singapore, Australia, the Netherlands, the United Kingdom, Indonesia, Germany, Canada, Luxembourg, the Russian Federation, Macao (China), Sweden, Bermuda, Laos, Malaysia, United Arab Emirates and Kazakhstan.

By the end of 2019, China's outward FDI stock in countries along the "Belt and Road" amounted to $179.47 billion, accounting for 8.2% of China's outward FDI stock. The top ten countries in terms of the stock were Singapore, Indonesia, Russian Federation, Laos, Malaysia, United Arab Emirates, Kazakhstan, Thailand, Vietnam and Cambodia.

Table 13 Top 20 Countries (Regions) as Destinations of China's Outward FDI Stock, by the End of 2019

(Billions of US Dollars)

No.	Country (Region)	Stock	Share (%)
1	Hong Kong (China)	1275.36	58.0
2	Cayman Islands	276.15	12.6
3	British Virgin Islands	141.88	6.5
4	United States	77.80	3.5
5	Singapore	52.64	2.4
6	Australia	38.07	1.7
7	Netherlands	23.85	1.1
8	United Kingdom	17.14	0.8
9	Indonesia	15.13	0.7
10	Germany	14.23	0.7
11	Canada	14.09	0.6
12	Luxembourg	13.90	0.6
13	Russian Federation	12.80	0.6
14	Macao (China)	9.85	0.4
15	Sweden	8.58	0.4
16	Bermuda	8.34	0.4
17	Laos	8.25	0.4
18	Malaysia	7.92	0.4
19	United Arab Emirates	7.64	0.3
20	Kazakhstan	7.25	0.3
	Total	**2030.87**	**92.4**

2.2.3 Industrial distribution.

(1) **Distribution in national economy industries**

By the end of 2019, China's outward FDI covered all sectors of the national economy, and there were six industries with a stock size of over $100 billion.

The leasing and business services industry topped the list with $734.08 billion, accounting for 33.4% of China's outward FDI stock, including foreign investment activities focusing on investment holding, which were mainly distributed in Hong Kong (China), the British Virgin Islands, the Cayman Islands, Singapore, the United States, Australia, the United Kingdom, etc.

The wholesale and retail industry ranked second with $295.54 billion, accounting for 13.5%.

The **financial sector** ranked third with $254.53 billion, accounting for 11.6%.

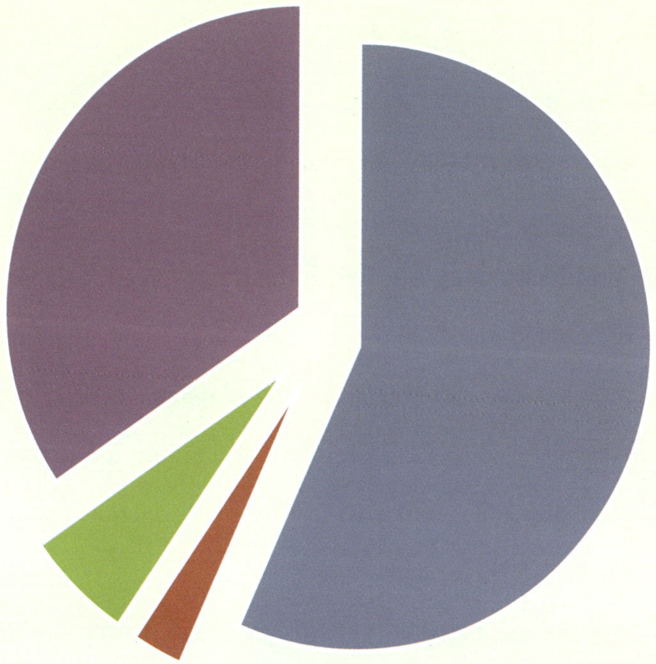

Figure 17 Composition of China's Outward FDI Stock in the Financial Sector, by the End of 2019

The information transmission/software and information technology services sector received $202.21 billion, accounting for 9.2%, and was the area with high concentration from outward investment by Chinese natural persons.

The manufacturing industry received $200.14 billion, accounting for 9.1%. The stock were mainly distributed in automobile manufacturing, computer, communications and other electronic equipment manufacturing, chemical raw materials and chemical products manufacturing, special equipment manufacturing, metal products, non-metallic mineral products and other manufacturing fields. Among them, the stock in the equipment manufacturing industry was $103.56 billion, accounting for 51.7% of the investment stock in the manufacturing industry.

The mining industry received $175.4 billion, accounting for 8%. The stock was mainly distributed in oil and natural gas mining, non-ferrous metal mining, ferrous metal mining, coal mining and other fields.

The total stock in the above six industries were $1861.89 billion, accounting for 84.8% of China's outward FDI stock. The distribution of other major industries was as follows:

The real estate industry received $77.61 billion, accounting for 3.5%.

The transportation/storage and postal services sector received $76.53 billion, accounting for 3.5%, mainly distributed in water transportation, multimodal transportation and transportation agency, air transportation, pipeline transportation, etc.

The scientific research and technology services industry received $46.01 billion, accounting for 2.1% of the total, mainly distributed in science and technology promotion and application services, professional technical services, research, experiment and development, etc.

The construction industry received $42.23 billion, accounting for 1.9% of the total investment, mainly distributed in housing construction, civil engineering, construction installation, building decoration and other construction industries.

The production and supply of electricity/heat/gas and water industry received $33.06 billion, accounting for 1.5%, mainly distributed in electricity production and supply industry.

The agriculture/forestry/animal husbandry and fishery industry received $19.67 billion, accounting for 0.9% of the total, of which 28.7%, 18.5%, 8.2%, 4.8% fell under agriculture, forestry, fishery and animal husbandry respectively. The professional and auxiliary activities in agriculture/forestry/animal husbandry and fishery accounted for 39.8%.

The resident services/repairs and other services industry received $13.6 billion, accounting for 0.6%. Most of the stock was in other services and resident services.

The culture/sports and entertainment industry received $12.63 billion, accounting for 0.6% of the total.

The hotel and catering industry received $4.92 billion, accounting for 0.2% of the total.

The education sector received $4.29 billion, accounting for 0.2% of the total.

The water conservancy/environment and public facility management industry received $3.3 billion, accounting for 0.1%.

The health and social work sector received $3.13 billion, accounting for 0.1%.

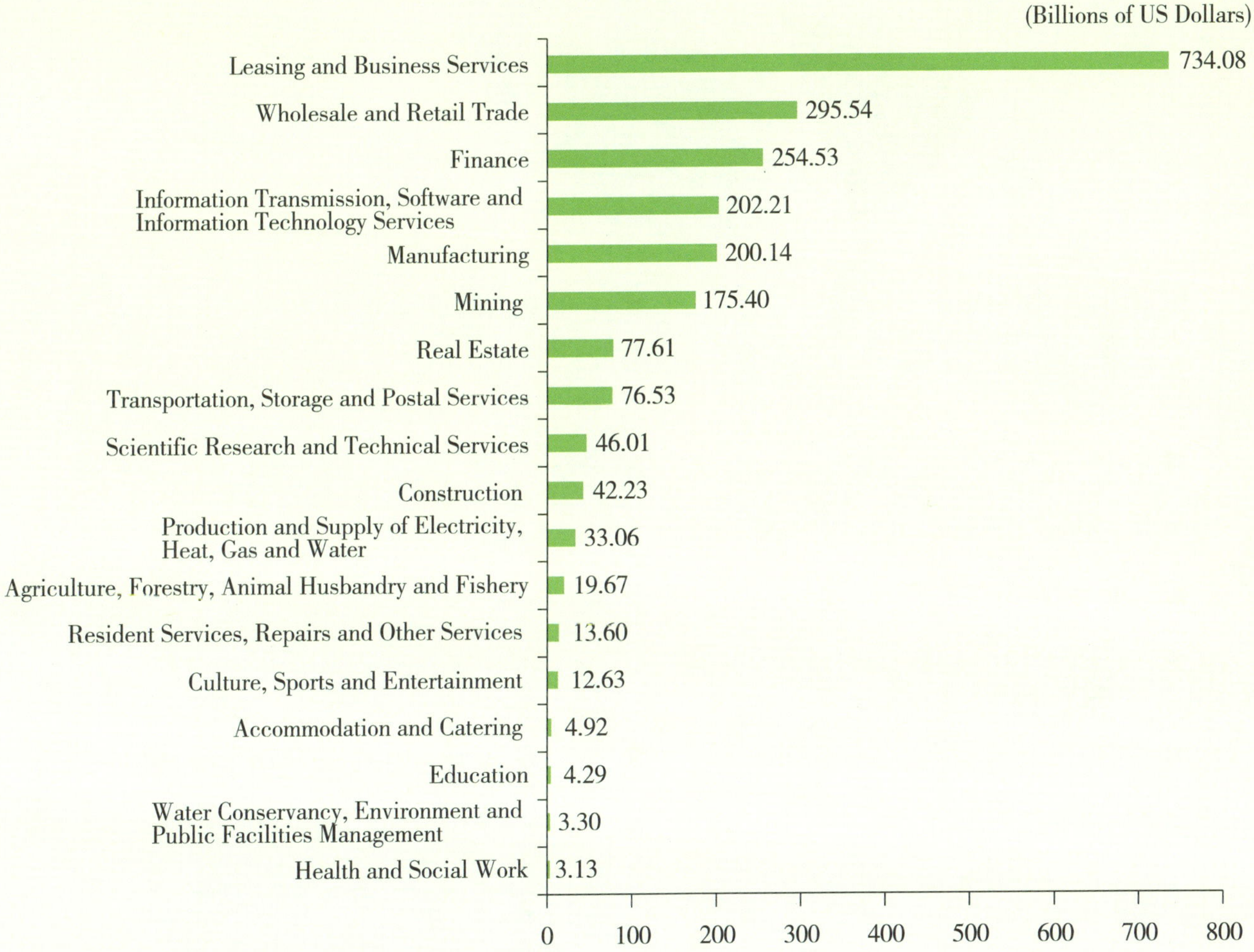

Figure 18 Industrial Distribution of China's Outward FDI Stock, by the End of 2019

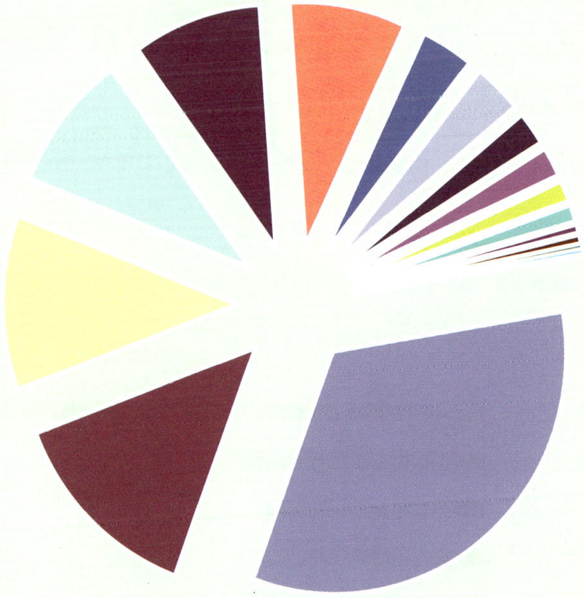

- Leasing and Business Services, 33.4%
- Wholesale and Retail Trade, 13.5%
- Finance, 11.6%
- Information Transmission/Software and Information Technology Services, 9.2%
- Manufacturing, 9.1%
- Mining, 8.0%
- Transportation/Storage and Postal Services, 3.5%
- Real Estate, 3.5%
- Scientific Research and Technical Services, 2.1%
- Construction, 1.9%
- Production and Supply of Electric Power/Thermal Power/Gas and Water, 1.5%
- Agriculture/Forestry/Animal Husbandry and Fishery, 0.9%
- Culture/Sports and Entertainment, 0.6%
- Resident Services/Repair and Other Services, 0.6%
- Education, 0.2%
- Accommodation and Catering, 0.2%
- Health and Social Work, 0.1%
- Water Conservancy/Environment and Public Facilities Management, 0.1%

Figure 19 Industrial Weightings of China's Outward FDI Stock, by the End of 2019

Locational distributions of industries show that the industries that received China's direct investment in each region were highly concentrated.

Table 14 Top 5 Industries of China's Outward FDI Stock in Each Continent, by the End of 2019

(Billions of US Dollars)

Continent	Industry	Stock	Share (%)
Asia	Leasing and Business Services	605.94	41.5
	Wholesale and Retail Trade	219.75	15.0
	Finance	186.46	12.8
	Manufacturing	120.02	8.2
	Mining	80.67	5.5
	Subtotal	**1212.84**	**83.0**
Africa	Construction	13.59	30.6
	Mining	11.02	24.8
	Manufacturing	5.59	12.6
	Finance	5.24	11.8
	Leasing and Business Services	2.49	5.6
	Subtotal	**37.94**	**85.4**
Europe	Manufacturing	37.80	33.1
	Mining	21.18	18.5
	Finance	17.27	15.1
	Leasing and Business Services	11.66	10.2
	Wholesale and Retail Trade	5.83	5.1
	Subtotal	**93.76**	**82.0**
Latin America	Information Transmission/Software and Information Technology Services	156.10	35.8
	Leasing and Business Services	99.15	22.7
	Wholesale and Retail Trade	60.63	13.9
	Finance	26.65	6.1
	Mining	25.70	5.9
	Subtotal	**368.24**	**84.4**
North America	Manufacturing	21.45	21.4
	Mining	18.58	18.5
	Finance	14.23	14.2
	Leasing and Business Services	10.63	10.6
	Information Transmission/Software and Information Technology Services	7.79	7.8
	Subtotal	**72.68**	**72.5**
Oceania	Mining	20.93	48.0
	Finance	4.68	10.7
	Leasing and Business Services	4.21	9.6
	Realestate	3.74	8.6
	Manufacturing	2.50	5.7
	Subtotal	**36.04**	**82.6**

(2) **Distribution in three industries**

By the end of 2019, 79.6% of China's outward FDI stock was concentrated in the tertiary industry (i. e. service industry), with the amount of $1750.11 billion, mainly distributed in the leasing and business services, wholesale and retail trade, finance, Information transmission/software and information technology services, real estate, transportation, storage, etc. The secondary industry received $436.93 billion, accounting for 19.9% of China's outward FDI stock. Among them, the manufacturing industry (excluding metal products, machinery and equipment repair industry) received $196.18 billion, accounting for 44.9% of the secondary industry; the mining industry (excluding mining auxiliary activities) received $165.45 billion, accounting for 37.9%; the construction industry received $42.23 billion, accounting for 9.6%; the production and supply of electricity/heat/gas and water sector received $33.06 billion, accounting for 7.6%. The primary industry (the agriculture/forestry/animal husbandry and fishery industry, but excluding agriculture/forestry/animal husbandry and fishery services) received $11.85 billion, accounting for 0.5% of China's outward FDI stock.

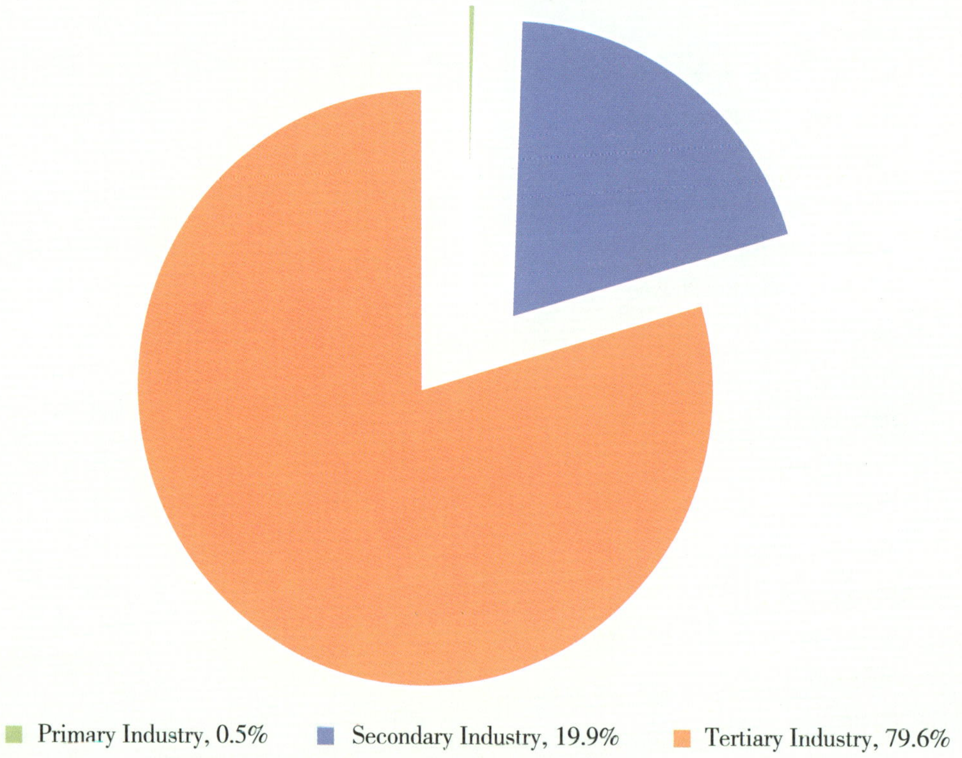

Figure 20 Industrial Distribution of China's Outward FDI Stock in Three Industries, by the End of 2019

2.2.4 Classified by types of industrial and commercial administration registration of domestic investors.

By the end of 2019, among the $1944.35 billion non-financial outward FDI stock, state-owned enterprises accounted for 50.1%, an increase of 2.1 percentage point compared with the previous year; non-state enterprises accounted for 49.9%, including 15.3% of limited liability companies, 9.1% of incorporated companies, 7.6% of private enterprises, 6.9% of self-employed companies, 3.7% of Hong Kong, Macao and Taiwan-invested enterprises, 3.4% of foreign-invested enterprises, 0.4% of joint-stock cooperative enterprises and 0.4% of collective enterprises, others accounted for 3.1%.

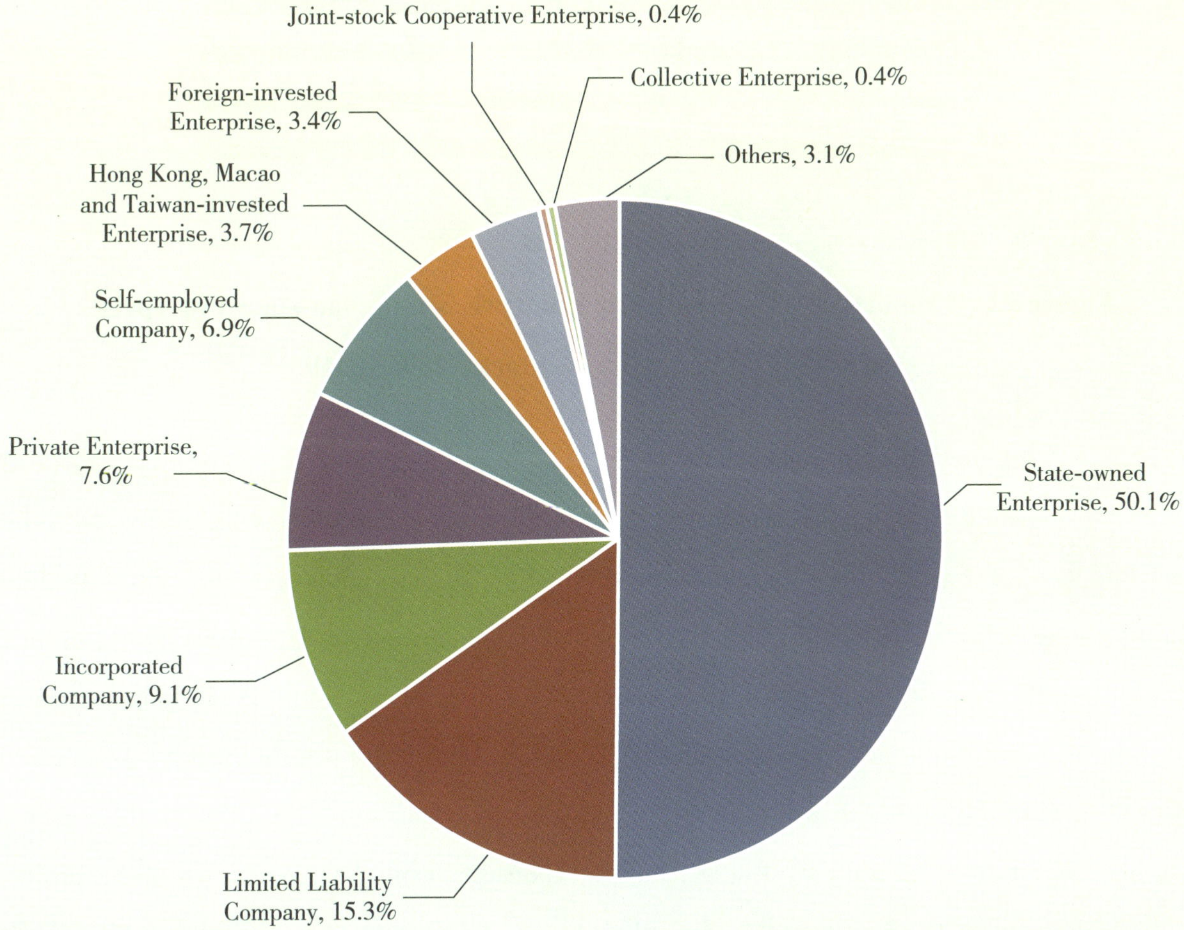

Figure 21 Distribution of China's Non-financial Outward FDI Stock, by Registration Types of Domestic Investor, by the End of 2019

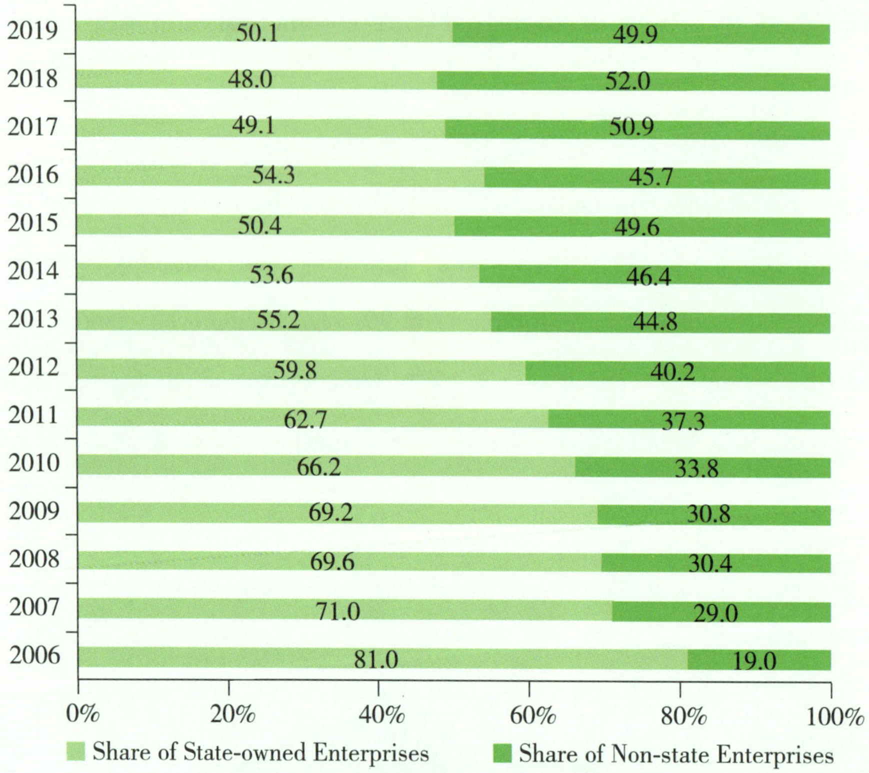

Figure 22 Proportions of state-owned Enterprises and Non-state Enterprises in China's Outward FDI Stock, 2006-2019

2.2.5 Distribution of provinces and cities.

By the end of 2019, non-financial outward FDI stock by local enterprises reached $785.55 billion, accounting for 40.4% of China's total non-financial outward FDI stock. Among them, $640.94 billion came from eastern China, accounting for 81.6%; $66.91 billion came from western China, accounting for 8.5%; $56.13 billion came from central China, accounting for 7.1%; $21.57 billion came from three provinces in northeastern China, accounting for 2.8%. Guangdong was the largest province as the source of outward FDI stock with $178.38 billion, followed by Shanghai with $130.33 billion, and Beijing, Zhejiang, Shandong, Jiangsu, Tianjin, Fujian, Hainan, Henan, etc. Among the five cities separately listed on the state plan, Shenzhen ranked first with $119.26 billion, accounting for 66.9% of Guangdong's outward FDI stock, while Qingdao ranked second with $19.55 billion, accounting for 31.3% of Shandong's stock.

Table 15 Top 10 Provinces (Municipalities) as Sources of China's Outward FDI Stock, by the End of 2019

(Billions of US Dollars)

No.	Province (Municipality)	Stock
1	Guangdong	178. 38
2	Shanghai	130. 33
3	Beijing	73. 69
4	Zhejiang	65. 90
5	Shandong	62. 40
6	Jiangsu	54. 50
7	Tianjin	27. 93
8	Fujian	19. 01
9	Hainan	16. 99
10	Henan	15. 45
	Total (accounting for 82. 1% of China's local outward FDI stock)	**644. 57**

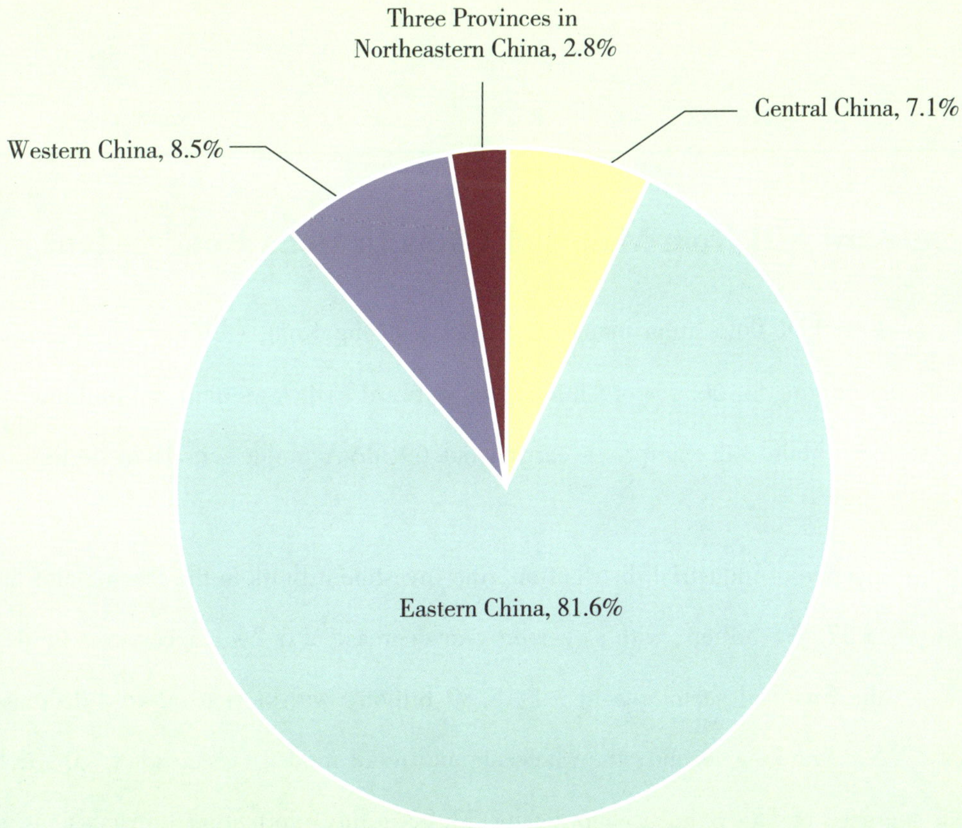

Figure 23 Regional Weightings of China's Outward FDI Stock by Local Enterprises, by the End of 2019

3. China's Outward FDI to Major Economies in the World

Table 16 China's Outward FDI to Major Economies in the World, 2019

(Billions of US Dollars)

Economy	Flows			Stock	
	Amount	Year-on-Year Growth Rate (%)	Share (%)	Amount	Share (%)
Hong Kong (China)	90.550	4.2	66.1	1275.355	58.0
ASEAN	13.024	-4.9	9.5	109.891	5.0
European Union	10.699	20.7	7.8	93.912	4.3
United States	3.807	-49.1	2.8	77.798	3.5
Australia	2.087	5.1	1.5	38.068	1.7
Russian Federation	-0.379	-152.3	-0.3	12.804	0.6
Total	**119.788**	**0.1**	**87.5**	**1607.828**	**73.1**

3.1 Outward FDI from Mainland China to Hong Kong (China)

In 2019, outward FDI flows from mainland China to Hong Kong (China) increased by 4.2% to $90.55 billion, accounting for 66.1% of China's total outward FDI flows that year and more than 80% of the total flows to Asia. Mainland enterprises carried out 69 M&A projects in Hong Kong, amounting to $2.18 billion.

From the perspective of industrial distribution, the investment flows to the leasing and business services industry were $37.498 billion, with a year-on-year decrease of 6.2%, accounting for 41.4%, ranking first; flows to the financial sector reached $15.89 billion, with a year-on-year decrease of 5.2%, accounting for 17.5%, ranking second; the wholesale and retail industry received $13.502 billion, with a year-on-year increase of 153.8%, accounting for 14.9%; the information transmission, software and information technology service industry received $6.151 billion, with a year-on-year increase of 65.2%, accounting for 6.8%; flows to the mining industry amounted to $4.349 billion, with a year-on-year increase of 36. 9%, accounting for 4. 8%; the real estate industry received $2. 96 billion, with a year-on-year growth of 59. 2%, accounting for 3. 3%; the transportation/storage and postal services industry received $2. 437 billion, with a year-on-year decrease of 27. 6%, accounting for 2. 7%.

By the end of 2019, mainland China had established almost 14 thousand FDI enterprises in Hong Kong (China), with a stock of $1275. 355 billion, accounting for more than half of China's total outward FDI stock and 87. 3% of the stock in Asia. In terms of industrial distribution, the leasing and business services sector received $584. 304 billion, accounting for 45. 8% of the total; the wholesale and retail trade industry received $196. 401 billion, accounting for 15. 4%; the financial sector received $165. 03 billion, accounting for 12. 9%; the manufacturing industry received $81. 404 billion, accounting for 6. 4%; the real estate industry received $62. 269 billion, accounting for 4. 9%; the mining industry received $58. 393 billion, accounting for 4. 6%; the transportation/storage and postal services industry received $49. 977 billion, accounting for 3. 9%; the information transmission, software and information technology service industry received $30. 93 billion, accounting for 2. 4%; the production and supply of electricity/heat/gas and water sector received $13. 252 billion, accounting for 1. 0%; the resident services/repairs and other services sector received $9. 791 billion, accounting for 0. 8%; the scientific research and technical services sector received $6. 299 billion, accounting for 0. 5%; the construction industry accounted for 0. 5%; the culture/sports and entertainment industry accounted for 0. 4%; other industries accounted for 0. 5%.

Table 17 Industrial Distribution of Outward FDI from Mainland China to Hong Kong (China), 2019

(Millions of US Dollars)

Industry	Flows	Share (%)	Stock	Share (%)
Leasing and Business Services	37,498.47	41.4	584,303.77	45.8
Wholesale and Retail Trade	13,501.82	14.9	196,401.26	15.4
Finance	15,889.58	17.5	165,029.81	12.9
Manufacturing	1,886.79	2.1	81,404.45	6.4
Realestate	2,961.45	3.3	62,269.27	4.9
Mining	4,348.85	4.8	58,392.82	4.6
Transportation/Storage and Postal Services	2,436.59	2.7	49,976.84	3.9
Information Transmission/Software and Information Technology Services	6,151.21	6.8	30,929.57	2.4
Production and Supply of Electricity/Heat/Gas and Water	2,040.49	2.3	13,252.21	1.0
Resident Services, Repairs and Other Services	1,262.98	1.4	9,791.38	0.8
Scientific Research and Technical Serviccs	1,011.55	1.1	6,299.17	0.5
Construction	455.7	0.5	5,962.09	0.5
Culture/Sports and Entertainment	591.28	0.7	4,705.56	0.4
Agriculture/Forestry/Animal Husbandry and Fishery	190.58	0.2	2,693.28	0.2
Health and Social Work	149.26	0.2	1,717.31	0.1
Others	173.48	0.1	2,226.39	0.2
Total	**90,550.06**	**100.0**	**1,275,355.18**	**100.0**

3.2 China's Outward FDI in ASEAN

In 2019, China's outward FDI flows to ASEAN amounted to $13.024 billion, a year-on-year decrease of 4.9%, accounting for 9.5% of the total flows of the year and 11.8% of the total flows to Asia. The year-end stock was $109.891 billion, accounting for 5% of the total stock and 7.5% of the stock in Asia. By the end of 2019, China had set up more than 5.6 thousand FDI enterprises in ASEAN, employing nearly 500 thousand foreign employees.

In terms of the industrial distribution of China's outward FDI flows, the first target industry for investment was manufacturing industry which received $5.671 billion, with a year-on-year growth of 26.1% and accounting for 43.5% of the total, mainly to Indonesia, Thailand, Vietnam, Malaysia and Singapore. The wholesale and retail trade industry ranked second with $2.269 billion, a year-on-year decrease of 34.7%, accounting for 17.4%, mainly to Singapore. The leasing and business services sector ranked third with $1.189 billion, with a year-on-year decrease of 20.8%, accounting for 9.1%, mainly to Singapore, Laos and Indonesia. Flows to the production and supply of electricity/heat/gas and water industry increased by 4.4% to $898 million, accounting for 6.9%, mainly to Vietnam, Indonesia, Cambodia and Laos. The financial sector received $796 million, with a year-on-year increase of 8.5%, accounting for 6.1%, mainly to Singapore, Thailand, Indonesia, Cambodia, etc. The agriculture/forestry/animal husbandry and fishery received $564 million, a year-on-year decrease of 3.9%, accounting for 4.3%, mainly to Laos and Singapore. The construction industry received $474 million, with a year-on-year increase of 48.1%, accounting for 3.6%, mainly to Cambodia, Malaysia, Laos, Myanmar and Indonesia. The transportation, storage, and postal services industry received $421 million, a year-on-year decrease of 49%, accounting for 3.2%, mainly to Singapore and Laos. The scientific research and technology services sector received $213 million, up 16.7% year-on-year, accounting for 1.6%, mainly to Singapore, Malaysia and Thailand.

In terms of the country distribution of China's outward FDI flows, Singapore ranked first with $4.826 billion, a year-on-year decrease of 24.7%, accounting for 37.1% of the total flows to ASEAN, mainly invested in wholesale and retail trade industry, leasing and business services industry, manufacturing industry, financial sector, etc.; followed by Indonesia with $2.223 billion, with a year-on-year increase of 19.2%, accounting for 17.1%, mainly invested in manufacturing, production and supply of electricity/heat/gas and water industry, mining industry, etc. Vietnam ranked third with $1.649 billion, a year-on-year increase of 43.3%, accounting for 12.7%, mainly invested in manufacturing industry, production and supply of electricity/heat/gas and water industry, etc.

In terms of the industrial structure of China's outward FDI stock, $26.599 billion was invested in manufacturing, accounting for 24.2%, mainly distributed in Indonesia, Vietnam, Malaysia, Thailand, Singapore, Cambodia, Laos, etc. The leasing and business services industry received $18.852 billion, accounting for 17.2%, mainly distributed in Singapore, Indonesia, Laos, etc. The wholesale and retail trade industry received $17.811 billion, accounting for 16.2%, mainly distributed in Singapore, Malaysia, Thailand, Indonesia, etc. The production and supply of electricity/heat/gas and water sector received $9.499 billion, accounting for 8.6%, mainly distributed in Singapore, Myanmar, Indonesia, Cambodia, Laos, etc. The construction industry received $7.908 billion, accounting for 7.2%, mainly distributed in Cambodia, Singapore, Malaysia, Indonesia, etc. The mining industry received $7.704 billion, accounting for 7%, mainly distributed in Singapore, Indonesia, Myanmar, etc. The financial sector received $6.885 billion, accounting for 6.3%, mainly distributed in Singapore, Thailand, Indonesia, Malaysia, etc. The agriculture/forestry/animal husbandry and fishery sector received $5.361 billion, accounting for 4.9%, mainly distributed in Singapore, Laos, Cambodia, Indonesia, etc. The transportation/storage and postal services industry received $3.789 billion, accounting for 3.4%, mainly distributed in Singapore and Laos, etc. The real estate industry received $1.608 billion, accounting for 1.5%, mainly distributed in Singapore, Laos, Indonesia, etc. The scientific research and technology services industry received $1.222 billion, accounting for 1.1%, mainly concentrated in Singapore.

In terms of stock, China's outward FDI stock in Singapore ranked first, reaching $52.637 billion, accounting for 47.9% of the total investment in ASEAN, mainly distributed in the leasing and business services industry, wholesale and retail trade industry, finance and manufacturing; followed by Indonesia with $15.133 billion, accounting for 13.8%, mainly distributed in manufacturing, mining, production and supply of electricity/heat/gas and water industry and construction. Laos ranked third with $8.25 billion, accounting for 7.5%, mainly invested in agriculture/forestry/animal husbandry and fishery, manufacturing, production and supply of electric power, thermal power, gas and water industry, transportation/storage and postal services industry.

Table 18 Major Industries of China's Outward FDI to ASEAN, 2019

(Millions of US Dollars)

Industry	Flows	Share (%)	Stock	Share (%)
Manufacturing	5, 670. 65	43. 5	26, 598. 69	24. 2
Leasingand Business Services	1, 189. 12	9. 1	18, 852. 06	17. 2
Wholesale and Retail Trade	2, 268. 96	17. 4	17, 811. 39	16. 2
Production and Supply of Electricity/Heat/Gas and Water	898. 20	6. 9	9, 498. 71	8. 6
Construction	473. 95	3. 6	7, 907. 93	7. 2
Mining	-52. 75	-0. 4	7, 704. 47	7. 0
Finance	795. 97	6. 1	6, 885. 37	6. 3
Agriculture/Forestry/Animal Husbandry and Fishery	563. 65	4. 3	5, 360. 63	4. 9
Transportation/Storage and Postal Services	421. 19	3. 2	3, 789. 40	3. 5
Real Estate	23. 68	0. 2	1, 607. 99	1. 5
Scientific Research and Technical Services	213. 04	1. 6	1, 221. 87	1. 1
Information Transmission/Software and Information technology Services	182. 70	1. 4	1, 188. 88	1. 1
Resident Services, Repairs and Other Services	143. 69	1. 1	490. 06	0. 4
Education	6. 59	0. 1	258. 62	0. 2
Health and Social Work	46. 65	0. 4	226. 25	0. 2
Others	178. 48	1. 5	488. 83	0. 4
Total	**13, 023. 77**	**100. 0**	**109, 891. 15**	**100. 0**

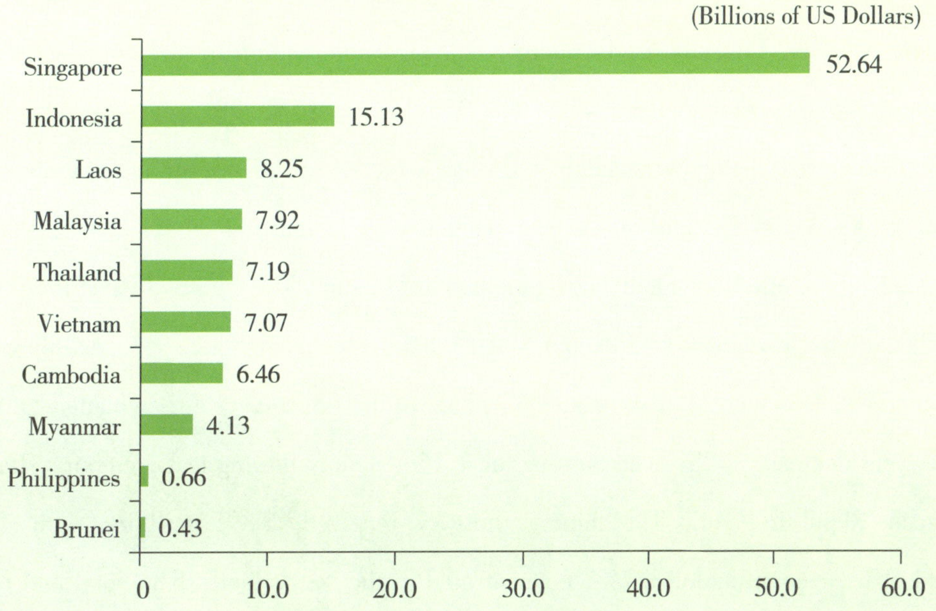

Figure 24 China's Outward FDI Stock in 10 Countries of ASEAN, by the End of 2019

3.3 China's Outward FDI to the European Union

In 2019, China's outward FDI flows to the EU reached \$10.699 billion, up 20.7% year-on-year and accounting for 7.8% of the total flows. By the end of 2019, China had set up more than 3.2 thousand FDI enterprises in the EU, covering all 28 member states of the EU and employing more than 260 thousand foreign employees.

In terms of the country distribution of China's outward FDI flows, the Netherlands ranked first with \$3.893 billion, 3.75 times of previous year, accounting for 36.4% of the investment flows to the EU, mainly invested in manufacturing, information transmission/software and information technology services, mining industry, etc.; followed by Sweden (\$1.916 billion), with a year-on-year increase of 80.1%, accounting for 17.9%, mainly invested in manufacturing, scientific research and technical services, hotel and catering industry, etc.. Germany ranked third with \$1.459 billion, down 0.6% year-on-year, accounting for 13.6%, mainly invested in manufacturing, wholesale and retail trade, finance, etc. In addition, China's outward investment in the United Kingdom also exceeded \$1 billion.

In terms of the overall industrial distribution of China's outward FDI flows, the first target of Chinese enterprises' investment in EU in 2019 was manufacturing, which received \$5.696 billion, with a year-on-year increase of 42%, accounting for 53.2%, mainly flowing to the Netherlands, Sweden, Germany, Italy, Luxemburg, the United Kingdom, Poland, etc.. The second was the leasing and business services industry with \$986 million, with a year-on-year increase of 5.1%, accounting for 9.2%, mainly to the United Kingdom, Cyprus, Luxemburg, Germany, etc.. The information transmission/software and information technology services ranked third with \$850 million, up 88.5% year-on-year, accounting for 7.9%, mainly distributed in the Netherlands and Germany, etc.. The scientific research and technology services industry received \$735 million, with a year-on-year increase of 94.7%, accounting for 6.9%, mainly to Sweden, the United Kingdom, Luxembourg, Italy, etc.. The wholesale and retail trade industry received \$628 million, a year-on-year decrease of 13.8%, accounting for 5.9%, mainly concentrated in the United Kingdom, Germany, Luxemburg, etc.. Flows to the financial sector amounted to \$441 million, with a year-on-year decrease of 28%, accounting for 4.1%, mainly flowing to Luxemburg, Italy, Germany, Hungary, Czech Republic, etc.. The mining industry received \$395 million, with a year-on-year decrease of 24.2%, accounting for 3.7%, concentrated in the Netherlands. The hotel and catering industry received \$351 million, with a year-on-year increase of 14.3%, accounting for 3.3%, mainly concentrated in Sweden. Flows to the real estate industry reached $256 million, with a year-on-Year growth of 2.55 times, accounting for 2.4%, mainly concentrated in the United Kingdom.

By the end of 2019, China's outward FDI stock in the EU reached $93.912 billion, accounting for 4.3% of China's outward FDI stock. The countries with more than $10 billion in stock were still the Netherlands, the United Kingdom, Germany and Luxemburg. Among them, the investment in the Netherlands topped the list, reaching $23.855 billion, accounting for 25.4% of the outward FDI stock in the EU, mainly invested in the mining industry, manufacturing, information transmission, software and information technology services industry, leasing and business services industry, financial sector, etc.; followed by the United Kingdom with $17.144 billion, accounting for 18.3%, mainly invested in the financial sector, leasing and business services industry, manufacturing, wholesale and retail trade industry, etc.. Germany ranked third with $14.234 billion, accounting for 15.2%, mainly invested in manufacturing, finance, leasing and business services, wholesale and retail trade, scientific research and technical services industry.

In terms of the industrial distribution of stock, the manufacturing sector received $30.827 billion, accounting for 32.8%, mainly distributed in Sweden, Germany, the Netherlands, the United Kingdom, Luxembourg, France, Italy, etc.. The financial sector received $16.48 billion, accounting for 17.5%, mainly distributed in the United Kingdom, Luxembourg, Germany, France, etc.. The mining industry received $14.807 billion, accounting for 15.8%, mainly distributed in the Netherlands, Luxemburg, the United Kingdom, Cyprus, etc.. The leasing and business services industry received $11.287 billion, accounting for 12%, mainly distributed in the United Kingdom, Luxemburg, Germany, Cyprus, the Netherlands, France, etc. The wholesale and retail trade industry received $5.3 billion, accounting for 5.6%, mainly distributed in France, the United Kingdom, Luxemburg, Germany, the Netherlands, Italy, Belgium, etc. The information transmission/software and information technology services industry received $3.236 billion, accounting for 3.4%, mainly concentrated in the Netherlands, Germany and the United Kingdom. The scientific research and technology services industry received $3.054 billion, accounting for 3.3%, mainly distributed in Germany, Luxembourg, Sweden, United Kingdom, Italy, Spain, etc.. The production and supply of electricity/heat/gas and water industry received $2.173 billion, accounting for 2.3%, mainly distributed in Luxembourg, Spain, Germany, Italy, etc.. The transportation/storage and postal services industry received $1.764 billion, accounting for 1.9%, mainly distributed in the United Kingdom, Germany, Greece, etc.. The real estate industry received $1.267 billion, accounting for 1. 3%, mainly distributed in the United Kingdom, Germany, Poland, etc.

Table 19 Major Industries of China's Outward FDI to the European Union, 2019

(Millions of US Dollars)

Industry	Flows	Share (%)	Stock	Share (%)
Manufacturing	5, 696. 36	53. 2	30, 826. 80	32. 8
Finance	441. 13	4. 1	16, 479. 91	17. 5
Mining	394. 69	3. 7	14, 806. 89	15. 8
Leasing and Business Services	985. 55	9. 2	11, 287. 17	12. 0
Wholesale and Retail Trade	627. 73	5. 9	5, 299. 66	5. 6
Information Transmission/Software and Information Technology Services	849. 87	7. 9	3, 235. 60	3. 4
Scientific Research and Technical Services	735. 33	6. 9	3, 053. 57	3. 3
Production and Supply of Electricity/Heat/Gas and Water	33. 11	0. 3	2, 173. 30	2. 3
Transportation/Storage and Postal Services	47. 52	0. 4	1, 763. 79	1. 9
Realestate	256. 44	2. 4	1, 266. 99	1. 3
Culture/Sports and Entertainment	20. 06	0. 2	1, 183. 36	1. 3
Hotel and Catering	350. 83	3. 3	950. 09	1. 0
Agriculture/Forestry/Animal Husbandry and Fishery	84. 13	0. 8	787. 31	0. 8
Resident Services, Repairs and Other Services	63. 89	0. 6	391. 19	0. 4
Construction	74. 66	0. 7	174. 14	0. 2
Others	37. 87	0. 4	232. 72	0. 4
Total	**10, 699. 17**	**100. 0**	**93, 912. 49**	**100. 0**

3. 4 China's Outward FDI to the United States

In 2019, China's Outward FDI flows to the United States decreased by 49. 1% from the previous year to $3. 807 billion, accounting for 2. 8% of China's total outward FDI flows that year and 87. 2% of the flows to North America; the outward FDI stock in the United States reached $77. 798 billion, accounting for 3. 5% of China's outward FDI stock and 77. 6% of the stock in North America. By the end of 2019, China had established nearly 5. 5 thousand FDI companies in the United States, employing more than 110 thousand local American employees.

In 2019, China's outward FDI to the United States covered 18 industries of the national economy. In terms of composition, the manufacturing sector received $2.32 billion, with a year-on-year decrease of 24.7%, accounting for 60.9%, and was still the main area of investment by Chinese enterprises. Flows to the Information transmission/software and information technology services industry reached $700 million, 4.5 times of previous year, accounting for 18.4%, ranking second. The wholesale and retail trade sector received $646 million, a year-on-year decrease of 22.2%, accounting for 17%. The construction industry received $287 million, up 42.7% year-on-year, accounting for 7.5%. The mining industry received $256 million, a year-on-year decrease of 50.6%, accounting for 6.7%. The scientific research and technical services industry received $244 million, a year-on-year decrease of 63.4%, accounting for 6.4%. The real estate industry received $148 million, accounting for 3.9%. Flows to the financial sector, the leasing and business service industry, the culture/sports and entertainment industry were all negative.

In terms of the industrial composition of the stock, it was mainly distributed in the manufacturing sector with $19.286 billion, accounting for 24.8%; the financial sector received $11.918 billion, accounting for 15.3%; the leasing and business services industry received $9.405 billion, accounting for 12.1%; the information transmission/software and information technology services industry received $7.599 billion, accounting for 9.8%; the wholesale and retail trade industry received $5.901 billion, accounting for 7.6%; the mining industry received $5.738 billion, accounting for 7.4%; the culture/sports and entertainment industry received $5.621 billion, accounting for 7.2%; the real estate industry received $3.757 billion, accounting for 4.8%; the scientific research and technical services industry received $3.367 billion, accounting for 4.3%; the construction industry accounted for 2.5%; the hotel and catering industry accounted for 1.3%; others accounted for 2.9%.

Table 20 Major Industries of China's Outward FDI to the United States, 2019

(Millions of US Dollars)

Industry	Flows	Share (%)	Stock	Share (%)
Manufacturing	2, 319. 70	60. 9	19, 286. 39	24. 8
Finance	-608. 19	-16. 0	11, 918. 06	15. 3
Leasing and Business Services	-204. 31	-5. 4	9, 404. 58	12. 1
Information Transmission/Software and Information Technology Services	699. 89	18. 4	7, 599. 10	9. 8
Wholesale and Retail Trade	645. 77	17. 0	5, 900. 79	7. 6
Mining	255. 57	6. 7	5, 738. 23	7. 4
Culture/Sports and Entertainment	-101. 02	-2. 7	5620. 85	7. 2
Real Estate	147. 92	3. 9	3, 756. 78	4. 8
Scientific Research and Technical Services	243. 63	6. 4	3, 366. 96	4. 3
Construction	286. 78	7. 5	1, 914. 71	2. 5
Hotel and Csatering	10. 66	0. 3	1, 027. 03	1. 3
Transportation/Storage and Postal Services	47. 01	1. 2	568. 65	0. 7
Production and Supply of Electricity/Heat/Gas and Water	5. 17	0. 1	497. 57	0. 6
Resident Services, Repairs and Other Services	22. 23	0. 6	478. 57	0. 6
Agriculture/Forestry/Animal Husbandry and Fishery	2. 18	0. 1	308. 32	0. 4
Others	33. 69	1. 0	410. 90	0. 6
Total	**3, 806. 68**	**100. 0**	**77, 797. 50**	**100. 0**

3. 5 China's Outward FDI to Australia

In 2019, China's outward FDI flows to Australia amounted to $2. 087 billion, up 5. 1% year-on-year, accounting for 1. 5% of the total flows and over 90% of the total flows to Oceania. From the perspective of industrial distribution, flows mainly concentrated in these sectors: the mining sector received $781 million, accounting for 37. 4%; the leasing and business services industry received $419 million, accounting for 20. 1%; the financial sector received $393 million, accounting for 18. 8%; the manufacturing industry received $309 million, accounting for 14. 8%; the production and supply of electricity/heat/gas and water industry accounted for 2. 9%; the agriculture/forestry/animal husbandry and fishery accounted for 2. 9%.

By the end of 2019, China's investment stock in Australia reached $38. 068 billion, accounting for

1. 7% of China's outward FDI stock and 87. 3% of the stock in Oceania. Nearly 1, 000 overseas enterprises were set up in Australia, employing more than 20 thousand foreign employees. In terms of the industrial distribution of the stock, the mining industry received $19. 361, accounting for 50. 9%; the financial sector received $4. 184 billion, accounting for 11%; the leasing and business services industry received $3. 927 billion, accounting for 10. 3%; the real estate industry received $3. 534 billion, accounting for 9. 3%; the manufacturing industry received $2. 086 billion, accounting for 5. 5%; the agriculture/forestry/animal husbandry and fishery received $1. 056 billion, accounting for 2. 8%; the wholesale and retail trade industry received $916 million, accounting for 2. 4%.

Table 21 Major Industries of China's Outward FDI to Australia, 2019

(Millions of US Dollars)

Industry	Flows	Share (%)	Stock	Share (%)
Mining	780. 84	37. 4	19, 360. 82	50. 9
Finance	393. 28	18. 8	4, 183. 85	11. 0
Leasingand Business Services	419. 11	20. 1	3, 927. 41	10. 3
Realestate	-60. 82	-2. 9	3, 534. 14	9. 3
Manufacturing	309. 04	14. 8	2, 085. 87	5. 5
Agriculture/Forestry/Animal Husbandry and Fishery	59. 91	2. 9	1, 055. 91	2. 8
Wholesale Andretail Trade	29. 12	1. 4	915. 55	2. 4
Transportation/Storage and Postal Services	8. 90	0. 4	898. 93	2. 4
Production and Supply of Electricity/Heat/Gas and Water	61. 22	2. 9	638. 47	1. 7
Health and Social Work	3. 61	0. 2	443. 98	1. 2
Construction	17. 89	0. 9	441. 97	1. 2
Hotel and Catering	14. 72	0. 7	191. 76	0. 4
Scientific Research and Technical Services	7. 88	0. 4	178. 29	0. 4
Others	41. 98	2. 0	211. 43	0. 5
Total	**2, 086. 67**	**100. 0**	**38, 068. 38**	**100. 0**

3. 6 China's Outward FDI to the Russian Federation

In 2019, China's outward FDI flows to the Russian Federation were - $379 million, mainly due to the negative flow of $1. 13 billion in the mining industry. From the perspective of industrial distribution, the investment was mainly concentrated in the agriculture/forestry/animal husbandry and fishery ($258 million), the scientific research and technical services industry ($196 million), the financial sector ($123 million), and the manufacturing industry ($106 million), etc..

By the end of 2019, China's outward FDI stock in the Russian Federation reached $12.804 billion, accounting for 0.6% of China's total outward FDI stock and 11.2% of the stock in Europe. A total of more than 1,000 overseas companies were established in the Russian Federation, hiring nearly 24 thousand foreign employees. In terms of the industrial distribution of the stock, the mining industry received $5.435 billion, accounting for 42.4%; the agriculture/forestry/animal husbandry and fishery industry received $2.832 billion, accounting for 22.1%; the manufacturing industry received $1.621 billion, accounting for 12.7%; the leasing and business services industry received $872 million, accounting for 6.8%; the financial sector received $586 million, accounting for 4.6%; the wholesale and retail trade sector received $367 million, accounting for 2.9%; the scientific research and technical services industry received $359 million, accounting for 2.8%; the real estate industry received $313 million, accounting for 2.5%.

Table 22 Major Industries of China's Outward FDI to the Russian Federation, 2019

(Millions of US Dollars)

Industry	Flows	Stock	Stock Share (%)
Mining	-1,132.24	5,434.56	42.4
Agriculture/Forestry/Animal Husbandry and Fishery	258.39	2,831.71	22.1
Manufacturing	105.53	1,620.83	12.7
Leasing and Business Services	11.83	871.56	6.8
Finance	123.20	585.79	4.6
Wholesale and Retail Trade	29.41	367.43	2.9
Scientific Research and Technical Services	195.54	358.94	2.8
Realestate	-67.00	312.68	2.5
Construction	50.09	234.02	1.8
Information Transmission/Software and Information Technology Services	27.09	82.03	0.6
Transportation/Storage and Postal Services	1.43	67.85	0.5
Production and Supply of Electricity/Heat/Gas and Water	17.08	22.48	0.2
Others	0.42	14.09	0.1
Total	**-379.23**	**12,803.97**	**100.0**

4. Structure of China's Outward Foreign Direct Investors

By the end of 2019, the number of China's outward foreign direct investors (hereinafter referred to as "domestic investors") had reached 27.5 thousand. In terms of the domestic investors' registration types from the state administration for industry and commerce, limited liability companies accounted for 38.4% of the total, with a decrease of 5.1 percentage point, which were still the largest and most active groups in China's outward foreign investment. Private enterprises accounted for 27.4%, ranking second. Incorporated companies accounted for 12.1%. The shares of foreign-invested enterprises, state-owned enterprises, Hong Kong, Macao and Taiwan-invested enterprises, self-employed companies, joint-stock cooperative company, collective enterprises, associated enterprises and other enterprises reached 5.3%, 5%, 3.8%, 2.4%, 1.3%, 0.4%, 0.2% and 3.7%, respectively.

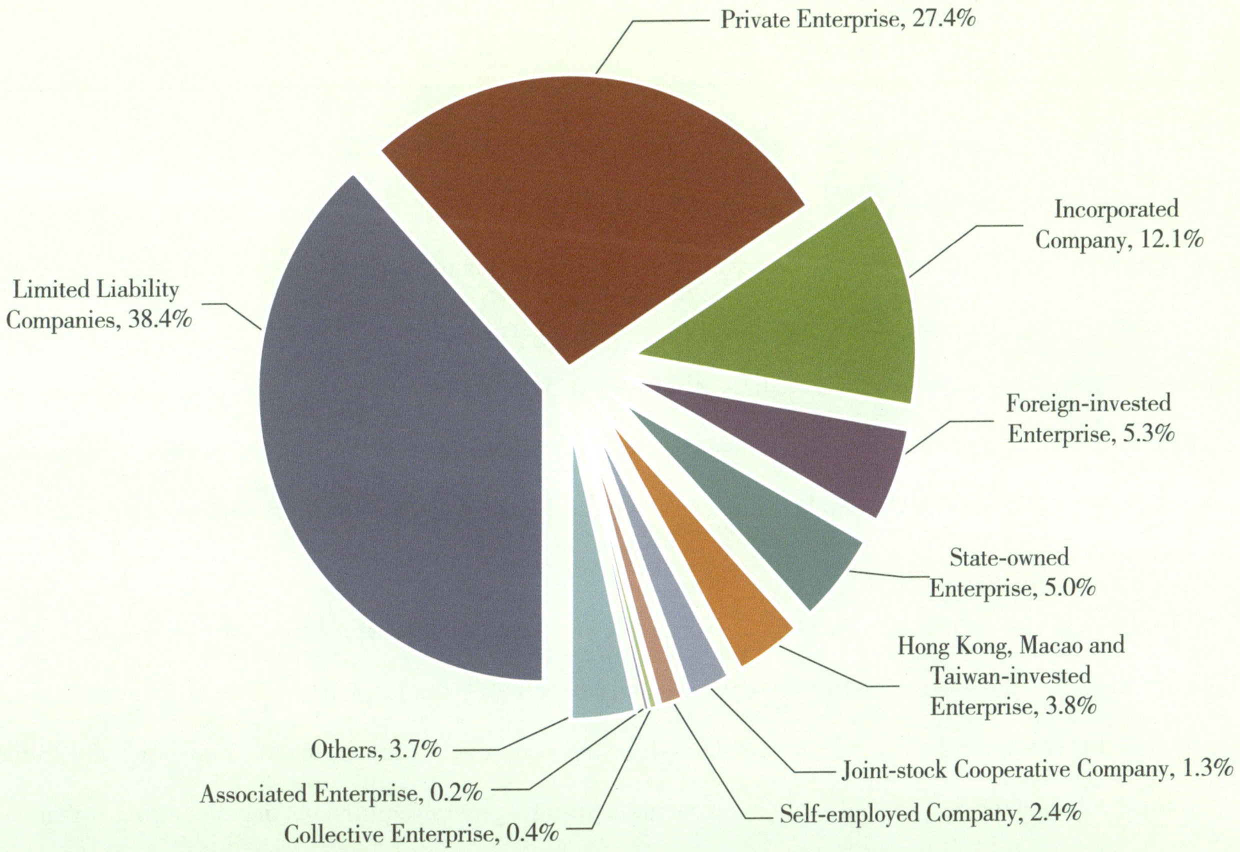

Figure 25 Distribution of Domestic Investors, by Registration Type, by the End of 2019

Table 23 Distribution of Domestic Investors, by Registration Type, by the End of 2019

Type of Business Registration	Number of Firms	Share (%)
Limited Liability Company	10, 554	38. 4
Private Enterprise	7, 532	27. 4
Incorporated Company	3, 316	12. 1
Foreign-invested Enterprise	1, 465	5. 3
State-owned Enterprise	1, 373	5. 0
Hong Kong, Macao and Taiwan-invested Enterprise	1, 044	3. 8
Self-employed Enterprise	659	2. 4
Joint-stock Cooperative Enterprise	365	1. 3
Collective Enterprise	100	0. 4
Associated Enterprise	55	0. 2
Others	1030	3. 7
Total	**27, 493**	**100. 0**

Among the domestic investors, therewere 168 central enterprises and units, accounting for only 0. 6%, while local enterprises from all provinces and cities accounted for 99. 4%. The top ten provinces and cities in terms of the number of domestic investors were Guangdong, Zhejiang, Shanghai, Beijing, Jiangsu, Shandong, Fujian, Liaoning, Tianjin and Sichuan, accounting for 80. 9% of total domestic investors; Guangdong province ranked first with over 6. 5 thousand domestic investors, accounting for 23. 6% of the total. Zhejiang province ranked second with more than 3. 2 thousand domestic investors, accounting for 11. 8%. Shanghai ranked third with almost 2. 9 thousand domestic investors, accounting for 10. 5%.

In terms of the industrial distribution of domestic investors, domestic investors in the manufacturing industry were the most active entities in outward FDI, accounting for more than 30% of domestic investors, and the enterprises were mainly distributed in the computer, communication and other electronic equipment manufacturing, special equipment manufacturing, general equipment manufacturing, pharmaceutical manufacturing, garment and decoration, textile, electrical machinery and equipment manufacturing, chemical raw material and chemical products manufacturing, metal products manufacturing, rubber and plastic manufacturing, automobile manufacturing, etc.. The wholesale and retail industry ranked second, which accounted for 24. 8%. In addition, the leasing and business services sector accounted for 12. 5%; the information transmission/ software and information technology services sector accounted for 7. 5%; the agriculture/forestry/animal husbandry and fishery sector accounted for 3. 9%; the scientific research and technical services sector accounted for 3. 5%; the construction sector accounted for 3. 4%.

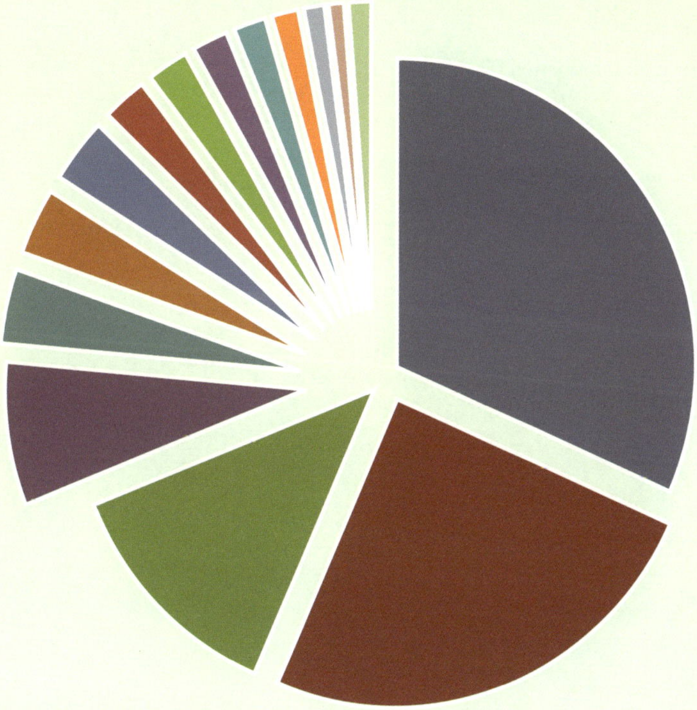

Figure 26 Industrial Distribution of Domestic Investors, by the End of 2019

Table 24 Industrial Distribution of Domestic Investors, by the End of 2019

Industry	Number of Firms	Share(%)
Manufacturing	8,717	31.7
Wholesale and Retail Trade	6,815	24.8
Leasing and Business Services	3,450	12.5
Information Transmission/Software and Information Technology Services	2,058	7.5
Agriculture/Forestry/Animal Husbandry and Fishery	1,071	3.9
Scientific Research and Technical Services	975	3.5
Construction	939	3.4
Transportation/Storage and Postal Services	650	2.4
Real Estate	595	2.2
Mining	523	1.9
Resident Services, Repairs and Other Services	472	1.7
Culture/Sports and Entertainment	393	1.4
Hotel and Catering	306	1.1
Production and Supply of Electricity/Heat/Gas and Water	214	0.8
Others	315	1.2
Total	**27,493**	**100.0**

5. Composition of China's Outward FDI Enterprises

5.1 Country (region) Distribution

By the end of 2019, Chinese domestic investors had established 44 thousand FDI enterprises (hereinafter referred to as "overseas enterprises") in 188 countries (regions), increased by more than 1,000 enterprises compared with the end of the previous year, covering over 80% of the countries and regions in the world. Among them, the coverage rate of overseas enterprises in Asia, Europe, Africa, North America, Latin America and Oceania was 95.7%, 87.8%, 86.7%, 75%, 63.3% and 58.3% respectively.

Table 25 Distribution of Chinese Overseas Enterprises in Different Continents, by the End of 2019

Continent	Number of Countries (Regions) by the End of 2019	Number of Countries (Regions) Covered by China's Overseas Enterprises	Coverage Rate (%)
Asia	48	45	95. 7
Europe	49	43	87. 8
Africa	60	52	86. 7
North America	4	3	75. 0
Latin America	49	31	63. 3
Oceania	24	14	58. 3
Total	**234**	**188**	**80. 7**

Note: 1. Coverage rate refers to the ratio between the number of countries covered by China's FDI enterprises and the total number of countries in the region.

2. The number of Asian countries include China, while the coverage rate does not.

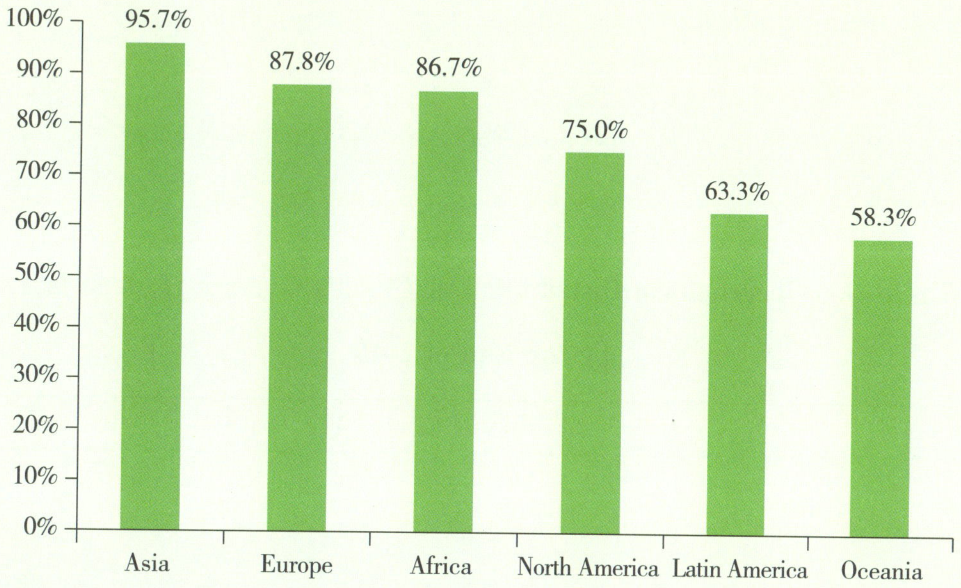

Figure 27 Regional Coverage Rate of China's Overseas Enterprises, by the End of 2019

According to the distribution of overseas enterprises in countries (regions), China established more than 25 thousand overseas enterprises in Asia, accounting for 57. 3% of the total, mainly distributed in Hong Kong (China), Singapore, Japan, Vietnam, Indonesia, Malaysia, Republic of Korea, Thailand,

Laos, Cambodia, India, the United Arab Emirates and Myanmar, etc. The number of overseas enterprises in Hong Kong (China) reached 14 thousand, accounting for 30% of China's overseas enterprises. Hong Kong ranked first in terms of the number of China's overseas enterprises and was the most active region for China's investment.

There were more than 6,000 overseas enterprises in North America, accounting for 13.8%, mainly distributed in the United States and Canada. The number of overseas enterprises set up by Chinese enterprises in the United States is second only to Hong Kong (China).

China established over 4,800 overseas enterprises in Europe, accounting for 11%, mainly distributed in Germany, the Russian Federation, the United Kingdom, the Netherlands, France, Italy, Spain, Belarus, etc..

China established over 3,800 overseas enterprises in Africa, accounting for 8.7%, mainly distributed in Zambia, Ethiopia, Nigeria, Kenya, Tanzania, South Africa, Ghana, Angola, Uganda, etc..

The overseas enterprisesin Latin America amounted to 2,700, accounting for 6.1%, mainly distributed in the British Virgin Islands, the Cayman Islands, Brazil, Mexico, Peru, Ecuador, Chile, Argentina, Venezuela, etc..

Therewere nearly 1,400 China's overseas enterprises in Oceania, accounting for 3.1%, mainly distributed in Australia, New Zealand, Papua New Guinea, Samoa, Fiji, etc..

Table 26 Geographical Distribution of China's Overseas Enterprises, by the End of 2019

Continent	Number of Overseas Enterprises	Share (%)
Asia	25,129	57.3
North America	6,066	13.8
Europe	4,825	11.0
Africa	3,802	8.7
Latin America	2,695	6.1
Oceania	1,367	3.1
Total	**43,884**	**100.0**

By the end of 2019, the top 20 countries (regions) in terms of the number of China's overseas enterprises were Hong Kong (China), the United States, Singapore, Germany, the Russian Federation, Australia, Japan, the British Virgin Islands, Vietnam, Indonesia, Canada, the Cayman Islands, Malaysia, Republic of Korea, Thailand, Laos, Cambodia, India, the United Kingdom and the United Arab Emirates. The total number of China's overseas enterprises located in the above-mentioned countries (regions) exceeded 32 thousand, accounting for 73.8% of China's total overseas enterprises.

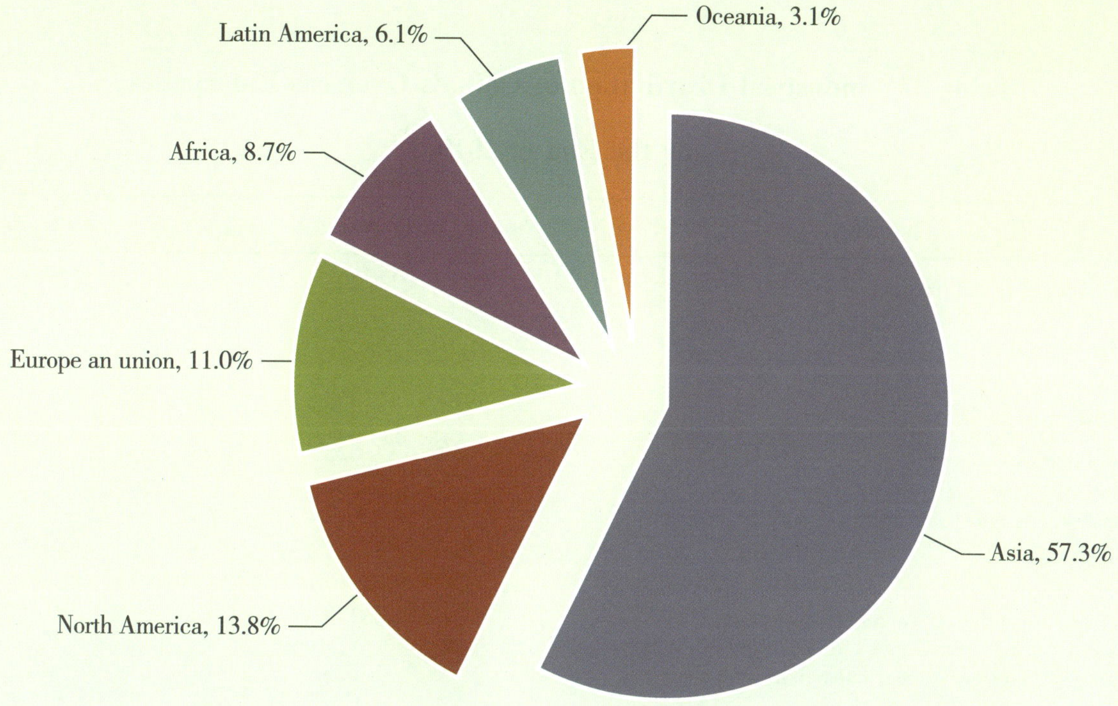

Figure 28 Geographical Distribution of China's Overseas Enterprises, by the End of 2019

5.2 Industrial Distribution

In terms of the industrial distribution of China's overseas enterprises, the wholesale and retail industry, the manufacturing industry, the leasing and business service industry were still the most concentrated industries of overseas enterprises, with an accumulated number of more than 26 thousand, accounting for 60.2% of the total number of overseas enterprises. Among them, nearly 12 thousand overseas enterprises were in the wholesale and retail trade sector, accounting for 27.3% of the total; more than 8,600 enterprises were in the manufacturing sector, accounting for 19.7%; over 5,800 enterprises were in the leasing and business service industries, accounting for 13.2%. In addition, the shares of the enterprises in the construction sector, the information transmission/software and information technology services sector, the scientific research and technical services sector, the agriculture/forestry/animal husbandry and fishery sector, the mining sector, the transportation/storage and postal services sector, the resident services/repairs and other services sector, the real estate sector, and the production and supply of electricity/heat/gas and water sector reached 8.3%, 6.2%, 5%, 4.2%, 3.2%, 2.8%, 2.1%, 1.9% and 1.7%, respectively.

Table 27 Industrial Distribution of China's Overseas Enterprises, by the End of 2019

Industry	Number of Overseas Enterprises	Share (%)
Wholesale and Retail Trade	11,993	27.3
Manufacturing	8,630	19.7
Leasing and Business Services	5,812	13.2
Construction	3,628	8.3
Information Transmission/Software and Information Technology Services	2,731	6.2
Scientific Research and Technical Services	2,179	5.0
Agriculture/Forestry/Animal Husbandry and Fishery	1,829	4.2
Mining	1,401	3.2
Transportation/Storage and Postal Services	1,237	2.8
Resident Services, Repairs and Other Services	936	2.1
Real Estate	820	1.9
Production and Supply of Electricity/Heat/Gas and Water	726	1.7
Finance	591	1.3
Culture/Sports and Entertainment	549	1.3
Hotel and Catering	394	0.9
Education	195	0.4
Water Conservancy/Environment and Public Facility Management	132	0.3
Health and Social Work	101	0.2
Total	**43,884**	**100.0**

5.3 Provincial Distribution

In terms of the affiliations of the overseas non-financial enterprises, local enterprises accounted for 86.4% of the total overseas enterprises, while central enterprises and units accounted for 13.6%. Guangdong, Zhejiang, Jiangsu, Shanghai, Beijing, Shandong, Fujian, Liaoning, Tianjin and Sichuan ranked among the top ten in terms of the number of overseas enterprises, accounting for 69.8% of total overseas enterprises cumulatively. Guangdong had the largest number of overseas companies in China, accounting for 18.6% of the total, while Zhejiang was the second, accounting for 10.8% and Jiangsu ranked third, accounting for 8.7%.

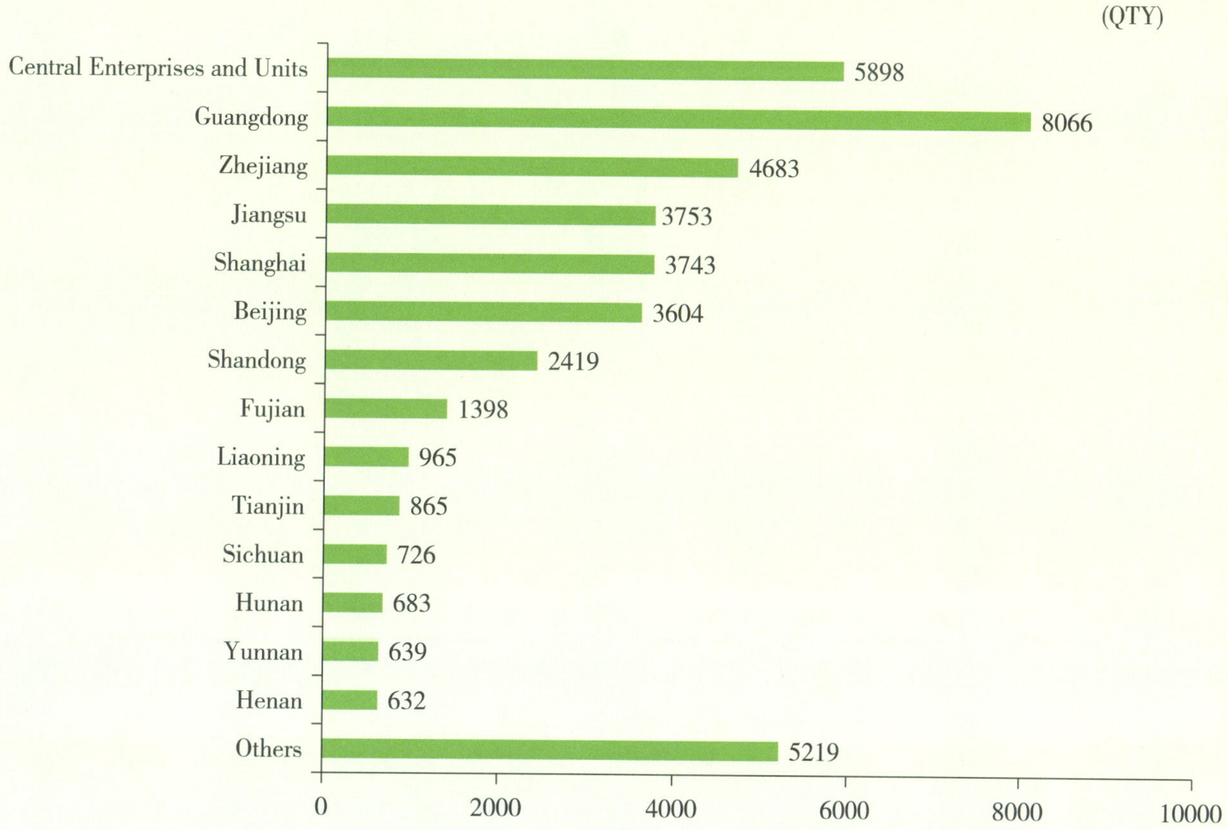

Figure 29 Overseas Enterprises Established by China's Major Provinces and Municipalities, by the End of 2019

6. Annex Tables

Annex Table 1 China's Outward FDI Flows by Country and Region, 2011-2019

(Millions of USD)

Country/Region	2011	2012	2013	2014	2015	2016	2017	2018	2019
Total	**74, 654. 04**	**87, 803. 53**	**107, 843. 71**	**123, 119. 86**	**145, 667. 15**	**196, 149. 43**	**158, 288. 30**	**143, 037. 31**	**136, 907. 56**
Asia	**45, 494. 45**	**64, 784. 94**	**75, 604. 26**	**84, 988. 02**	**108, 370. 87**	**130, 267. 69**	**110, 039. 86**	**105, 504. 88**	**110, 840. 94**
Afghanistan	295. 54	17. 61	-1. 22	27. 92	-3. 26	2. 21	5. 43	-0. 16	24. 08
Bahrian	—	5. 08	-5. 34	—	—	36. 46	36. 96	-2. 35	-0. 34
Bangladesh	10. 32	33. 03	41. 37	25. 02	31. 19	40. 80	99. 03	543. 65	375. 49
Brunei	20. 11	0. 99	8. 52	-3. 28	3. 92	142. 10	71. 36	-15. 09	-4. 05
Cambodia	566. 02	559. 66	499. 33	438. 27	419. 68	625. 67	744. 24	778. 34	746. 25
Cyprus	89. 54	3. 48	76. 34	—	1. 76	5. 25	603. 41	113. 90	82. 42
Hong Kong (China)	35, 654. 84	51, 238. 44	62, 823. 78	70, 867. 30	89, 789. 78	114, 232. 59	91, 152. 78	86, 869. 17	90, 550. 08
India	180. 08	276. 81	148. 57	317. 18	705. 25	92. 93	289. 98	206. 20	534. 60
Indonesia	592. 19	1, 361. 29	1, 563. 38	1, 271. 98	1, 450. 57	1, 460. 88	1, 682. 25	1, 864. 82	2, 223. 08
Iran	615. 56	702. 14	745. 27	592. 86	-549. 66	390. 37	-368. 29	-567. 33	-59. 17
Iraq	122. 44	148. 40	20. 02	82. 86	12. 31	-52. 87	-8. 81	7. 73	887. 09
Israel	2. 01	11. 58	1. 89	52. 58	229. 74	1, 841. 30	147. 37	410. 57	191. 68
Japan	149. 42	210. 65	434. 05	394. 45	240. 42	344. 01	444. 05	468. 41	673. 78
Jordan	0. 18	9. 83	0. 77	6. 74	1. 58	6. 13	15. 16	85. 62	30. 93
Kazakhstan	581. 60	2, 995. 99	811. 49	-40. 07	-2, 510. 27	487. 70	2, 070. 47	118. 35	786. 49
Korea, DPR	55. 95	109. 46	86. 20	51. 94	41. 21	28. 44	1. 29	0. 28	—
Korea, Rep.	341. 72	942. 40	268. 75	548. 87	1, 324. 55	1, 148. 37	660. 80	1, 033. 66	561. 80
Kuwait	42. 00	-11. 88	-0. 59	161. 91	144. 44	50. 55	175. 08	192. 08	-100. 52
Kyrgyzstan	145. 07	161. 40	203. 39	107. 83	151. 55	158. 74	123. 70	100. 16	215. 66
Lao PDR	458. 52	808. 82	781. 48	1, 026. 90	517. 21	327. 58	1, 219. 95	1, 241. 79	1, 149. 08
Lebanon	—	—	0. 68	0. 09	—	—	—	—	—
Macau (China)	202. 88	16. 60	394. 77	596. 10	1, 080. 65	821. 50	-1, 024. 47	810. 67	594. 45
Malaysia	95. 13	199. 04	616. 38	521. 34	488. 91	1, 829. 96	1, 722. 14	1, 662. 70	1, 109. 54
Maldives	—	—	1. 55	0. 72	—	33. 41	31. 95	-1. 55	6. 94
Mongolia	451. 04	904. 03	388. 79	502. 61	-23. 19	79. 12	-27. 89	-457. 13	128. 06
Myanmar	217. 82	748. 96	475. 33	343. 13	331. 72	287. 69	428. 18	-197. 24	-41. 94
Nepal, FDR	8. 58	7. 65	36. 97	45. 04	78. 88	-48. 82	7. 55	51. 22	206. 78

Annex Table 1 Continued 1

(Millions of USD)

Country/Region	2011	2012	2013	2014	2015	2016	2017	2018	2019
Oman	9.51	3.37	-0.74	15.16	10.95	4.62	12.73	51.91	-3.15
Pakistan	333.28	88.93	163.57	1,014.26	320.74	632.94	678.19	-198.73	562.16
Palestine	—	0.02	0.02	—	—	0.20	—	—	—
Philippines	267.19	74.90	54.40	224.95	-27.59	32.21	108.84	58.82	-4.29
Qatar	38.59	84.46	87.47	35.79	140.85	96.13	-26.63	-368.10	29.32
Saudi Arabia	122.56	153.67	478.82	184.30	404.79	23.90	-345.18	383.07	654.37
Singapore	3,268.96	1,518.75	2,032.67	2,813.63	10,452.48	3,171.86	6,319.90	6,411.26	4,825.67
Sri Lanka	81.23	16.75	71.77	85.11	17.47	-60.23	-25.27	7.83	92.80
Syria	-2.08	-6.07	-8.05	9.55	-3.56	-0.69	0.53	-0.01	12.70
Taiwan Prov (China)	11.08	112.88	176.67	183.70	267.12	11.75	226.21	69.33	106.93
Tajikistan	22.10	234.11	72.33	107.20	219.31	272.41	95.01	388.24	69.61
Thailand	230.11	478.60	755.19	839.46	407.24	1,121.69	1,057.59	737.29	1,371.91
Timor-Leste	—	—	1.60	9.73	33.81	55.33	19.52	-10.32	-16.30
Turkey	13.50	108.95	178.55	104.97	628.31	-96.12	190.91	352.82	28.83
Turkmenistan	-383.04	12.34	-32.43	195.15	-314.57	-23.76	46.72	-38.30	-93.15
United Arab Emirates	314.58	105.11	294.58	705.34	1,268.68	-391.38	661.23	1,081.01	1,207.41
Uzbekistan	88.25	-26.79	44.17	180.59	127.89	178.87	-75.75	99.01	-445.83
Viet Nam	189.19	349.43	480.50	332.89	560.17	1,279.04	764.40	1,150.83	1,648.52
Yemen	-9.12	14.07	331.25	5.96	-102.16	-413.15	27.25	10.45	-78.81
Africa	**3,173.14**	**2,516.66**	**3,370.64**	**3,201.93**	**2,977.92**	**2,398.73**	**4,105.00**	**5,389.11**	**2,704.42**
Algeria	114.34	245.88	191.30	665.71	210.57	-99.89	-140.53	178.65	-123.62
Angola	72.72	392.08	224.05	-448.57	57.74	164.49	637.55	270.34	383.24
Benin	0.75	5.06	8.44	7.44	14.76	9.97	1.33	4.80	-19.79
Botswana	21.86	21.10	10.19	52.95	86.08	106.20	-22.20	-4.86	6.82
Burkina Faso	—	—	4.34	4.45	—	0.20	—	0.00	1.26
Burundi	—	1.50	1.09	3.45	2.06	2.39	-0.58	4.06	-1.90
Cameroon	1.87	17.65	57.20	29.74	24.67	114.23	87.99	141.79	-33.69
Cape Verde	—	—	0.13	0.10	—	0.05	—	—	1.24
Central African Republic	2.48	—	1.30	182.24	0.30	0.40	0.42	46.32	0.56
Chad	-12.48	80.68	120.95	83.12	-17.12	-62.26	-23.05	67.77	49.81
Comoros	—	0.50	—	—	—	—	—	0.93	0.13
Congo	6.81	98.80	109.94	238.60	150.08	49.13	284.17	-292.64	94.59
Congo, DR	75.18	344.17	121.27	157.56	213.71	-78.92	340.24	643.01	930.96

Annex Table 1 Continued 2

(Millions of USD)

Country/Region	2011	2012	2013	2014	2015	2016	2017	2018	2019
Cote d'lvoire	0.87	3.61	-4.79	24.26	60.24	56.53	112.69	163.68	85.26
Djibouti	5.66		2.00	9.53	20.33	62.24	104.64	81.06	26.64
Egypt	66.45	119.41	23.22	162.87	80.81	119.83	92.76	221.97	10.96
Equatorial Guinea	12.47	138.84	22.41	33.13	-13.04	-24.91	71.11	3.80	-44.60
Eritrea	3.30	1.96	0.90	1.29	9.91	68.42	-0.13	6.14	-0.57
Ethiopia	72.30	121.56	102.46	119.59	175.29	282.14	181.08	341.25	375.30
Gabon	1.93	30.69	32.10	25.56	48.79	32.43	55.42	-69.54	16.66
Gambia	—	—	—	0.05	—	2.28	2.32	14.43	-4.51
Ghana	40.07	208.49	122.51	72.90	283.22	490.61	44.20	124.25	29.41
Guinea	24.55	64.44	100.13	67.70	-25.72	36.67	286.56	203.17	53.04
Guinea-Bissau	—	—	—	1.72	2.24	0.61	6.23	2.57	—
Kenya	68.17	78.73	230.54	278.39	281.81	29.67	410.10	232.04	10.37
Lesotho	0.03	0.21	—	0.46	0.08	—	—	—	—
Liberia	21.09	12.00	30.34	40.11	98.18	11.14	39.82	14.35	11.20
Libyan Arab Jamahiriya	47.88	-6.68	0.45	0.13	-41.06	-17.05	-176.40	28.23	-129.34
Madagascar	23.10	8.43	15.51	36.76	33.84	-6.55	71.20	55.60	-0.16
Malawi	1.20	10.33	8.25	3.40	0.05	2.40	43.07	1.46	-100.58
Mali	47.58	44.42	108.01	23.39	-34.01	12.95	14.34	-84.04	18.49
Mauritania	19.69	30.87	15.27	-7.33	2.16	108.79	38.07	23.23	-7.46
Mauritius	419.46	57.83	61.07	49.43	154.77	72.33	33.27	178.21	185.89
Morocco	9.11	1.05	7.74	11.44	26.03	10.16	59.86	90.78	-95.16
Mozambique	20.26	230.52	131.89	102.51	68.43	44.25	117.47	545.63	-46.70
Namibia	5.04	25.12	7.05	8.02	17.85	21.68	20.09	-24.82	-1.10
Niger	51.63	-195.94	116.54	-44.61	23.69	-23.56	50.84	115.44	178.36
Nigeria	197.42	333.05	209.13	199.77	50.58	108.50	137.95	194.70	123.27
Republic of South Sudan	0.05	7.80	11.49	-6.82	13.08	2.03	12.21	-13.12	5.49
Rwanda	9.69	5.02	-5.94	14.94	4.06	-9.19	9.88	45.42	17.01
Sao Tome and Principe	—	0.07	—	—	—	—	—	—	0.06
Senegal	0.19	4.47	10.44	7.06	-7.94	19.85	65.41	83.93	-84.88
Seychelles	4.34	53.40	17.69	7.56	49.58	50.41	27.05	227.98	1.98
Sierra Leone	10.75	7.69	40.03	4.92	8.07	-1.80	16.27	3.94	0.76
South Africa	-14.17	-814.91	-89.19	42.09	233.17	843.22	317.36	642.06	338.91

Annex Table 1 Continued 3

(Millions of USD)

Country/Region	2011	2012	2013	2014	2015	2016	2017	2018	2019
Sudan	911.86	-1.69	140.91	174.07	31.71	-689.94	254.87	57.12	-70.78
Tanzania	53.12	119.70	150.64	166.61	226.32	94.57	132.46	177.47	115.58
Togo	9.04	20.59	23.59	6.99	-1.73	2.38	11.43	-6.59	8.28
Tunisia	3.76	-0.65	7.06	0.71	5.64	-3.22	-0.82	5.96	19.96
Uganda	9.91	9.79	60.60	60.50	205.34	121.51	79.04	225.80	143.22
Zambia	291.78	291.55	292.86	424.85	96.55	218.41	305.80	523.73	143.39
Zimbabwe	440.03	287.47	517.53	101.18	46.75	42.95	-107.88	53.83	81.13
Europe	**8,251.08**	**7,035.09**	**5,948.53**	**10,837.91**	**7,118.43**	**10,693.23**	**18,463.19**	**6,588.39**	**10,519.92**
Albania	—	—	0.56	—	—	0.01	0.21	1.72	0.69
Armenia	—	—	—	—	—	—	3.95	19.64	—
Austria	20.22	53.43	0.15	43.71	104.32	191.72	412.19	138.14	32.39
Azerbai jan	17.68	0.34	-4.43	16.83	1.36	-24.66	-0.20	-1.05	0.86
Belarus	8.67	43.50	27.18	63.72	54.21	160.94	142.72	67.73	181.75
Belgium	35.90	98.40	25.78	153.28	23.46	28.35	30.34	5.63	59.85
Bosnia and Herce-govina	0.04	0.06	—	—	1.62	0.85	—	—	12.19
Bulgaria	53.90	54.17	20.69	20.42	59.16	-15.03	88.87	-1.68	2.46
Croatia	0.05	0.05	—	3.55	—	0.22	31.84	22.39	28.69
Czech Republic	8.84	18.02	17.84	2.46	-17.41	1.85	72.95	113.02	60.53
Denmark	5.89	5.14	27.39	57.23	-24.16	125.73	15.21	30.48	60.26
Estonia	—	—	—	—	—	—	0.12	53.22	2.02
Finland	1.56	1.36	8.52	10.42	38.68	36.67	23.47	141.04	34.04
France	3,482.32	153.93	260.44	405.54	327.88	1,499.57	952.15	-75.02	87.22
Georgia	0.80	68.74	109.62	224.35	43.98	20.77	38.46	80.23	56.90
Germany	512.38	799.33	910.81	1,438.92	409.63	2,380.58	2,715.85	1,467.99	1,459.01
Greece	0.43	0.88	1.90	—	-1.37	29.39	28.57	60.30	0.57
Hungary	11.61	41.40	25.67	34.02	23.20	57.46	65.59	94.95	123.15
Iceland	—	—	—	—	—	—	—	0.73	—
Ireland	16.93	48.88	117.02	37.11	14.30	331.93	241.34	75.16	64.28
Italy	224.83	118.58	31.26	113.02	91.01	633.44	424.54	297.61	649.79
Latvia	—	—	—	—	0.45	—	0.08	10.68	—
Liechtenstein	—	—	—	3.63	0.64	3.70	—	—	—
Lithuania	—	1.00	5.51	—	—	2.25	—	-4.47	—
Luxembourg	1,265.00	1,133.01	1,275.21	4,578.37	-11,453.17	1,601.88	1,353.40	2,487.33	685.87
Malta	0.27	—	0.12	1.93	5.03	154.80	1.67	10.11	-1.18

Annex Table 1 Continued 4

(Millions of USD)

Country/Region	2011	2012	2013	2014	2015	2016	2017	2018	2019
Montenegro	—	—	—	—	—	—	16. 65	12. 72	22. 66
Netherlands	167. 86	442. 45	238. 42	1, 029. 97	13, 462. 84	1, 169. 72	-223. 12	1, 038. 34	3, 893. 17
North Macedonia	—	0. 06	—	—	-0. 01	—	—	1. 83	-13. 38
Norway	18. 57	8. 49	196. 29	58. 60	-1, 675. 89	-851. 23	-549. 21	-41. 68	-744. 44
Poland	48. 66	7. 50	18. 34	44. 17	25. 10	-24. 11	-4. 33	117. 83	111. 60
Portugal	—	5. 15	14. 94	3. 87	10. 72	11. 37	1. 04	11. 71	18. 55
Romania	0. 30	25. 41	2. 17	42. 25	63. 32	15. 88	15. 86	1. 57	84. 11
Russian Federation	715. 81	784. 62	1, 022. 25	633. 56	2, 960. 86	1, 293. 07	1, 548. 42	725. 24	-379. 23
Serbia	0. 21	2. 10	11. 50	11. 69	7. 63	30. 79	79. 21	153. 41	33. 60
Slovakia	5. 94	2. 19	0. 33	45. 66	—	—	0. 68	14. 62	-0. 53
Slovenia	—	—	—	—	—	21. 86	0. 39	13. 28	26. 84
Spain	139. 74	46. 24	-145. 75	92. 35	149. 67	125. 41	58. 79	537. 68	114. 91
Sweden	49. 01	285. 22	170. 82	130. 01	317. 19	127. 68	1, 290. 26	1, 063. 95	1, 915. 71
Switzerland	17. 19	8. 64	128. 26	33. 64	246. 77	68. 06	7, 514. 18	-3, 212. 06	678. 25
Ukraine	0. 77	2. 07	10. 14	4. 72	-0. 76	1. 92	4. 75	27. 45	53. 32
United Kingdom	1, 419. 70	2, 774. 73	1, 419. 58	1, 498. 90	1, 848. 16	1, 480. 39	2, 066. 30	1, 026. 64	1, 103. 45
Latin America	**11, 935. 82**	**6, 169. 74**	**14, 358. 95**	**10, 547. 39**	**12, 610. 36**	**27, 227. 05**	**14, 076. 59**	**14, 608. 47**	**6, 394. 07**
Anguilla, British	—	—	—	—	1. 00	5. 84	—	0. 90	-0. 28
Antigua & Barbuda	1. 01	—	—	—	—	0. 40	—	0. 36	—
Argentina	185. 15	743. 25	221. 41	269. 92	208. 32	181. 52	214. 79	141. 13	353. 55
Bahamas	—	—	—	—	—	6. 58	0. 24	2. 80	-1. 32
Barbados	—	0. 81	0. 92	-1. 67	-0. 28	14. 41	16. 10	2. 56	-8. 13
Belize	—	—	0. 35	0. 35	—	—	—	—	—
Bolivia	8. 67	43. 21	14. 40	24. 53	34. 32	55. 38	-26. 28	37. 55	51. 86
Brazil	126. 40	194. 10	310. 93	730. 00	-63. 28	124. 77	426. 27	427. 72	859. 93
Cayman Islands	4, 936. 46	827. 43	9, 253. 40	4, 191. 72	10, 213. 03	13, 522. 83	-6, 605. 96	5, 473. 12	-4, 356. 68
Chile	13. 99	26. 22	11. 79	16. 29	6. 85	216. 96	99. 63	168. 06	605. 72
Colombia	33. 25	83. 51	17. 93	183. 10	3. 70	-2. 84	13. 72	-81. 01	19. 19
Costa Rica	0. 01	—	1. 17	-0. 19	3. 84	1. 36	10. 24	15. 21	6. 79
Cuba	76. 71	-5. 57	-24. 37	-22. 22	42. 43	9. 74	-6. 50	33. 23	-11. 52
Dominica	0. 50	—	0. 30	—	—	—	—	—	—
Dominican	—	—	—	—	—	—	—	—	0. 21
Ecuador	-35. 06	311. 39	470. 60	137. 81	118. 11	77. 89	-131. 10	32. 68	-61. 20
Grenada	0. 00	—	—	—	—	0. 10	0. 11	0. 57	3. 03

Annex Table 1 Continued 5

(Millions of USD)

Country/Region	2011	2012	2013	2014	2015	2016	2017	2018	2019
Guatemala	—	—	—	0.63	—	—	—	—	-0.04
Guyana	0.20	98.84	35.00	4.08	-3.89	6.51	22.51	28.59	-4.44
Honduras	—	—	—	—	—	27.71	—	49.06	4.83
Jamaica	35.45	35.86	4.74	111.32	—	418.64	82.46	156.21	-112.47
Mexico	41.54	100.42	49.73	140.57	-6.28	211.84	171.33	378.45	163.56
Nicaragua	—	—	2.17	1.01	0.55	1.01	0.01	0.13	2.93
Panama	1.16	0.72	187.68	4.81	23.82	37.38	57.74	127.24	3.31
Paraguay	5.57	1.42	0.18	—	—	—	—	0.84	-0.84
Peru	214.25	-49.37	114.60	45.07	-177.76	67.37	98.26	84.81	352.00
St. Lucia	—	—	—	—	0.15	0.75	3.29	—	-0.58
St. Vincent and Grenadines	—	—	—	3.32	3.03	-2.53	3.37	1.22	—
Suriname	—	-33.23	29.00	-16.90	20.09	3.43	52.53	-1.73	40.58
Trinidad and Tobago	0.10	0.19	0.23	36.25	9.15	2.10	12.40	15.17	23.36
Uruguay	0.36	9.50	9.67	1.08	36.15	49.27	-14.22	35.73	1.89
Venezuela	81.77	1,541.76	425.56	116.08	288.30	-99.86	274.48	328.07	-223.76
Virgin Islands, British	6,208.33	2,239.28	3,221.56	4,570.43	1,849.00	12,288.49	19,301.17	7,149.78	8,682.57
North America	**2,481.32**	**4,882.00**	**4,901.01**	**9,207.66**	**10,718.48**	**20,350.96**	**6,498.27**	**8,723.83**	**4,367.13**
Bermuda Islands	115.83	38.99	18.93	707.69	1,126.98	498.65	-248.05	-316.83	87.56
Canada	554.07	795.16	1,008.65	903.84	1,562.83	2,871.50	320.83	1,563.50	472.88
United States	1,811.42	4,047.85	3,873.43	7,596.13	8,028.67	16,980.81	6,425.49	7,477.17	3,806.68
Oceania	**3,318.23**	**2,415.10**	**3,660.32**	**4,336.95**	**3,871.09**	**5,211.77**	**5,105.39**	**2,222.63**	**2,081.08**
Australia	3,165.29	2,172.98	3,457.98	4,049.11	3,401.31	4,186.88	4,241.96	1,985.97	2,006.67
Cook Islands	—	0.12	0.17	-0.27	—	—	—	—	—
Fiji	19.63	68.32	58.32	-37.16	12.40	44.61	17.06	16.23	17.46
Kiribati	—	—	—	—	—	—	—	—	15.42
Marshall Islands	-27.43	—	-12.10	0.00	-56.82	2.60	7.98	12.10	16.84
Micronesia, Fs	-2.89	3.41	0.46	3.39	3.55	—	-14.74	—	0.63
New Zealand	27.89	94.06	190.40	250.02	348.09	905.85	596.61	257.46	11.40
Palau	0.57	—	—	0.51	1.50	0.50	0.08	0.29	0.21
Papua New Guinea	16.65	25.69	43.02	30.37	41.77	-43.68	101.61	-79.04	-64.68
Samoa	117.73	47.59	-77.93	34.84	95.86	109.24	128.40	12.36	-5.30
Solomon Islands	—	—	—	—	—	—	—	—	0.10
Tonga	—	—	—	0.10	0.98	0.35	1.12	0.05	0.21
Vanuatu	0.79	2.93	—	6.04	22.45	5.42	25.32	17.21	2.12

Annex Table 2 China's Outward FDI Stock by Country and Region, 2011-2019

(Millions of USD)

Country/Region	2011	2012	2013	2014	2015	2016	2017	2018	2019
Total	424, 780. 67	531, 940. 58	660, 478. 40	882, 642. 42	1, 097, 864. 59	1, 357, 390. 45	1, 809, 036. 52	1, 982, 265. 85	2, 198, 880. 69
Asia	303, 434. 70	364, 407. 06	447, 408. 28	600, 965. 61	768, 901. 32	909, 445. 47	1, 139, 323. 79	1, 276, 134. 37	1, 460, 221. 56
Afghanistan	465. 13	482. 74	487. 42	518. 49	419. 93	440. 50	403. 64	404. 44	418. 94
Bahrian	1. 02	6. 80	1. 46	3. 76	3. 87	37. 36	74. 37	71. 96	70. 74
Bangladesh	76. 68	117. 25	158. 68	160. 24	188. 43	225. 17	329. 07	870. 23	1, 248. 30
Brunei*	66. 13	66. 35	72. 12	69. 55	73. 52	203. 77	220. 67	220. 45	426. 96
Cambodia*	1, 757. 44	2, 317. 68	2, 848. 57	3, 222. 28	3, 675. 86	4, 368. 58	5, 448. 73	5, 973. 68	6, 463. 70
Cyprus*	90. 90	94. 95	171. 26	107. 17	109. 15	110. 05	718. 69	845. 43	1, 061. 47
Hong Kong (China)*	261, 518. 52	306, 372. 45	377, 093. 14	509, 919. 83	656, 855. 24	780, 744. 89	981, 265. 68	1, 100, 391. 08	1, 275, 355. 18
India*	657. 38	1, 169. 10	2, 446. 98	3, 407. 21	3, 770. 47	3, 107. 51	4, 747. 33	4, 662. 80	3, 610. 09
Indonesia	1, 687. 91	3, 098. 04	4, 656. 65	6, 793. 50	8, 125. 14	9, 545. 54	10, 538. 80	12, 811. 28	15, 132. 55
Iran	1, 351. 56	2, 070. 46	2, 851. 20	3, 484. 15	2, 949. 19	3, 330. 81	3, 623. 50	3, 234. 29	3, 055. 62
Iraq	605. 91	754. 32	317. 06	375. 84	388. 12	557. 81	414. 37	598. 54	1, 377. 52
Israel*	23. 88	38. 46	34. 05	86. 65	317. 18	4, 229. 88	4, 148. 69	4, 619. 98	3, 775. 02
Japan	1, 366. 22	1, 619. 91	1, 898. 24	2, 547. 03	3, 038. 20	3, 184. 01	3, 197. 34	3, 490. 52	4, 098. 05
Jordan*	12. 81	22. 54	23. 43	30. 98	32. 55	39. 49	64. 40	141. 98	311. 73
Kazakhstan	2, 858. 45	6, 251. 39	6, 956. 69	7, 541. 07	5, 095. 46	5, 432. 27	7, 561. 45	7, 341. 08	7, 254. 13
Korea, DPR*	312. 61	422. 36	585. 51	611. 57	625. 00	679. 15	606. 53	566. 01	462. 28
Korea, Rep.*	1, 582. 68	3, 081. 90	1, 963. 08	2, 771. 57	3, 698. 04	4, 237. 24	5, 983. 47	6, 710. 11	6, 673. 40
Kuwait*	92. 86	82. 84	89. 39	345. 91	543. 62	578. 10	936. 23	1, 091. 84	834. 51
Kyrgyzstan	525. 05	662. 19	885. 82	984. 19	1, 070. 59	1, 237. 82	1, 299. 38	1, 393. 08	1, 550. 03
Lao PDR*	1, 276. 20	1, 927. 84	2, 770. 92	4, 490. 99	4, 841. 71	5, 500. 14	6, 654. 95	8, 309. 76	8, 249. 59
Lebanon	2. 01	3. 01	3. 69	3. 78	3. 78	3. 01	2. 01	2. 22	2. 22
Macau (China)	2, 675. 89	2, 929. 27	3, 409. 14	3, 930. 74	5, 739. 12	6, 783. 39	9, 680. 29	8, 865. 78	9, 851. 68
Malaysia*	797. 62	1, 026. 13	1, 668. 18	1, 785. 63	2, 231. 37	3, 633. 96	4, 914. 70	8, 387. 24	7, 923. 69
Maldives	—	—	1. 65	2. 37	2. 37	35. 78	67. 43	74. 77	82. 47
Mongolia	1, 886. 62	2, 954. 03	3, 353. 96	3, 762. 46	3, 760. 06	3, 838. 59	3, 622. 80	3, 365. 07	3, 430. 54
Myanmar*	2, 181. 52	3, 093. 72	3, 569. 68	3, 925. 57	4, 258. 73	4, 620. 42	5, 524. 53	4, 680. 06	4, 134. 45
Nepal, FDR	24. 80	33. 58	75. 31	138. 34	291. 93	247. 05	227. 62	379. 19	538. 66
Oman	29. 38	33. 35	174. 73	189. 72	200. 77	86. 63	99. 04	150. 68	116. 34
Pakistan	2, 162. 99	2, 233. 61	2, 343. 09	3, 736. 82	4, 035. 93	4, 759. 11	5, 715. 84	4, 246. 82	4, 797. 98
Palestine	—	0. 02	0. 04	0. 04	0. 04	0. 23	0. 04	0. 04	—
Philippines*	494. 27	593. 14	692. 38	759. 94	711. 05	718. 93	819. 60	830. 02	664. 09

Annex Table 2 Continued 1

(Millions of USD)

Country/Region	2011	2012	2013	2014	2015	2016	2017	2018	2019
Qatar	130.18	220.66	254.02	353.87	449.93	1,025.65	1,105.49	435.98	458.92
Saudi Arabia*	883.14	1,205.86	1,747.06	1,987.43	2,434.39	2,607.29	2,038.27	2,594.56	2,527.73
Singapore*	10,602.69	12,383.33	14,750.70	20,639.95	31,984.91	33,445.64	44,568.09	50,093.83	52,636.56
Sri Lanka	162.58	178.58	292.65	363.91	772.51	728.91	728.35	468.93	551.47
Syria	14.83	14.46	6.41	14.55	11.00	10.31	10.31	0.87	13.57
Taiwan Prov (China)*	29.35	135.32	349.27	598.62	969.05	982.72	1,272.47	1,351.57	1,254.40
Tajikistan	216.74	476.12	599.41	728.96	909.09	1,167.03	1,616.09	1,944.83	1,946.08
Thailand*	1,307.26	2,126.93	2,472.43	3,079.47	3,440.12	4,533.48	5,358.47	5,946.70	7,185.85
Timor-Leste	7.45	7.45	9.05	15.78	100.28	147.94	174.17	166.68	80.85
Turkey	406.48	502.51	642.31	881.81	1,328.84	1,061.38	1,301.35	1,733.68	1,867.86
Turkmenistan	276.48	287.77	253.23	447.60	133.04	249.08	342.72	311.93	226.56
United Arab Emirates	1,174.50	1,336.78	1,514.57	2,333.45	4,602.84	4,888.30	5,372.83	6,436.06	7,635.67
Uzbekistan	156.47	146.18	197.82	392.09	882.04	1,057.71	946.07	3,689.88	3,246.21
Viet Nam	1,290.66	1,604.38	2,166.72	2,865.65	3,373.56	4,983.63	4,965.36	5,605.43	7,073.71
Yemen	191.45	221.30	549.11	555.07	453.30	39.21	612.55	623.00	544.19
Africa	**16,244.32**	**21,729.71**	**26,185.77**	**32,350.06**	**34,694.40**	**39,877.47**	**43,296.50**	**46,103.53**	**44,390.22**
Algeria*	1,059.45	1,305.33	1,497.21	2,451.57	2,531.55	2,552.48	1,833.66	2,062.86	1,775.35
Angola*	400.59	1,245.10	1,634.74	1,214.04	1,268.29	1,633.21	2,260.16	2,299.19	2,890.73
Benin	40.03	47.60	49.91	69.17	87.31	102.51	104.37	103.99	91.44
Botswana	200.38	220.15	230.90	262.13	321.08	437.50	296.87	258.16	186.28
Burkina Faso	—	—	4.34	8.78	—	0.20	0.20	0.20	1.49
Burundi	7.20	8.70	9.79	13.24	12.37	12.42	10.29	12.52	8.20
Cameroon*	61.54	79.50	148.40	177.84	207.34	366.74	424.36	499.21	303.90
Cape Verde	4.58	11.60	15.23	15.18	15.18	15.23	14.63	14.63	2.34
Central African Republic	51.02	51.02	60.38	57.08	46.22	35.61	16.12	88.13	13.98
Chad	108.12	194.12	321.26	404.61	422.72	396.64	412.25	592.59	648.52
Comoros	4.04	4.54	4.54	4.54	4.53	4.53	4.53	5.45	1.83
Congo*	142.40	504.90	695.43	988.76	1,088.67	782.91	1,126.06	795.10	609.84
Congo, DR*	709.26	970.49	1,091.76	2,168.67	3,239.35	3,514.98	3,884.11	4,444.46	5,596.60
Cote d'Ivoire	34.67	40.04	35.00	64.29	126.78	179.66	303.68	441.54	564.34
Djibouti	18.13	17.99	30.55	40.08	60.46	125.40	232.86	178.49	125.26
Egypt	403.17	459.19	511.13	657.11	663.15	888.91	834.84	1,079.26	1,085.80

Annex Table 2 Continued 2

(Millions of USD)

Country/Region	2011	2012	2013	2014	2015	2016	2017	2018	2019
Equatorial Guinea*	98.68	404.64	260.85	208.20	231.63	236.59	395.97	552.85	404.13
Eritrea	14.31	103.78	104.55	106.71	119.41	378.45	216.55	223.94	223.29
Ethiopia*	426.79	606.55	771.84	914.62	1,130.13	2,000.65	1,975.56	2,568.16	2,558.87
Gabon	127.10	128.47	168.48	180.41	244.42	256.83	385.35	258.66	252.21
Gambia	1.19	1.19	1.19	1.24	1.24	3.84	5.36	24.79	13.90
Ghana	270.15	505.27	834.84	1,056.69	1,274.49	1,958.27	1,575.36	1,797.47	1,831.29
Guinea*	168.43	234.67	338.58	419.07	382.72	417.74	675.45	742.44	763.26
Guinea-Bissau*	27.00	27.00	27.00	66.82	69.06	70.16	76.39	65.21	26.71
Kenya*	308.83	402.73	635.90	853.71	1,099.04	1,102.70	1,543.45	1,755.88	1,624.23
Lesotho	8.91	9.13	9.13	11.07	11.15	6.63	6.53	6.53	5.93
Liberia*	114.74	154.37	196.10	229.65	288.99	297.30	319.63	260.39	167.65
Libyan	67.78	65.19	108.82	108.94	105.77	211.12	366.75	425.68	299.43
Madagascar*	253.63	274.55	286.10	352.61	347.70	297.63	766.30	803.35	272.91
Malawi	30.07	49.30	253.82	257.62	258.15	259.05	291.12	292.10	161.45
Mali	160.06	211.43	316.67	342.86	307.33	320.01	394.86	301.47	305.00
Mauritania	74.71	106.15	108.28	100.95	105.83	193.36	235.85	232.61	181.40
Mauritius*	605.94	700.80	849.59	579.71	1,096.58	1,176.20	960.87	997.66	1,291.68
Morocco	89.48	95.22	102.96	114.44	156.29	162.70	318.21	382.29	303.29
Mozambique*	98.07	336.91	508.09	653.86	724.52	782.26	872.91	1,410.17	1,146.75
Namibia	60.21	94.53	349.45	981.84	380.44	453.57	480.47	426.15	363.59
Niger	429.57	125.33	241.87	198.08	565.44	525.30	665.65	758.40	956.71
Nigeria*	1,415.61	1,949.87	2,146.07	2,323.01	2,376.76	2,541.68	2,861.53	2,453.49	2,194.00
Republic of South Sudan	0.05	10.90	26.47	19.26	35.98	37.03	47.68	35.69	26.88
Rwanda	58.52	63.54	73.33	110.72	123.57	89.36	99.25	146.82	167.51
Sao Tome and Principe	0.31	0.38	0.38	0.38	0.38	0.38	0.38	0.38	0.44
Senegal	45.20	102.22	83.25	130.01	126.02	149.59	214.30	314.65	234.24
Seychelles	23.80	77.19	103.47	114.40	160.11	246.65	231.27	451.91	414.05
Sierra Leone	52.23	57.71	108.36	147.74	196.30	188.82	184.22	168.06	165.32
South Africa*	4,059.73	4,775.07	4,400.40	5,954.02	4,722.97	6,500.84	7,472.77	6,531.68	6,146.57
Sudan	1,525.64	1,236.60	1,507.04	1,747.12	1,809.36	1,104.34	1,201.56	1,325.07	1,203.09
Tanzania	407.07	540.80	716.46	885.18	1,138.87	1,191.99	1,280.30	1,302.75	1,335.54
Togo	67.15	98.38	123.09	135.81	128.82	118.57	112.85	102.07	101.16

Annex Table 2 Continued 3

(Millions of USD)

Country/Region	2011	2012	2013	2014	2015	2016	2017	2018	2019
Tunisia	6. 29	5. 69	13. 86	14. 56	20. 84	16. 30	15. 08	21. 53	36. 62
Uganda*	126. 21	141. 10	383. 76	464. 10	722. 15	1, 006. 47	575. 94	798. 17	669. 94
Zambia*	1, 199. 84	1, 998. 11	2, 164. 32	2, 271. 99	2, 338. 02	2, 687. 16	2, 963. 44	3, 523. 02	2, 863. 79
Zimbabwe	576. 44	874. 67	1, 520. 83	1, 695. 58	1, 798. 92	1, 839. 00	1, 748. 34	1, 766. 25	1, 771. 48
Europe	**24, 450. 03**	**36, 975. 12**	**53, 161. 56**	**69, 399. 87**	**83, 678. 97**	**87, 201. 92**	**110, 854. 68**	**112, 796. 92**	**114, 383. 86**
Albania	4. 43	4. 43	7. 03	7. 03	6. 95	7. 27	4. 78	6. 42	7. 11
Armenia	1. 32	1. 32	7. 51	7. 51	7. 51	7. 51	29. 96	49. 61	12. 89
Austria	24. 54	79. 46	76. 66	201. 70	327. 99	530. 51	851. 49	461. 63	492. 18
Azerbai jan	30. 06	31. 68	38. 34	55. 21	63. 70	28. 42	27. 99	9. 18	7. 80
Belarus	29. 07	77. 47	115. 90	257. 52	475. 89	497. 93	548. 41	503. 78	651. 80
Belgium	140. 50	230. 69	315. 01	493. 47	519. 53	544. 03	479. 23	326. 41	470. 95
Bosnia and Her-cegovina	6. 01	6. 07	6. 13	6. 13	7. 75	8. 60	4. 34	4. 34	16. 70
Bulgaria	72. 56	126. 74	149. 85	170. 27	235. 97	166. 07	250. 46	171. 09	156. 81
Croatia	8. 18	8. 63	8. 31	11. 87	11. 82	11. 99	39. 08	69. 08	98. 40
Czech Republic*	66. 83	202. 45	204. 68	242. 69	224. 31	227. 77	164. 90	279. 23	287. 49
Denmark	49. 13	53. 24	84. 37	208. 15	82. 17	226. 11	228. 83	246. 53	294. 85
Estonia	7. 50	3. 50	3. 50	3. 50	3. 50	3. 50	3. 62	56. 84	63. 33
Finland	31. 00	34. 03	42. 55	58. 99	95. 07	211. 70	213. 07	327. 54	340. 38
France*	3, 723. 89	3, 950. 77	4, 447. 94	8, 444. 88	5, 723. 55	5, 116. 17	5, 702. 71	6, 598. 79	5, 954. 34
Georgia	109. 35	178. 08	330. 75	545. 64	533. 75	550. 23	568. 17	639. 70	670. 92
Germany*	2, 401. 44	3, 104. 35	3, 979. 38	5, 785. 50	5, 881. 76	7, 841. 75	12, 163. 20	13, 688. 61	14, 233. 99
Greece	4. 63	5. 98	119. 79	120. 85	119. 48	48. 08	182. 22	242. 47	231. 02
Hungary	475. 35	507. 41	532. 35	556. 35	571. 11	313. 70	327. 86	320. 69	427. 36
Iceland	—	—	—	—	1. 10	1. 10	14. 00	14. 73	14. 73
Ireland	156. 83	193. 77	323. 25	249. 72	248. 32	573. 77	882. 63	972. 77	1, 074. 01
Italy	449. 09	573. 93	607. 75	719. 69	931. 97	1, 554. 84	1, 903. 79	2, 145. 35	2, 570. 17
Latvia	0. 54	0. 54	0. 54	0. 54	0. 94	0. 94	1. 02	11. 70	11. 63
Liechtenstein	3. 91	3. 91	3. 91	12. 40	13. 04	16. 74	16. 16	4. 34	4. 34
Lithuania	3. 93	6. 97	12. 48	12. 48	12. 48	15. 29	17. 13	12. 89	9. 81
Luxembourg*	7, 081. 97	8, 977. 89	10, 423. 76	15, 666. 77	7, 739. 88	8, 776. 60	13, 936. 15	15, 388. 70	13, 902. 21
Malta	3. 37	3. 37	3. 49	5. 42	10. 45	163. 64	164. 98	230. 49	229. 32
Moldova	0. 78	2. 11	3. 87	3. 87	2. 11	3. 87	3. 87	3. 87	3. 87
Montenegro	0. 32	0. 32	0. 32	0. 32	0. 32	4. 43	39. 45	62. 86	85. 09

Annex Table 2 Continued 4

(Millions of USD)

Country/Region	2011	2012	2013	2014	2015	2016	2017	2018	2019
Netherlands	664. 68	1, 107. 92	3, 193. 09	4, 194. 08	20, 067. 13	20, 587. 74	18, 529. 00	19, 428. 99	23, 854. 82
North Macedonia	0. 20	0. 26	2. 09	2. 11	2. 11	2. 10	2. 03	36. 30	21. 09
Norway	166. 59	188. 13	4, 771. 71	5, 223. 50	3, 471. 29	2, 641. 97	2, 083. 45	1, 997. 70	1, 246. 93
Poland	201. 26	208. 11	257. 04	329. 35	352. 11	321. 32	405. 52	523. 73	555. 59
Portugal	33. 13	40. 38	55. 32	60. 69	71. 42	87. 74	110. 23	105. 93	58. 57
Romania	125. 83	161. 09	145. 13	191. 37	364. 80	391. 50	310. 07	304. 62	428. 27
Russian Federation*	3, 763. 64	4, 888. 49	7, 581. 61	8, 694. 63	14, 019. 63	12, 979. 51	13, 871. 60	14, 208. 22	12, 803. 97
Serbia*	5. 05	6. 47	18. 54	29. 71	49. 79	82. 68	170. 02	271. 41	164. 73
Slovakia	25. 78	86. 01	82. 77	127. 79	127. 79	82. 77	83. 45	99. 29	82. 74
Slovenia*	5. 00	5. 00	5. 00	5. 00	5. 00	26. 86	27. 25	40. 09	189. 60
Spain	389. 31	437. 25	315. 71	424. 53	608. 01	736. 47	692. 63	1, 060. 14	1, 110. 57
Sweden*	1, 531. 22	2, 408. 17	2, 737. 71	3, 012. 92	3, 381. 96	3, 553. 68	7, 307. 42	6, 896. 81	8, 578. 69
Switzerland	91. 94	101. 32	296. 54	387. 66	604. 15	576. 21	8, 111. 73	5, 000. 37	5, 662. 84
Ukraine	29. 29	33. 14	51. 98	63. 41	68. 90	66. 71	62. 65	90. 48	158. 03
United Kingdom*	2, 530. 58	8, 934. 27	11, 797. 90	12, 804. 65	16, 632. 46	17, 612. 10	20, 318. 17	19, 883. 23	17, 143. 90
Latin America	**55, 171. 75**	**68, 211. 63**	**86, 095. 93**	**106, 111. 14**	**126, 318. 93**	**207, 152. 57**	**386, 892. 30**	**406, 771. 93**	**436, 046. 97**
Anguilla, British	—	—	—	—	1. 00	6. 84	7. 19	22. 93	22. 65
Antigua & Barbuda	4. 84	5. 44	6. 30	6. 30	6. 30	6. 70	6. 70	5. 80	5. 44
Argentina	405. 25	897. 19	1, 658. 20	1, 791. 52	1, 948. 92	1, 943. 66	1, 539. 54	1, 582. 97	1, 808. 41
Bahamas	1. 60	0. 60	0. 60	0. 60	0. 60	160. 60	160. 63	164. 69	162. 02
Barbados	3. 13	3. 95	4. 97	3. 30	2. 89	87. 72	117. 30	200. 73	59. 11
Belize	—	—	0. 35	0. 70	0. 70	0. 70	—	—	—
Bolivia	66. 32	156. 19	118. 92	132. 17	317. 46	370. 68	413. 49	351. 50	472. 27
Brazil*	1, 071. 79	1, 449. 51	1, 733. 58	2, 832. 89	2, 257. 12	2, 962. 51	3, 205. 54	3, 812. 45	4, 434. 78
Cayman Islands*	21, 692. 32	30, 072. 00	42, 324. 06	44, 236. 72	62, 404. 08	104, 208. 93	249, 682. 19	259, 223. 71	276, 145. 06
Chile	97. 94	126. 28	179. 04	195. 83	204. 64	403. 62	527. 57	613. 70	1, 171. 89
Colombia	59. 80	346. 15	368. 69	547. 30	554. 43	362. 45	357. 87	284. 10	307. 10
Costa Rica	2. 09	2. 09	3. 26	3. 98	7. 82	8. 20	26. 02	42. 67	35. 01
Cuba	146. 37	135. 69	111. 34	62. 55	120. 62	131. 50	115. 00	149. 11	118. 00
Dominica	8. 15	8. 15	8. 45	3. 15	3. 15	3. 15	3. 15	3. 15	3. 15
Dominican	0. 12	1. 12	1. 00	1. 01	1. 01	1. 01	0. 01	0. 01	0. 25
Ecuador*	95. 24	407. 63	1, 008. 79	944. 60	1, 056. 35	1, 180. 12	1, 032. 44	1, 240. 52	647. 72
Grenada	14. 54	14. 54	14. 54	23. 67	23. 67	23. 77	25. 07	23. 89	27. 12
Guatemala	—	—	—	0. 99	0. 99	1. 12	0. 74	0. 74	0. 10
Guyana	135. 13	151. 88	225. 18	247. 57	256. 01	256. 68	110. 69	198. 86	193. 44

Annex Table 2 Continued 5

(Millions of USD)

Country/Region	2011	2012	2013	2014	2015	2016	2017	2018	2019
Honduras	—	—	—	—	—	27.71	1.16	50.22	15.62
Jamaica *	39.07	74.93	79.68	188.37	225.68	839.19	1,114.12	1,187.40	921.65
Mexico *	263.88	368.48	409.87	541.21	524.76	578.60	898.02	1,106.88	1,161.08
Nicaragua	—	—	2.17	3.18	3.67	4.67	3.14	3.27	6.17
Panama	330.78	196.62	478.64	204.93	228.15	268.85	358.78	506.11	549.99
Paraguay	44.65	46.06	46.24	47.91	47.91	47.91	46.06	0.84	—
Peru	802.24	752.87	867.78	907.98	705.49	759.78	839.43	941.50	1,398.94
Salvador	—	—	—	0.01	0.01	0.01	0.01	—	—
St. Lucia	—	—	—	—	0.15	1.44	4.73	4.73	4.15
St. Vincent and Grenadines	36.20	36.20	36.20	39.00	42.04	39.52	42.88	43.74	43.21
Suriname	78.84	45.61	111.93	93.93	113.52	125.08	164.39	99.40	132.69
Trinidad and Tobago	0.90	1.09	3.86	1,025.31	604.63	606.66	621.77	637.09	660.46
Uruguay	8.15	17.65	25.93	210.81	182.73	225.59	198.68	271.20	229.37
Venezuela *	501.00	2,042.76	2,363.38	2,493.23	2,800.29	2,741.71	3,207.25	3,501.23	3,431.30
Virgin Islands, British *	29,261.41	30,850.95	33,902.98	49,320.41	51,672.14	88,765.89	122,060.75	130,496.78	141,878.84
North America	**13,472.43**	**25,502.99**	**28,609.74**	**47,951.49**	**52,179.26**	**75,472.46**	**86,905.97**	**96,348.33**	**100,225.53**
Bermuda Islands	751.84	3,372.50	513.99	2,151.44	2,861.06	2,166.49	8,588.11	8,318.32	8,336.57
Canada *	3,727.56	5,050.72	6,196.19	7,789.08	8,516.25	12,725.99	10,936.86	12,522.72	14,091.47
United States *	8,993.03	17,079.77	21,899.56	38,010.97	40,801.95	60,579.98	67,381.00	75,507.29	77,797.50
Oceania	**12,007.44**	**15,114.07**	**19,017.12**	**25,864.25**	**32,091.71**	**38,240.56**	**41,763.27**	**44,110.78**	**43,612.55**
Australia *	11,041.25	13,873.05	17,449.68	23,882.26	28,373.85	33,350.56	36,175.31	38,378.68	38,068.38
Cook Islands	—	0.12	0.29	0.07	0.07	0.07	0.07	0.07	0.07
Fiji	61.07	170.91	208.41	119.98	97.92	148.50	156.70	174.02	195.47
Kiribati	—	—	0.82	0.82	2.93	2.93	2.93	2.93	18.35
Marshall Islands	107.37	116.87	116.87	116.87	60.05	65.41	60.68	76.05	96.82
Micronesia, Fs	4.36	7.77	8.23	11.62	15.17	34.66	19.54	15.49	15.06
Nauru	0.00	0.00	0.00	0.00	0.00	0.00	0.00	0.00	0.10
New Zealand *	185.46	273.85	541.73	962.41	1,208.72	2,102.47	2,491.80	2,591.20	2,459.73
Palau	9.59	9.59	9.59	10.10	11.60	12.10	12.18	12.11	18.81
Papua New Guinea	341.52	365.48	422.30	460.02	1,911.83	1,869.88	2,101.21	2,039.09	1,923.36
Samoa	229.79	266.01	188.08	223.08	306.91	546.85	627.55	683.74	683.81
Solomon Islands	0.00	0.00	0.00	0.00	0.00	0.00	0.00	0.00	0.10
Tonga	7.11	7.11	7.11	7.21	8.19	8.44	9.56	8.92	10.01
Vanuatu	19.92	23.31	64.01	69.81	94.47	98.69	105.76	128.47	122.47

Note: " * "The stock for 2019 are recomputed after ajustment of historical Data.

Annex Table 3 Distribution of China's Outward FDI Flows by Industry, 2011-2019

(Millions of USD)

	INDUSTRY	2011	2012	2013	2014	2015	2016	2017	2018	2019
A	Agriculture/Forestry/ Animal Husbandry and Fishery	797.75	1,461.38	1,813.13	2,035.43	2,572.08	3,287.15	2,507.69	2,562.58	2,439.20
B	Mining	14,445.95	13,543.80	24,807.79	16,549.39	11,252.61	1,930.20	-3,701.52	4,627.94	5,128.23
C	Manufacturing	7,041.18	8,667.41	7,197.15	9,583.60	19,986.29	29,048.72	29,507.37	19,107.68	20,241.81
D	Production and Supply of Electricity/Heat/Gas and Water	1,875.43	1,935.34	680.43	1,764.63	2,135.07	3,535.99	2,344.01	4,702.46	3,868.72
E	Construction	1,648.17	3,245.36	4,364.30	3,396.00	3,735.01	4,392.48	6,527.72	3,618.48	3,779.84
F	Wholesale and Retail Trade	10,324.12	13,048.54	14,646.82	18,290.71	19,217.85	20,894.17	26,311.02	12,237.91	19,471.08
G	Transportation/Storage and Postal Servces	2,563.92	2,988.14	3,307.23	4,174.72	2,726.82	1,678.81	5,467.92	5,160.57	3,879.62
H	Hotels And Catering Services	116.93	136.63	82.16	244.74	723.19	1,625.49	-185.09	1,353.96	603.98
I	Information Transmission/ Software and IT Services	776.46	1,240.14	1,400.88	3,169.65	6,820.37	18,660.22	4,430.24	5,631.87	5,477.94
J	Financial Services	6,070.50	10,070.84	15,105.32	15,917.82	24,245.53	14,918.09	18,785.44	21,717.20	19,949.29
K	Real Estate	1,974.42	2,018.13	3,952.51	6,604.57	7,786.56	15,246.74	6,795.06	3,066.00	3,418.39
L	Leasing and Business Services	25,597.26	26,740.80	27,056.17	36,830.60	36,257.88	65,781.57	54,273.21	50,778.13	41,875.08
M	Scientific Research and Technical Services	706.58	1,478.50	1,792.21	1,668.79	3,345.40	4,238.06	2,390.65	3,801.99	3,431.63
N	Water Conservancy/ Environment and Public Facilities Management	255.29	33.57	144.89	551.39	1,367.73	847.05	218.92	178.63	269.88
O	Residents Services/Repair and Other Services	328.63	890.40	1,129.18	1,651.75	1,599.48	5,424.29	1,865.26	2,228.22	1,673.38
P	Education	20.08	102.83	35.66	13.55	62.29	284.52	133.72	573.02	648.80
Q	Health/Social Work	6.39	5.38	17.03	153.38	83.87	487.19	352.67	524.80	227.17
R	Culture/Sports and Entertainment	104.98	196.34	310.85	519.15	1,747.51	3,868.69	264.01	1,165.86	523.52
S	Public Management/ Social Security and Social Organizations	—	—	—	—	1.60	—	—	—	—
	Total	**74,654.04**	**87,803.53**	**107,843.71**	**123,119.86**	**145,667.15**	**196,149.43**	**158,288.30**	**143,037.31**	**136,907.56**

Annex Table 4 Distribution of Chin's Outward FDI Stock by Industry, 2011–2019

(Millions of USD)

	INDUSTRY	2011	2012	2013	2014	2015	2016	2017	2018	2019
A	Agriculture/Forestry/ Animal Husbandry and Fishery	3,416.64	4,964.43	7,179.12	9,691.79	11,475.80	14,885.02	16,561.94	18,773.18	19,668.92
B	Mining	66,995.37	74,784.20	106,170.92	123,725.24	142,381.31	152,369.59	157,670.26	173,480.81	175,398.39
C	Manufacturing	26,964.43	34,140.07	41,976.84	52,351.94	78,528.26	108,112.71	140,300.75	182,305.88	200,135.70
D	Production and Supply of Electricity/Heat/Gas and Water	7,140.56	8,992.10	11,196.60	15,040.89	15,663.10	22,821.41	24,990.90	33,694.71	33,061.17
E	Construction	8,051.10	12,856.04	19,445.74	22,583.25	27,124.12	32,419.75	37,703.99	41,632.29	42,230.27
F	Wholesale and Retail Trade *	49,093.63	68,211.88	87,647.68	102,956.80	121,940.86	169,168.20	226,427.13	232,692.68	295,538.71
G	Transportation/Storage and Postal Servces	25,261.31	29,226.53	32,227.78	34,681.63	39,905.52	41,422.02	54,767.95	66,500.33	76,533.56
H	Hotels and Catering Services	603.86	763.27	947.43	1,307.04	2,233.34	4,194.07	3,513.05	4,404.34	4,920.25
I	Information Transmission/ Software and IT Services *	9,553.24	4,819.71	7,384.40	12,325.99	20,927.52	64,801.51	218,897.37	193,574.56	202,206.05
J	Financial Services *	67,393.29	96,453.37	117,079.83	137,624.85	159,660.10	177,342.45	202,793.04	217,895.44	254,534.42
K	Real Estate *	8,986.16	9,581.41	15,421.26	24,649.03	33,493.05	46,104.71	53,755.05	57,340.96	77,611.39
L	Leasing and Business Services *	142,290.02	175,697.95	195,733.54	322,443.92	409,567.71	473,994.32	615,773.49	675,464.58	734,081.68
M	Scientific Research and Technical Services	4,388.38	6,792.76	8,669.73	10,873.24	14,430.83	19,720.19	21,683.99	44,245.64	46,009.91
N	Water Conservancy/ Environment and Public Facilities Management	2,401.96	70.56	342.42	1,333.65	2,541.91	3,574.69	2,389.96	3,131.08	3,300.60
O	Residents Services/Repair and Other Services *	1,615.58	3,581.24	7,688.55	9,042.71	14,276.60	16,901.88	19,017.33	16,715.29	13,603.44
P	Education	66.57	164.79	201.05	184.64	286.62	723.72	3,286.16	4,761.11	4,292.61
Q	Health/Social Work	17.15	46.76	64.84	230.60	175.36	921.37	1,388.80	2,996.97	3,126.91
R	Culture/Sports and Entertainment	541.42	793.51	1,100.67	1,595.22	3,250.98	7,912.84	8,115.36	12,655.99	12,626.71
S	Public Management/ Social Security and Social Organizations	—	—	—	—	1.60	—	—	—	—
	Total	**424,780.67**	**531,940.58**	**660,478.40**	**882,642.42**	**1,097,864.59**	**1,357,390.45**	**1,809,036.52**	**1,982,265.85**	**2,198,880.69**

Note: " * " The Stock for 2019 are recomputed after adjustment of historical Data.

Annex Table 5 China's Outward FDI Flows by Province, 2011-2019 (Non-Financial Part)

(Millions of USD)

Province/Region	2011	2012	2013	2014	2015	2016	2017	2018	2019
Central Co, total	**45, 023. 14**	**43, 526. 93**	**56, 324. 49**	**52, 476. 17**	**27, 817. 52**	**30, 719. 36**	**53, 271. 85**	**23, 056. 91**	**27, 213. 80**
Provincial total	**23, 560. 36**	**34, 205. 76**	**36, 414. 89**	**54, 725. 87**	**93, 604. 10**	**150, 511. 98**	**86, 231. 01**	**98, 263. 20**	**89, 744. 46**
Beijing	1, 175. 03	1, 688. 55	4, 130. 10	7, 273. 53	12, 280. 33	15, 573. 62	6, 651. 26	6, 470. 42	8, 266. 01
Tianjin	407. 06	674. 95	1, 120. 20	4, 146. 37	2, 526. 54	17, 941. 46	2, 305. 02	3, 373. 48	4, 403. 13
Hebei	463. 63	578. 09	927. 57	1, 218. 65	940. 30	3, 012. 85	1, 652. 76	1, 605. 55	1, 941. 96
Shanxi	183. 19	309. 66	564. 83	304. 91	186. 11	569. 57	370. 72	522. 42	63. 33
Inner Mongolia	128. 25	518. 45	408. 80	1, 109. 69	404. 47	1, 752. 10	548. 79	883. 14	464. 69
Liaoning	1, 143. 84	2, 762. 60	1, 294. 99	1, 479. 02	2, 122. 04	1, 862. 91	1, 171. 82	1, 722. 40	601. 53
in which: Dalian	745. 91	2, 030. 87	1, 044. 50	574. 81	1, 349. 20	1, 054. 69	441. 46	1, 304. 12	75. 96
Jilin	204. 93	296. 41	752. 40	333. 10	658. 23	205. 25	226. 98	38. 50	79. 93
Heilongjiang	238. 34	724. 05	773. 38	655. 31	423. 88	1, 182. 59	513. 82	477. 51	581. 45
Shanghai	1, 838. 02	3, 316. 18	2, 675. 24	4, 992. 25	23, 182. 88	23, 967. 72	12, 990. 29	15, 329. 35	10, 492. 32
Jiangsu	2, 253. 83	3, 130. 50	3, 020. 01	4, 069. 83	7, 250. 00	12, 201. 96	4, 357. 84	6, 097. 13	5, 115. 20
Zhejiang	1, 852. 87	2, 360. 23	2, 552. 76	3, 861. 70	7, 108. 16	12, 313. 98	10, 660. 04	12, 281. 22	8, 951. 57
in which: Ningbo	755. 73	638. 39	844. 68	1, 036. 63	2, 514. 56	5, 696. 27	1, 467. 71	3, 489. 09	1, 570. 56
Anhui	530. 89	710. 43	910. 55	380. 29	2, 067. 47	1, 031. 81	1, 862. 39	2, 370. 73	1, 144. 17
Fujian	530. 28	857. 05	952. 49	1, 050. 64	2, 757. 43	4, 119. 19	2, 825. 22	4, 538. 29	2, 896. 12
in which: Xiamen	152. 76	234. 00	264. 63	265. 23	995. 23	1, 867. 68	1, 091. 78	2, 016. 62	538. 97
Jiangxi	188. 33	373. 16	380. 91	738. 53	1, 004. 57	969. 62	597. 62	799. 15	2, 066. 41
Shandong	2, 473. 39	3, 456. 21	4, 264. 72	3, 915. 90	7, 109. 83	13, 023. 79	7, 875. 18	6, 690. 61	10, 239. 64
in which: Qingdao	234. 66	919. 85	1, 022. 67	1, 217. 49	1, 277. 74	5, 249. 43	1, 287. 67	2, 593. 83	1, 627. 25
Henan	282. 51	341. 17	589. 71	546. 92	1, 312. 84	4, 125. 43	1, 823. 37	3, 857. 61	2, 748. 60
Hubei	709. 03	496. 87	520. 11	671. 61	635. 96	1, 318. 96	1, 320. 30	1, 080. 79	1, 551. 05
Hunan	1, 176. 28	994. 99	569. 70	784. 49	1, 123. 70	2, 096. 01	1, 637. 89	1, 506. 64	1, 539. 22
Guangdong	3, 633. 50	5, 288. 21	5, 942. 88	10, 896. 71	12, 262. 50	22, 962. 30	11, 771. 99	16, 060. 89	16, 699. 04
in which: Shenzhen	1, 133. 06	3, 368. 33	3, 008. 14	5, 989. 33	6, 459. 20	11, 683. 93	6, 567. 78	10, 546. 53	9, 359. 30
Guangxi	167. 14	272. 40	81. 34	228. 64	450. 91	1, 430. 87	636. 66	1, 272. 81	279. 58
Hainan	1, 219. 99	320. 12	817. 31	887. 08	1, 201. 19	479. 66	3, 149. 64	3, 375. 33	2, 556. 80
Chongqing	401. 25	529. 60	346. 55	766. 76	1, 496. 38	1, 814. 96	5, 028. 27	1, 330. 28	1, 513. 69
Sichuan	563. 41	595. 09	584. 47	1, 382. 23	1, 187. 30	1, 412. 01	1, 765. 69	2, 177. 37	1, 569. 98
Guizhou	20. 33	20. 25	208. 15	87. 64	65. 39	74. 67	36. 58	81. 58	14. 34
Yunnan	248. 45	1, 040. 46	830. 36	1, 261. 95	946. 48	1, 562. 11	1, 473. 82	1, 201. 27	894. 62
Xizang	2. 16	0. 02	0. 22	3. 85	296. 81	23. 14	227. 77	465. 69	217. 69
Shaanxi	448. 16	607. 84	307. 89	414. 11	624. 08	796. 87	1, 260. 55	657. 14	554. 75
Gansu	649. 17	1, 382. 09	431. 82	273. 21	122. 93	770. 49	484. 03	590. 84	247. 98
Qinghai	1. 73	12. 80	35. 96	16. 01	78. 26	81. 64	11. 33	22. 86	50. 31
Ningxia	12. 95	64. 21	86. 26	338. 83	1, 089. 59	577. 50	97. 23	448. 70	546. 88
Xinjiang	314. 74	431. 23	315. 79	548. 32	610. 77	1, 171. 50	784. 81	820. 97	1, 371. 44
Xinjiang P&C Group	97. 68	51. 89	17. 42	87. 80	76. 79	85. 44	111. 31	112. 55	81. 02
Total	**68, 583. 50**	**77, 732. 69**	**92, 739. 38**	**107, 202. 04**	**121, 421. 62**	**181, 231. 34**	**139, 502. 86**	**121, 320. 11**	**116, 958. 27**

Annex Table 6 China's Outward FDI Stock by Province, 2011-2019 (Non-Financial Part)

(Millions of USD)

Province/Region	2011	2012	2013	2014	2015	2016	2017	2018	2019
Central Co, total	**272, 460. 46**	**311, 424. 14**	**378, 500. 16**	**509, 580. 51**	**593, 726. 81**	**655, 996. 97**	**878, 782. 06**	**1, 015, 615. 68**	**1, 158, 798. 00**
Provincial total	**84, 926. 97**	**124, 063. 07**	**164, 900. 05**	**235, 437. 06**	**344, 477. 68**	**524, 051. 03**	**727, 461. 42**	**748, 754. 73**	**785, 548. 27**
Beijing	6, 033. 80	7, 577. 92	12, 764. 56	28, 488. 70	38, 798. 95	54, 381. 41	64, 843. 94	69, 950. 93	73, 688. 91
Tianjin	1, 386. 78	2, 115. 13	3, 593. 31	9, 233. 79	10, 941. 93	26, 225. 43	23, 538. 86	24, 649. 54	27, 928. 47
Hebei	1, 954. 70	2, 387. 10	3, 490. 45	4, 530. 94	5, 724. 81	8, 627. 39	11, 104. 54	11, 286. 21	11, 814. 04
Shanxi	830. 21	1, 060. 47	1, 538. 65	1, 705. 79	2, 110. 51	3, 161. 80	2, 562. 19	3, 077. 72	2, 895. 92
Inner Mongolia	565. 17	1, 222. 60	1, 678. 80	2, 391. 48	3, 131. 55	4, 963. 32	5, 405. 81	6, 395. 44	6, 484. 68
Liaoning	4, 356. 98	6, 952. 81	7, 731. 17	9, 256. 19	11, 319. 45	13, 218. 96	13, 250. 72	12, 959. 36	13, 994. 23
in which: Dalian	2, 969. 03	4, 803. 16	5, 298. 18	5, 897. 30	7, 094. 25	8, 134. 47	6, 995. 31	7, 582. 18	6, 839. 58
Jilin	1, 115. 48	1, 453. 96	2, 139. 24	2, 431. 38	3, 134. 12	3, 387. 12	3, 987. 03	3, 892. 98	3, 231. 62
Heilongjiang	1, 727. 92	2, 529. 93	3, 350. 10	4, 021. 67	4, 213. 97	5, 740. 78	4, 070. 97	4, 595. 69	4, 348. 02
Shanghai	6, 374. 73	13, 951. 06	17, 843. 61	25, 484. 79	58, 361. 65	84, 054. 45	112, 004. 33	118, 069. 19	130, 332. 32
Jiangsu	5, 701. 94	7, 831. 85	11, 163. 11	15, 609. 97	22, 614. 24	34, 946. 74	40, 317. 48	46, 145. 23	54, 496. 45
Zhejiang	7, 189. 13	8, 548. 64	10, 988. 48	15, 373. 59	22, 364. 78	32, 682. 20	98, 394. 63	57, 363. 59	65, 900. 62
in which: Ningbo	1, 875. 24	2, 120. 67	3, 230. 64	4, 517. 85	6, 742. 25	11, 779. 75	12, 164. 13	15, 323. 61	17, 384. 86
Anhui	1, 654. 08	2, 371. 20	3, 795. 59	4, 269. 45	6, 266. 96	5, 818. 50	9, 049. 94	11, 236. 12	12, 715. 46
Fujian	2, 447. 54	3, 237. 01	3, 967. 78	4, 872. 90	8, 202. 53	11, 133. 62	12, 665. 92	17, 566. 99	19, 009. 23
in which: Xiamen	805. 57	995. 78	1, 096. 23	1, 331. 49	2, 432. 70	4, 244. 77	4, 585. 36	6, 636. 95	6, 013. 57
Jiangxi	397. 51	789. 34	1, 191. 80	2, 013. 52	2, 595. 24	3, 569. 64	4, 089. 74	4, 201. 13	6, 121. 51
Shandong	8, 626. 20	11, 970. 09	16, 047. 38	19, 700. 97	27, 305. 44	41, 193. 16	47, 787. 66	54, 913. 31	62, 403. 86
in which: Qingdao	1, 490. 36	2, 453. 39	3, 228. 06	4, 475. 30	5, 852. 77	11, 698. 64	13, 093. 21	18, 596. 33	19, 550. 02
Henan	974. 60	1, 441. 88	1, 953. 52	2, 494. 44	3, 994. 96	8, 692. 89	9, 775. 67	13, 438. 91	15, 448. 97
Hubei	883. 51	1, 375. 79	1, 733. 18	2, 283. 05	2, 860. 68	4, 182. 63	5, 625. 11	6, 454. 58	7, 012. 07
Hunan	3, 295. 77	4, 133. 31	4, 547. 24	5, 515. 00	8, 104. 42	10, 174. 35	10, 446. 07	10, 878. 46	11, 931. 63
Guangdong	17, 981. 11	25, 176. 17	34, 233. 75	49, 479. 39	68, 654. 95	125, 042. 78	189, 713. 65	200, 549. 29	178, 380. 93
in which: Shenzhen	8, 329. 18	13, 201. 98	18, 567. 99	29, 669. 48	38, 686. 94	85, 256. 20	140, 470. 95	145, 083. 43	119, 256. 11
Guangxi	687. 01	866. 88	1, 061. 68	1, 477. 92	1, 845. 97	3, 432. 95	3, 765. 45	4, 946. 50	5, 260. 15
Hainan	1, 652. 62	3, 328. 20	3, 434. 23	3, 756. 42	4, 893. 95	5, 008. 65	11, 155. 41	15, 180. 30	16, 985. 12
Chongqing	1, 105. 72	1, 709. 51	1, 939. 59	2, 656. 60	3, 908. 25	6, 365. 60	10, 466. 38	12, 028. 20	10, 424. 54
Sichuan	1, 924. 78	2, 245. 73	2, 655. 93	3, 524. 09	4, 659. 01	5, 847. 27	7, 609. 56	9, 093. 29	11, 665. 71
Guizhou	49. 52	87. 46	327. 08	341. 78	428. 94	480. 17	498. 92	611. 55	932. 02
Yunnan	1, 829. 14	2, 958. 05	3, 865. 67	5, 142. 04	6, 026. 19	6, 815. 10	7, 557. 96	8, 356. 22	7, 530. 88
Xizang	3. 77	10. 33	12. 27	16. 10	314. 41	79. 75	599. 88	1, 109. 77	1, 147. 97
Shaanxi	1, 138. 06	1, 793. 87	2, 002. 87	2, 465. 11	2, 855. 25	3, 611. 66	4, 220. 09	4, 914. 34	5, 525. 40
Gansu	1, 339. 50	2, 685. 62	3, 159. 85	3, 204. 03	3, 211. 56	4, 077. 39	4, 718. 26	5, 823. 49	6, 108. 49
Qinghai	13. 04	31. 49	90. 62	101. 32	222. 92	270. 27	598. 29	607. 50	647. 13
Ningxia	59. 56	119. 34	196. 24	497. 33	1, 600. 26	2, 474. 20	2, 106. 46	2, 586. 66	4, 391. 54
Xinjiang	1, 033. 90	1, 454. 44	1, 749. 51	2, 340. 30	2, 965. 92	4, 005. 33	5, 055. 64	5, 314. 75	6, 384. 86
Xinjiang P&C Group	593. 19	645. 89	652. 79	757. 01	843. 91	385. 52	474. 86	557. 49	405. 51
Total	**357, 387. 43**	**435, 487. 21**	**543, 400. 21**	**745, 017. 57**	**938, 204. 49**	**1, 180, 048. 00**	**1, 606, 243. 48**	**1, 764, 370. 41**	**1, 944, 346. 26**

Annex Table 7 China's Outward FDI Flows into EU Countries, 2011–2019

(Millions of USD)

Country/Region	2011	2012	2013	2014	2015	2016	2017	2018	2019
Austria	20. 22	53. 43	0. 15	43. 71	104. 32	191. 72	412. 19	138. 14	32. 39
Belgium	35. 90	98. 40	25. 78	153. 28	23. 46	28. 35	30. 34	5. 63	59. 85
Bulgaria	53. 90	54. 17	20. 69	20. 42	59. 16	-15. 03	88. 87	-1. 68	2. 46
Croatia	0. 05	0. 05	—	3. 55	—	0. 22	31. 84	22. 39	28. 69
Cyprus	89. 54	3. 48	76. 34	—	1. 76	5. 25	603. 41	113. 90	82. 42
Czech Republic	8. 84	18. 02	17. 84	2. 46	-17. 41	1. 85	72. 95	113. 02	60. 53
Denmark	5. 89	5. 14	27. 39	57. 23	-24. 16	125. 73	15. 21	30. 48	60. 26
Estonia	—	—	—	—	—	—	0. 12	53. 22	2. 02
Finland	1. 56	1. 36	8. 52	10. 42	38. 68	36. 67	23. 47	141. 04	34. 04
France	3, 482. 32	153. 93	260. 44	405. 54	327. 88	1, 499. 57	952. 15	-75. 02	87. 22
Germany	512. 38	799. 33	910. 81	1, 438. 92	409. 63	2, 380. 58	2, 715. 85	1, 467. 99	1, 459. 01
Greece	0. 43	0. 88	1. 90	—	-1. 37	29. 39	28. 57	60. 30	0. 57
Hungary	11. 61	41. 40	25. 67	34. 02	23. 20	57. 46	65. 59	94. 95	123. 15
Ireland	16. 93	48. 88	117. 02	37. 11	14. 30	331. 93	241. 34	75. 16	64. 28
Italy	224. 83	118. 58	31. 26	113. 02	91. 01	633. 44	424. 54	297. 61	649. 79
Latvia	—	—	—	—	0. 45	—	0. 08	10. 68	—
Lithuania	—	1. 00	5. 51	—	—	2. 25	—	-4. 47	—
Luxembourg	1, 265. 00	1, 133. 01	1, 275. 21	4, 578. 37	-11, 453. 17	1, 601. 88	1, 353. 40	2, 487. 33	685. 87
Malta	0. 27	—	0. 12	1. 93	5. 03	154. 80	1. 67	10. 11	-1. 18
Netherlands	167. 86	442. 45	238. 42	1, 029. 97	13, 462. 84	1, 169. 72	-223. 12	1, 038. 34	3, 893. 17
Poland	48. 66	7. 50	18. 34	44. 17	25. 10	-24. 11	-4. 33	117. 83	111. 60
Portugal	—	5. 15	14. 94	3. 87	10. 72	11. 37	1. 04	11. 71	18. 55
Romania	0. 30	25. 41	2. 17	42. 25	63. 32	15. 88	15. 86	1. 57	84. 11
Slovakia	5. 94	2. 19	0. 33	45. 66	—	—	0. 68	14. 62	-0. 53
Slovenia	—	—	—	—	—	21. 86	0. 39	13. 28	26. 84
Spain	139. 74	46. 24	-145. 75	92. 35	149. 67	125. 41	58. 79	537. 68	114. 91
Sweden	49. 01	285. 22	170. 82	130. 01	317. 19	127. 68	1, 290. 26	1, 063. 95	1, 915. 71
United Kingdom	1, 419. 70	2, 774. 73	1, 419. 58	1, 498. 90	1, 848. 16	1, 480. 39	2, 066. 30	1, 026. 64	1, 103. 45
Total	**7, 560. 83**	**6, 119. 90**	**4, 523. 50**	**9, 787. 16**	**5, 479. 78**	**9, 994. 26**	**10, 267. 48**	**8, 866. 38**	**10, 699. 17**

Note: The Sum of the Europe Union do not include Croatia untill 2012.

Annex Table 8 China's Outward FDI Stock in EU Countries, 2011-2019

(Millions of USD)

Country/Region	2011	2012	2013	2014	2015	2016	2017	2018	2019
Austria	24.54	79.46	76.66	201.70	327.99	530.51	851.49	461.63	492.18
Belgium	140.50	230.69	315.01	493.47	519.53	544.03	479.23	326.41	470.95
Bulgaria	72.56	126.74	149.85	170.27	235.97	166.07	250.46	171.09	156.81
Croatia	8.18	8.63	8.31	11.87	11.82	11.99	39.08	69.08	98.40
Cyprus*	90.90	94.95	171.26	107.17	109.15	110.05	718.69	845.43	1,061.47
Czech Republic	66.83	202.45	204.68	242.69	224.31	227.77	164.90	279.23	287.49
Denmark	49.13	53.24	84.37	208.15	82.17	226.11	228.83	246.53	294.85
Estonia	7.50	3.50	3.50	3.50	3.50	3.50	3.62	56.84	63.33
Finland	31.00	34.03	42.55	58.99	95.07	211.70	213.07	327.54	340.38
France*	3,723.89	3,950.77	4,447.94	8,444.88	5,723.55	5,116.17	5,702.71	6,598.79	5,954.34
Germany*	2,401.44	3,104.35	3,979.38	5,785.50	5,881.76	7,841.75	12,163.20	13,688.61	14,233.99
Greece	4.63	5.98	119.79	120.85	119.48	48.08	182.22	242.47	231.02
Hungary	475.35	507.41	532.35	556.35	571.11	313.70	327.86	320.69	427.36
Ireland	156.83	193.77	323.25	249.72	248.32	573.77	882.63	972.77	1,074.01
Italy	449.09	573.93	607.75	719.69	931.97	1,554.84	1,903.79	2,145.35	2,570.17
Latvia	0.54	0.54	0.54	0.54	0.94	0.94	1.02	11.70	11.63
Lithuania	3.93	6.97	12.48	12.48	12.48	15.29	17.13	12.89	9.81
Luxembourg*	7,081.97	8,977.89	10,423.76	15,666.77	7,739.88	8,776.60	13,936.15	15,388.70	13,902.21
Malta	3.37	3.37	3.49	5.42	10.45	163.64	164.98	230.49	229.32
Netherlands	664.68	1,107.92	3,193.09	4,194.08	20,067.13	20,587.74	18,529.00	19,428.99	23,854.82
Poland	201.26	208.11	257.04	329.35	352.11	321.32	405.52	523.73	555.59
Portugal	33.13	40.38	55.32	60.69	71.42	87.74	110.23	105.93	58.57
Romania	125.83	161.09	145.13	191.37	364.80	391.50	310.07	304.62	428.27
Slovakia	25.78	86.01	82.77	127.79	127.79	82.77	83.45	99.29	82.74
Slovenia*	5.00	5.00	5.00	5.00	5.00	26.86	27.25	40.09	189.60
Spain	389.31	437.25	315.71	424.53	608.01	736.47	692.63	1,060.14	1,110.57
Sweden*	1,531.22	2,408.17	2,737.71	3,012.92	3,381.96	3,553.68	7,307.42	6,896.81	8,578.69
United Kingdom*	2,530.58	8,934.27	11,797.92	12,804.65	16,632.46	17,612.10	20,318.17	19,883.23	17,143.90
Total	**20,290.79**	**31,538.24**	**40,096.61**	**54,210.40**	**64,460.13**	**69,836.69**	**86,014.78**	**90,739.06**	**93,912.49**

Note: 1. The Sum of the Europe Union do not include Croatia untill 2012.

2. " * "The stock for 2019 are recomputed after ajustment of historical Data.

Annex Table 9 China's Outward FDI Flows into ASEAN Countries, 2011–2019

(Millions of USD)

Country/Region	2011	2012	2013	2014	2015	2016	2017	2018	2019
Brunei	20.11	0.99	8.52	-3.28	3.92	142.10	71.36	-15.09	-4.05
Cambodia	566.02	559.66	499.33	438.27	419.68	625.67	744.24	778.34	746.25
Indonesia	592.19	1,361.29	1,563.38	1,271.98	1,450.57	1,460.88	1,682.25	1,864.82	2,223.08
Lao PDR	458.52	808.82	781.48	1,026.90	517.21	327.58	1,219.95	1,241.79	1,149.08
Malaysia	95.13	199.04	616.38	521.34	488.91	1,829.96	1,722.14	1,662.70	1,109.54
Myanmar	217.82	748.96	475.33	343.13	331.72	287.69	428.18	-197.24	-41.94
Philippines	267.19	74.90	54.40	224.95	-27.59	32.21	108.84	58.82	-4.29
Singapore	3,268.96	1,518.75	2,032.67	2,813.63	10,452.48	3,171.86	6,319.90	6,411.26	4,825.67
Thailand	230.11	478.60	755.19	839.46	407.24	1,121.69	1,057.59	737.29	1,371.91
Viet Nam	189.19	349.43	480.50	332.89	560.17	1,279.04	764.40	1,150.83	1,648.52
Total	**5,905.24**	**6,100.44**	**7,267.18**	**7,809.27**	**14,604.31**	**10,278.68**	**14,118.85**	**13,693.53**	**13,023.77**

Annex Table 10 China's Outward FDI Stock in ASEAN Countries, 2011–2019

(Millions of USD)

Country/Region	2011	2012	2013	2014	2015	2016	2017	2018	2019
Brunei*	66.13	66.35	72.12	69.55	73.52	203.77	220.67	220.45	426.96
Cambodia*	1,757.44	2,317.68	2,848.57	3,222.28	3,675.86	4,368.58	5,448.73	5,973.68	6,463.70
Indonesia	1,687.91	3,098.04	4,656.65	6,793.50	8,125.14	9,545.54	10,538.80	12,811.28	15,132.55
Lao PDR*	1,276.20	1,927.84	2,770.92	4,490.99	4,841.71	5,500.14	6,654.95	8,309.76	8,249.59
Malaysia*	797.62	1,026.13	1,668.18	1,785.63	2,231.37	3,633.96	4,914.70	8,387.24	7,923.69
Myanmar*	2,181.52	3,093.72	3,569.68	3,925.57	4,258.73	4,620.42	5,524.53	4,680.06	4,134.45
Philippines*	494.27	593.14	692.38	759.94	711.05	718.93	819.60	830.02	664.09
Singapore*	10,602.69	12,383.33	14,750.70	20,639.95	31,984.91	33,445.64	44,568.09	50,093.83	52,636.56
Thailand*	1,307.26	2,126.93	2,472.43	3,079.47	3,440.12	4,533.48	5,358.47	5,946.70	7,185.85
Viet Nam	1,290.66	1,604.38	2,166.72	2,865.65	3,373.56	4,983.63	4,965.36	5,605.43	7,073.71
Total	**21,461.70**	**28,237.54**	**35,668.35**	**47,632.53**	**62,715.97**	**71,554.09**	**89,013.90**	**102,858.45**	**109,891.15**

Note: "*" The stock for 2019 are recomputed after ajustment of historical Data.

Annex Table 11 China's Outward FDI in Countries along the "Belt and Road" 2019

(Millions of USD)

Country/Region	2019 Flows	2019 Stock
Total	**18,690.68**	**179,465.95**
Afghanistan	24.08	418.94
Albania	0.69	7.11
Armenia	—	12.89
Azerbai jan	0.86	7.80
Bahrian	-0.34	70.74
Bangladesh	375.49	1,248.30
Belarus	181.75	651.80
Bosnia and Hercegovina	12.19	16.70
Brunei	-4.05	426.96
Bulgaria	2.46	156.81
Cambodia*	746.25	6,463.70
Croatia	28.69	98.40
Czech Republic	60.53	287.49
Egypt	10.96	1,085.80
Estonia	2.02	63.33
Georgia	56.90	670.92
Hungary	123.15	427.36
India	534.60	3,610.09
Indonesia	2,223.08	15,132.55
Iran	-59.17	3,055.62
Iraq	887.09	1,377.52
Israel	191.68	3,775.02
Jordan	30.93	311.73
Kazakhstan	786.49	7,254.13
Kuwait	-100.52	834.51
Kyrgyzstan	215.66	1,550.03
Lao PDR	1,149.08	8,249.59
Latvia	—	11.63
Lebanon	—	2.22
Lithuania	—	9.81
Malaysia	1,109.54	7,923.69

Annex Table 11 Continued 1

(Millions of USD)

Country/Region	2019 Flows	2019 Stock
Maldives	6.94	82.47
Moldova	—	3.87
Mongolia	128.06	3,430.54
Montenegro	22.66	85.09
Myanmar	-41.94	4,134.45
Nepal, FDR	206.78	538.66
North Macedonia	-13.38	21.09
Oman	-3.15	116.34
Pakistan	562.16	4,797.98
Palestine	—	—
Philippines	-4.29	664.09
Poland	111.60	555.59
Qatar	29.32	458.92
Romania	84.11	428.27
Russian Federation	-379.23	12,803.97
Saudi Arabia	654.37	2,527.73
Serbia	33.60	164.73
Singapore	4,825.67	52,636.56
Slovakia	-0.53	82.74
Slovenia	26.84	189.60
Sri Lanka	92.80	551.47
Syria	12.70	13.57
Tajikistan	69.61	1,946.08
Thailand*	1,371.91	7,185.85
Timor-Leste	-16.30	80.85
Turkey	28.83	1,867.86
Turkmenistan	-93.15	226.56
Ukraine	53.32	158.03
United Arab Emirates	1,207.41	7,635.67
Uzbekistan	-445.83	3,246.21
Viet Nam	1,648.52	7,073.71
Yemen	-78.81	544.19

Note: "*" The stock for 2019 are recomputed after ajustment of historical Data.

后 记

《2019年度中国对外直接投资统计公报》是中华人民共和国商务部、国家统计局、国家外汇管理局依据《对外直接投资统计制度》，通过对中国境内投资者（包括机构和个人）年度对外投资活动统计调查，汇总生成反映中国对外直接投资全貌的年度最终统计结果。公报中涉及对外直接投资统计标准、原则遵循经济合作与发展组织（OECD）《关于外国直接投资基准定义》（第四版）有关规定，与全球大多数国家（地区）具有可比性。

本公报由王胜文、王春英主编，韩勇、刘金钟、韩健担任副主编，陈明霞、胡红、刘晓燕、郭智广、杨法皓主笔，马萱峰、国启明、金锐、庞超然、辛灵、张爽、张哲、李育等参与基础数据核查和文字校对等工作，英文翻译由南开大学葛顺奇等协助完成，在此一并致谢。